基于财务工作实操‖根据最新财会法律法规编写

XINSHOU XUE JIZHANG YIBEN JIUGOU

新手学记账一本就够

化繁为简·轻松学会

图解版

专业·高效·实用

索晓辉 ◎ 编著

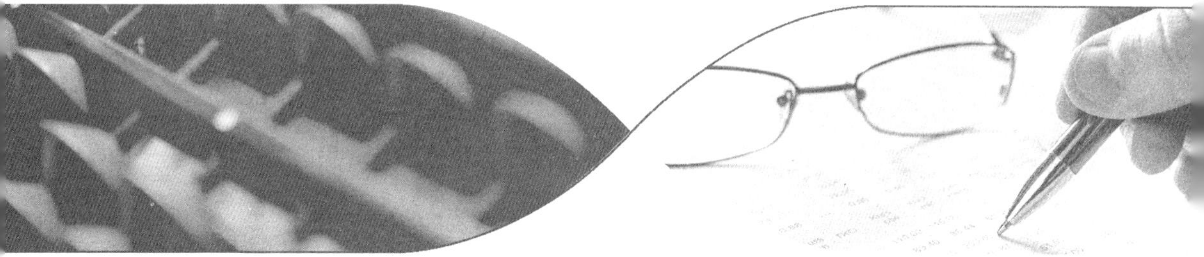

上海远东出版社

图书在版编目(CIP)数据

新手学记账一本就够：图解版/索晓辉编著. —上海：
上海远东出版社，2018
ISBN 978-7-5476-1390-0

Ⅰ. ①新… Ⅱ. ①索… Ⅲ. ①会计方法—图解
Ⅳ. ①F231-64

中国版本图书馆 CIP 数据核字(2018)第 142413 号

责任编辑 程云琦
封面设计 张建民

新手学记账一本就够(图解版)
索晓辉 编著

出　版 上海遠東出版社
(200235 中国上海市钦州南路 81 号)
发　行 上海人民出版社发行中心
印　刷 浙江临安曙光印务有限公司
开　本 710×1000 1/16
印　张 19
字　数 270,000
版　次 2018 年 7 月第 1 版
印　次 2018 年 7 月第 1 次印刷
ISBN 978-7-5476-1390-0/F·623
定　价 45.00 元

前 言

财务管理工作是企业经营管理活动的核心，它与企业的发展息息相关。随着经济的不断发展，就业市场上，对财务人员的需求一直有增无减，每年都有大量的新人踏上这一岗位，承担起为企业健康发展保驾护航的使命。不过，财务岗位的专业性强，对从业人员有极高的要求，除了要求从业者有丰富的专业知识储备、高尚的职业操守、细心严谨的工作态度之外，熟练的业务技能也是一个重要的考核内容。而对于刚迈入职场的新手们而言，能够快速熟悉业务并顺利完成工作，毫无疑问更容易受到部门领导的肯定与青睐，也更容易获得升迁的机会。

但是，财务工作内容繁杂、工作量巨大，对于缺乏实战经验的新手们而言，想要短时间内适应并胜任并非易事。考虑到广大职场新人的实际需要，我们特地编写了本套书，从会计、出纳、纳税、记账、查账五大方面为那些首次接触财务工作实操的读者们提供指导，希望能帮助他们巩固与拓展专业知识面，并快速掌握财务岗位业务实操技能，能够轻松应对工作挑战，获得更好的职业发展前景。

具体来说，本套书具有以下特色：

一、专家团队，专业权威

为了保证本套书的专业性和权威性，我们组建了一个包括财会专家和高校相关专业人员在内的编写团队，他们全程参与了本套书的编写和审校过程，力求使本套书内容全面翔实、精益求精。

二、图文并茂，生动易懂

本套书的特色是通过图表来阐述财务岗位的基本知识和业务技能，深入浅出地讲解了企业财务工作的各个方面，化繁为简、直观易懂，读者的学习过程不再枯燥。

三、结构清晰，内容简明

本套书在结构上清晰明了、层层递进，在写作上语言简练、叙述清楚，很好地把握了知识的深度和广度，易于被读者理解和接受。

四、职业导向，实操性强

本套书以工作实务为导向，一方面，通过例题解析进一步加深读者对岗位知识的理解和运用；另一方面，每章都概括总结出实操要点，方便读者重点把握并在实际工作中灵活运用。

本套书内容丰富而实用，建议读者们在学习过程中认真研读，不断总结归纳，加深理解，学以致用。此外，尽管我们在本套书的编写过程中力求精益求精，但由于水平有限，疏漏和不足之处难以避免，敬请读者们批评指正！

编写组

2018 年 4 月

目 录

第1章　记账基础知识

本章导读

记账，是会计人员最基本也是最重要的工作之一。在讲解记账的技术与方法之前，我们首先要解决记账与会计工作的关系，记账的对象，以及记账的原理与方法等几个方面的基础性问题。

在本章中，我们主要解决以下问题:

(1) 对于会计这个概念，我们应该了解多少?

(2) 会计在企业中执行什么任务?

(3) 会计的工作包括哪些内容?

(4) 记账与会计具有什么关系?

(5) 什么是会计要素?

(6) 什么是会计科目?

(7) 什么是会计账户?

(8) 什么是会计恒等式?

(9) 如何运用借贷记账法进行记账?

1.1 记账与会计

1.1.1 会计到底是什么

记账是会计工作中的主要内容，要学习记账，我们首先要从了解会计的概念、会计原理、会计对象等基础知识入手。那会计到底是什么呢？

会计是伴随着人们的生产实践而产生的一种活动。其发展如图1－1所示：

在甲骨文中，会计的“会”字就是一个人在篝火旁用树枝在地上划字。

西周：“计”是日常的零星核算，而“会”则是岁终的总合核算，通过日积月累的账务处理，达到正确管理和考核王朝财政经济收支的目的。

宋朝：开始采用“四柱清册”的方法对实物资产进行记录和管理，“四柱”指旧管、新收、开除、实在，即现时会计术语中的期初结存、本期收入、本期付出和期末结存。

随着社会生产的发展和生产规模的扩大，会计从简单计算和记录财务收支，逐渐发展到利用货币计量来综合反映、监督经济过程；会计的方法和技术逐渐完善。

现代：会计是一个经济信息系统，也是一项管理活动。它主要是以一定的货币单位作为统一计量标准，对企业、事业和行政等单位的经济活动进行完整、连续、系统的记录、计算和分析，并对经济活动的进程和结果加以控制和考核，旨在加强经济管理、提高经济效益。

图1－1　会计的发展

1.1.2 会计在企业中执行什么任务

会计的任务是指对会计的对象进行核算和监督所应担负的责任和工

作。会计的任务取决于会计对象的特点及会计职能和经济管理的要求，同时会计的任务也决定了记账的内容和要求。企业、行政和事业等单位会计的任务不尽相同。但是，由于各单位的会计对象有许多共同点，经济管理上的要求也有许多相同之处，因此各单位会计的基本任务是相同的。

如图 1－2 所示，会计的基本任务主要包括以下内容：

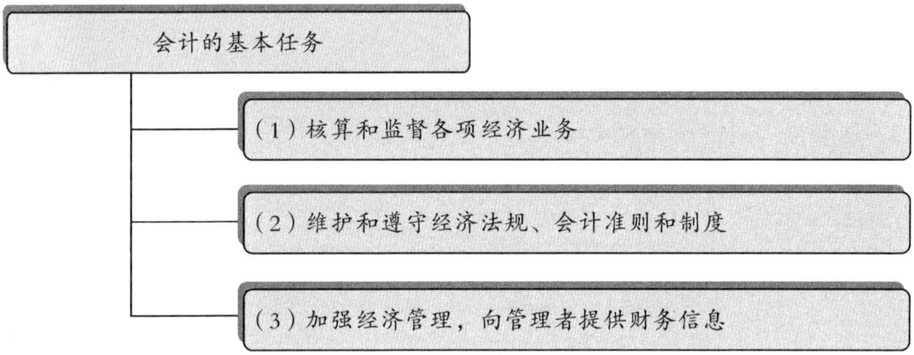

图 1－2　会计的基本任务

1.1.3　会计通过哪些方法来履行职责

会计的方法是用来反映和监督会计对象、完成会计任务的手段。会计是由账务处理、会计分析和会计检查三个部分组成的。这三个部分既有密切关系，又有相对的独立性，它们所应用的方法各不相同，因此会计的方法可以分为会计核算方法、会计分析方法和会计检查方法。

如图 1－3 所示，会计核算方法、会计分析方法、会计检查方法三部分共同构成统一的会计方法体系。

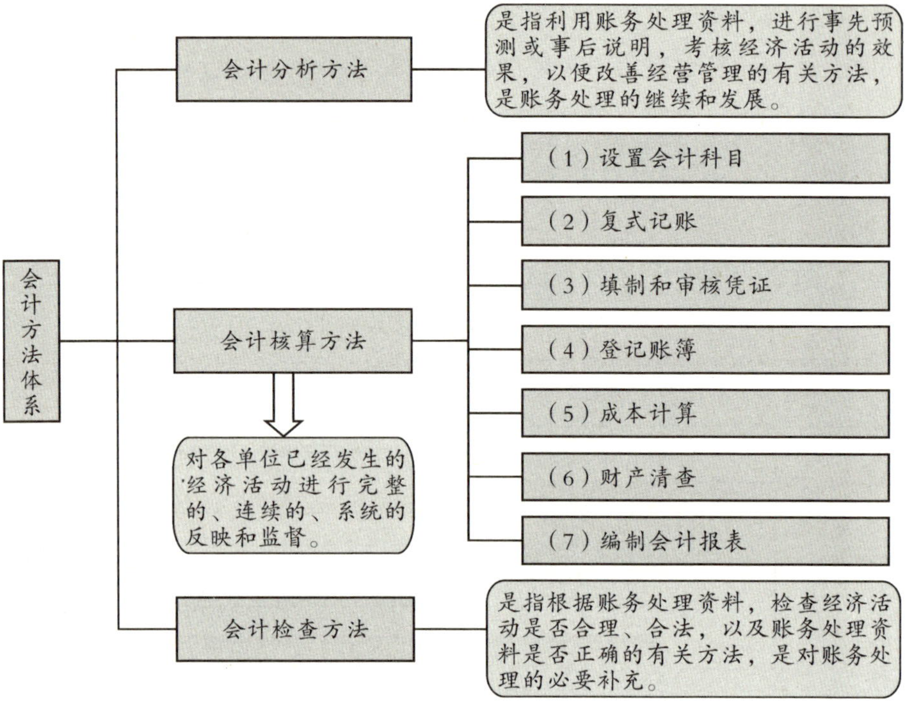

图1－3　会计方法

在账务处理工作中，必须正确地运用这些方法：对于日常发生的经济业务，要填制和审核凭证，按照规定的会计科目进行分类核算，并运用复式记账法记入有关账簿；对于经营过程中发生的各项费用，应当进行成本计算；一定时期终了，通过财产清查，核实账簿记录，在账证相符、账账相符、账实相符的基础上，根据账簿记录，编制会计报表。

关于七种账务处理方法的内在联系，填制和审核凭证、登记账簿和编制报表是三个主要的、连续的环节，而其他四种专门方法则错综而又紧密地穿插在这三个基本环节中。

1.1.4　会计与记账的关系

会计工作包括以下几个部分，如图1－4所示：

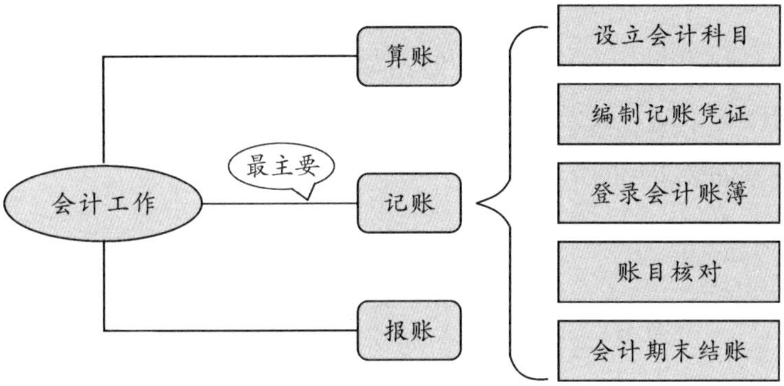

图 1－4　会计工作的构成

鉴于本书是一本讲述记账实务的图书，对于会计与记账的关系不再阐述，在以后的章节中，将重点对记账业务的各个环节进行详细阐述。

1.2　记账的对象

从表面上来看，记账是以账簿为工作对象的，那能不能说记账的对象就是账簿呢？如果是这样，那我们就犯了本末倒置的错误，账本仅仅是记账的信息载体，记账的目的绝不是为了让账本上写满数字，记账的目的是为了实现会计工作的任务。如前所述，会计的任务就是进行会计核算与会计监督，会计对象就是会计所核算和监督的内容。会计主要以货币为计量单位，对一定主体的经济活动进行核算与监督。也就是说，凡是特定对象能够以货币表现的经济活动，都是会计核算和会计监督的内容，即会计对象。也就是说，记账的对象也是会计主体的经济活动。

1.2.1　什么是会计要素

凡是能够以货币表现的经济活动，都是会计核算和会计监督的内容，为了具体实施账务处理，还应对会计所反映和监督的内容进行分类。会计要素就是对会计对象进行的基本分类，是账务处理对象的具体化。

从静态的角度看，会计要素可以划分为资产、负债及所有者权益；从动态的角度看，会计要素可以划分为收入、费用及利润。这六大会计要素彼此的关系如表1－1所示。

表1－1　会计要素一览表

会计要素	概念	基本特征	主要的类别
资产	指企业过去的交易、事项形成的并由企业拥有或控制的资源，该资源预期会给企业带来经济利益流入	（1）资产是由过去的交易或事项形成的 （2）资产是由企业拥有或控制的 （3）资产预期会给企业带来经济利益	按其流动性分为流动资产、长期投资、固定资产、无形资产及其他资产等
负债	指过去的交易、事项形成的现时义务，履行该义务预期会导致经济利益流出	（1）负债是基于过去的交易或事项形成的 （2）负债是企业承担的现时义务 （3）现时义务的履行，通常关系到企业放弃含有经济利益的资产 （4）负债通常是在未来某个时日通过交付资产、提供劳务或举新债还旧债	按其流动性分为流动负债和长期负债
所有者权益	指所有者在企业资产中享有的经济利益，其金额为资产减去负债后的余额，即净资产	属于企业所有者对企业的投入资本	实收资本、资本公积、盈余公积和未分配利润等
收入	指企业在销售商品、提供劳务及让渡资产使用权等日常经营活动中所形成的经济利益的总流入	形成经济利益的总流入	（1）商品销售收入 （2）提供劳务取得的收入 （3）让渡资产使用权所获得的收入

（续表）

会计要素	概念	基本特征	主要的类别
费用	指企业为销售商品、提供劳务等日常活动所发生的经济利益的流出	(1) 最终会减少企业的资源 (2) 最终会减少企业的所有者权益	产品生产成本由直接材料、直接人工和制造费用三个成本项目构成；期间费用包括管理费用、财务费用和营业费用三项
利润	指企业在一定会计期间的经营成果	总收入减去各种成本、费用后的余额	包括营业利润、投资收益、补贴收入、营业外收入和营业外支出、所得税等

1.2.2　会计科目

1. 会计科目的概念和意义

(1) 会计科目的概念

会计要素是对会计对象的基本分类，这六项会计要素的分类仍显得过于粗略，难以满足各有关方面对会计信息的需要。例如，所有者需要了解利润构成及其具体分配情况，了解负债及其构成情况；债权人需要了解流动比率、速动比率等有关指标，以评判其债权的安全情况；税务机关要了解企业欠交税金的详细情况，等等。为此还必须对会计要素作进一步分类，这种对会计要素的具体内容进行分类核算的项目，称为会计科目。

如图 1－5 所示，按所提供信息的详细程度及包含关系划分，会计科目可分为以下几类：

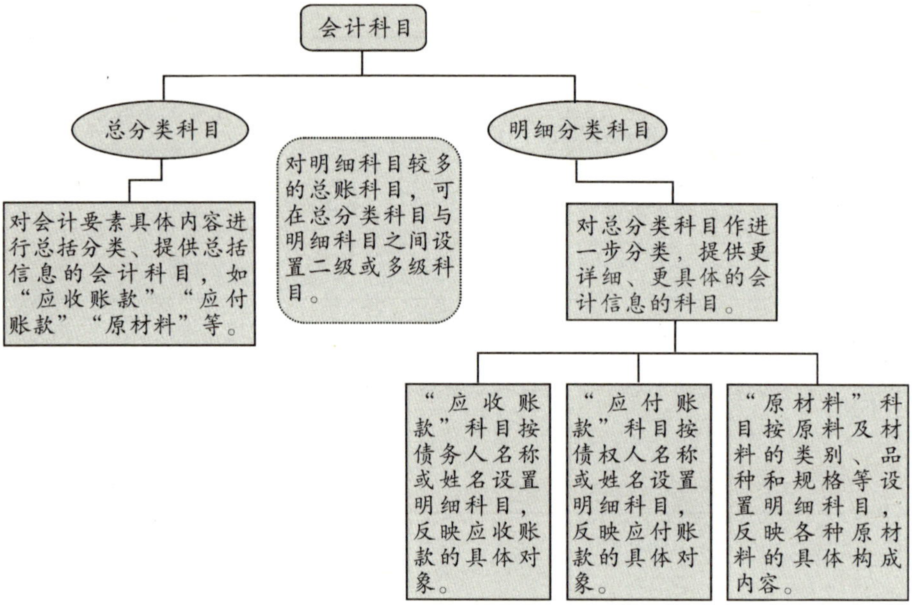

图1－5　会计科目的分类

（2）会计科目的意义

会计科目是进行各项会计记录和提供各项会计信息的基础，在账务处理中具有重要意义。其意义如图1－6所示。

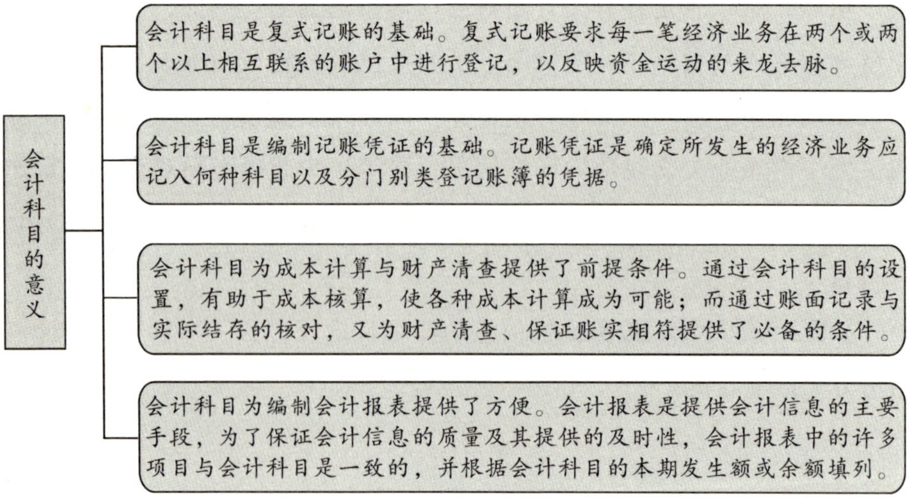

图1－6　会计科目的意义

2. 会计科目的设置

会计科目作为反映会计要素的构成及其变化情况，是为投资者、债权人、企业经营管理者等提供会计信息的重要手段，在其设置过程中应努力做到科学、合理、适用，遵循下列原则，如图 1－7 所示。

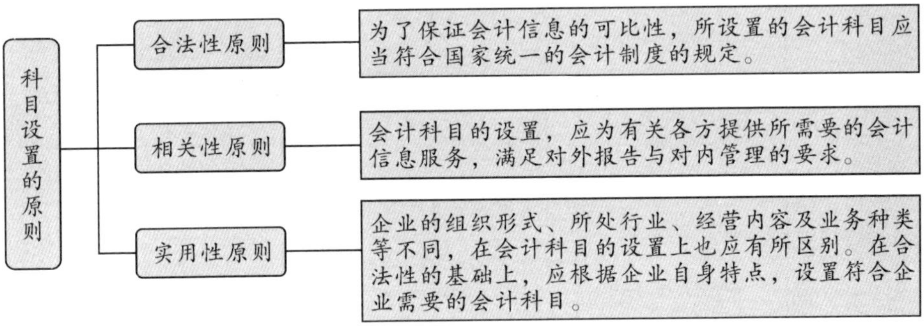

图 1－7　会计科目设置的原则

3. 会计科目的分类

（1）会计科目按其反映的经济内容分类

我国企业会计制度规定，会计科目按其所反映的经济内容不同，可分为资产类、负债类、所有者权益类、损益类和成本类。如图 1－8 所示。

为便于会计核算工作的顺利进行，尤其是适应会计电算化的要求，通常要编制会计科目表，将所使用的全部会计科目列于其中，并对每一会计科目加以编号。会计科目的编号可以采用“四位数制”。以千位数数码代表会计科目按会计要素区分的类别，一般分为五个数码：“1”为资产类、“2”为负债类、“3”为所有者权益类、“4”为成本类、“5”为损益类；百位数数码代表每大类会计科目下的较为详细的类别，可根据实际需要取数；十位和个位上的数码一般代表会计科目的顺序号，为便于会计科目增减，在顺序号中一般都要留有间隔。

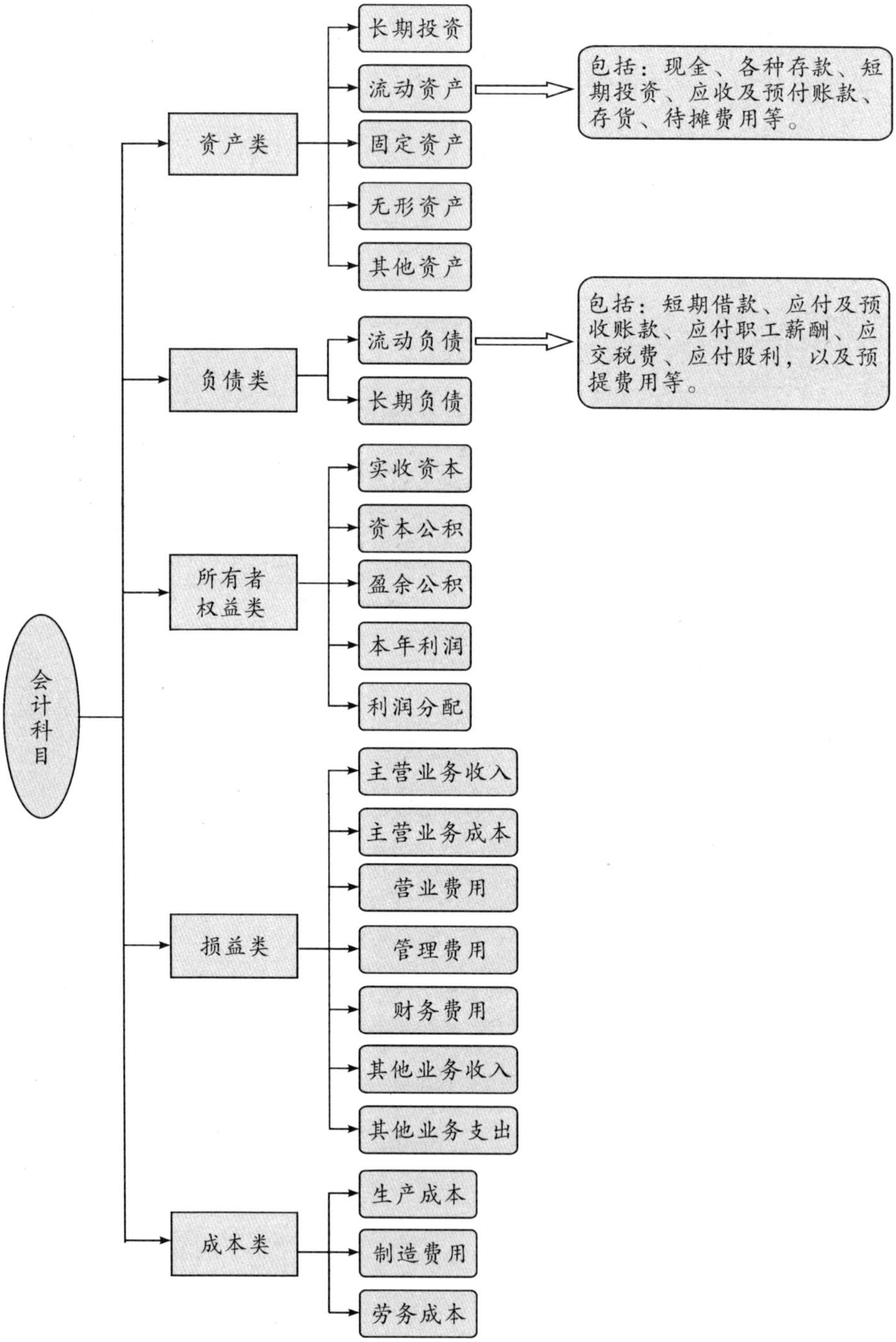
会计科目
资产类
长期投资
流动资产
包括：现金、各种存款、短期投资、应收及预付账款、存货、待摊费用等。
固定资产
无形资产
其他资产
负债类
流动负债
包括：短期借款、应付及预收账款、应付职工薪酬、应交税费、应付股利，以及预提费用等。
长期负债
所有者权益类
实收资本
资本公积
盈余公积
本年利润
利润分配
损益类
主营业务收入
主营业务成本
营业费用
管理费用
财务费用
其他业务收入
其他业务支出
成本类
生产成本
制造费用
劳务成本

图 1－8　会计科目的分类

(2) 会计科目按其隶属关系分类

如图 1－9 所示，会计科目按其隶属关系可分为以下几类。

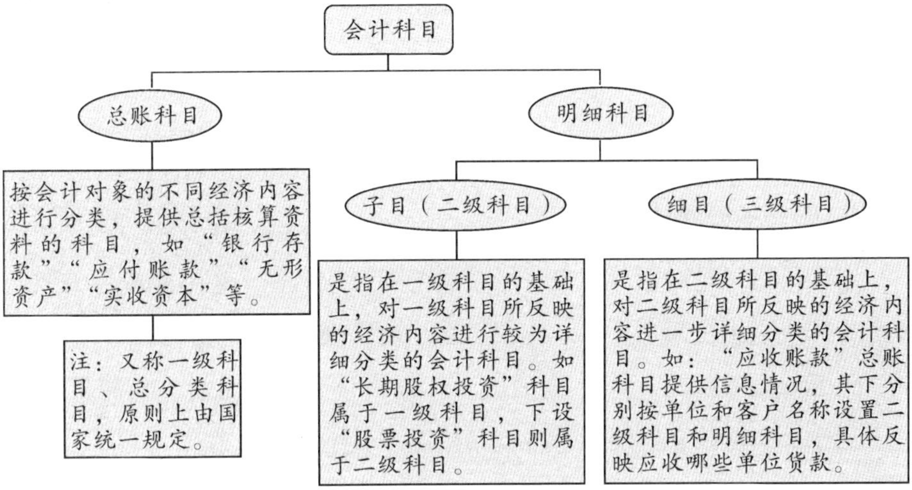

图 1－9　会计科目的分类

总账科目与明细科目的关系举例如表 1－2 所示。

表 1－2　总账科目与明细科目关系举例

一级科目	二级科目	三级科目
固定资产	机动车辆	红旗轿车
		奥迪轿车
		金龙大客车
	电子设备	笔记本电脑
		台式电脑
		复印机
		数码相机

会计科目按其隶属关系分类，有助于了解会计科目反映的具体经济内

容，满足经营管理所需要的会计信息。但应当说明的是，并不是所有的一级科目都需分设二级和三级科目，根据信息使用者所需不同信息的详细程度，有些只需设一级科目，有些只需设一级和三级科目，而不需设置二级科目。

1.2.3 会计账户

1. 账户的概念及其分类

会计科目只是对会计对象进行分类的项目或名称，还不能进行具体的账务处理。为了全面、及时、连续、系统地反映和监督会计要素的增减变动，还必须设置账户。账户是根据会计科目设置的，具有一定格式和结构，用于分类反映会计要素增减变动情况及其结果的载体。

设置账户是账务处理的重要方法之一。账户使原始数据转换为初始会计信息，通过账户可以对大量复杂的经济业务进行分类核算，从而提供不同性质和内容的会计信息。由于账户以会计科目为依据，因而某一账户的核算内容具有独立性和排他性，并在设置上要服从于会计报表的编报要求。

同会计科目的分类相对应，账户也分为总分类账户和明细分类账户。根据总分类科目设置的账户称为总分类账户，根据明细科目设置的账户称为明细分类账户。根据会计科目的内容分类，账户可分为资产类账户、负债类账户、所有者权益类账户、成本类账户、损益类账户五类。

2. 账户的基本结构

账户的基本结构如图 1－10 所示。

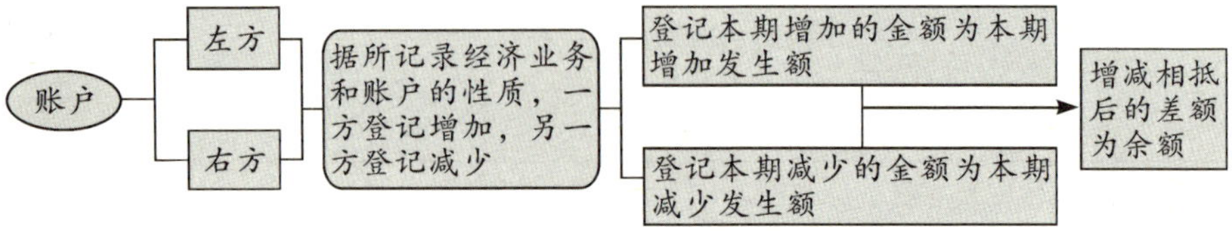

图 1－10 会计账户的基本结构

账户有如下的基本关系：

期末余额 = 期初余额 + 本期增加发生额 − 本期减少发生额

上式中的四个部分称为账户的四个金额要素。从账户的核心部分看，账户的基本格式如表 1－3 及表 1－4 所示。

表 1－3　资产类、成本费用类账户的结构图

科目名称

摘要	借方	贷方
期初余额		
	本期增加额	本期减少额
期末余额		

表 1－4　负债类、所有者权益类、收益类账户的结构图

科目名称

摘要	借方	贷方
期初余额		
	本期减少额	本期增加额
期末余额		

上述只是账户结构的抽象图示，除此之外，如图 1－11 所示，会计账户还应包括以下内容。

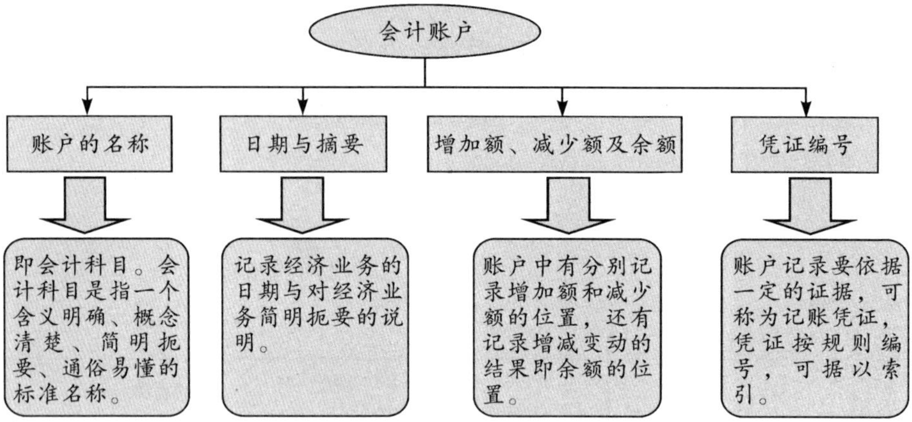

图 1－11　会计账户的内容

3. 账户与会计科目的联系和区别

如图 1－12 所示，账户与会计科目有以下的联系和区别。

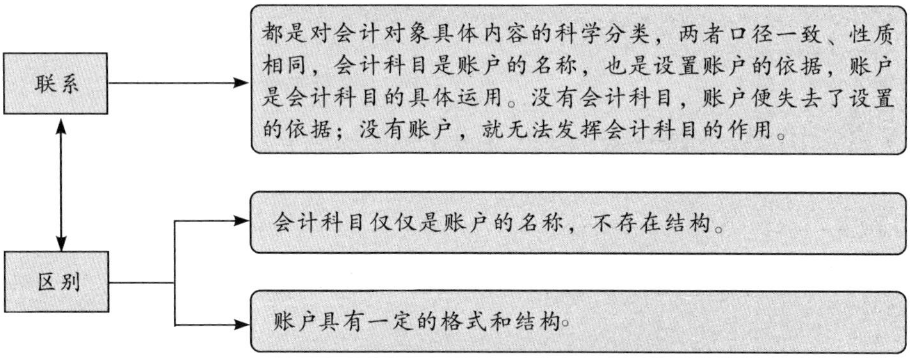

图 1－12　账户与会计科目的联系和区别

1.3　记账的原理与方法

1.3.1　会计恒等式

六大会计要素在数量上存在着特定的平衡关系，这种平衡关系用公式来表示，就是我们通常所说的会计等式。会计等式是反映会计要素之间平衡关系的计算公式，它是各种账务处理方法的理论基础。其包含的内容如图1－13所示。

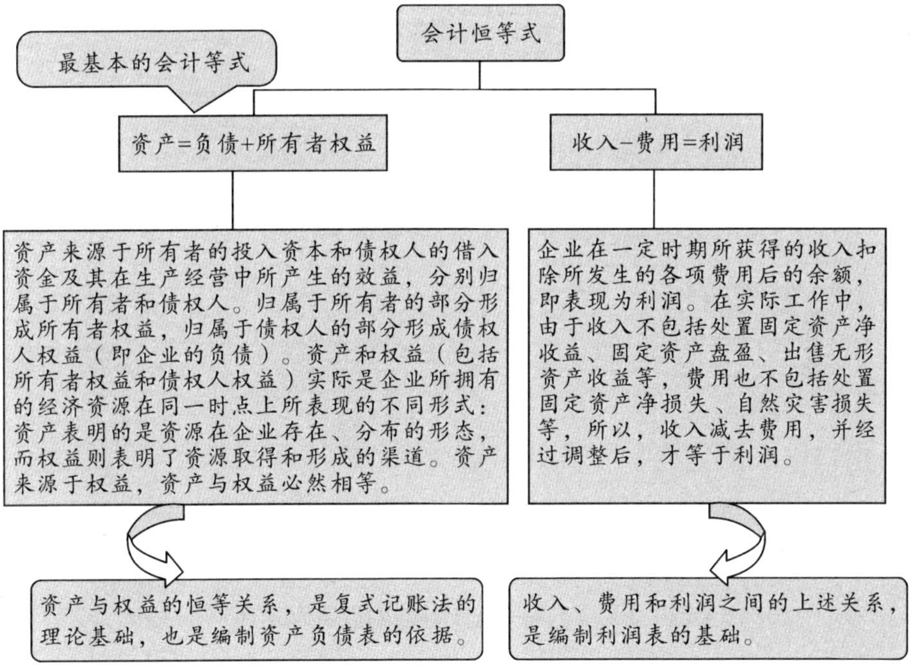

图1－13　会计恒等式

企业在生产经营过程中，每天都会发生多种多样、错综复杂的经济业务，从而引起各会计要素的增减变动，但并不影响资产与权益的恒等关系。经济业务的发生引起等式两边会计要素变动的方式可以总结归纳为以下四种类型，如图 1－14 所示。

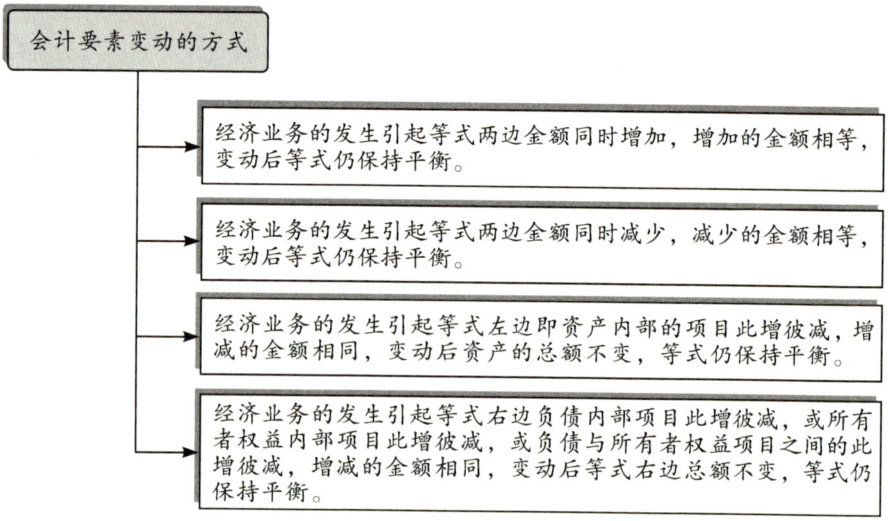

图 1－14　会计要素变动的方式

下面通过分析雷顿公司 2014 年 1 月发生的几项经济业务，说明资产与权益的恒等关系。

（1）2014 年 1 月 2 日，雷顿公司收到所有者追加的投资 500 000 元，款项存入银行。

分析：这项经济业务使银行存款增加了 500 000 元，即等式左边的资产增加了 500 000 元，同时等式右边的所有者权益也增加 500 000 元，因此并没有改变等式的平衡关系。

（2）2014 年 1 月 10 日，雷顿公司用银行存款归还所欠 B 企业的货款 20 000 元。

分析：这项经济业务使雷顿公司的银行存款即资产减少了 20 000 元，同时应付账款即负债也减少了 20 000 元，也就是说等式两边同时减少 20 000 元，等式依然成立。

（3）2014 年 1 月 15 日，雷顿公司用银行存款 80 000 元购买一台生产设备，设备已交付使用。

分析：这项经济业务使雷顿公司的固定资产增加了 80 000 元，但同时银行存款减少了 80 000 元，也就是说企业的资产一项增加一项减少，增减金额相同，因此资产的总额不变，会计等式依然保持平衡。

（4）2014 年 1 月 28 日，由于资金周转困难，雷顿公司向某银行借入 100 000 元直接用于归还拖欠的货款。

分析：这项经济业务使企业的应付账款减少了 100 000 元，同时短期借款增加了 100 000 元，即企业的负债一项减少一项增加，增减金额相同，负债总额不变，会计等式仍然成立。

1.3.2　借贷记账法

1. 借贷记账法的概念

借贷记账法是指以“借”“贷”为记账符号的一种复式记账法。复式记账法是指对每一笔经济业务，都要在两个或两个以上相互联系的账户中以借贷方相等的金额进行登记的记账方法。

借贷记账法的发展进程如图 1－15 所示。

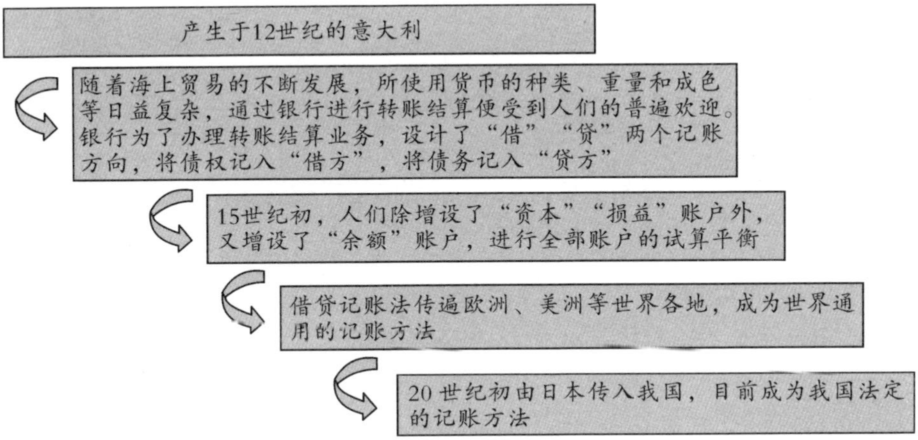

图 1－15　借贷记账法的发展进程

2. 借贷记账法的内容

（1）借贷记账法的记账符号

顾名思义，借贷记账法以“借”“贷”为记账符号，分别作为账户的左方和右方。这里的“借”“贷”已失去其原有的含义，变成了纯粹的记账符号。至于“借”表示增加还是“贷”表示增加，则取决于账户的性质及结构。

（2）借贷记账法的账户结构

在前面我们已经讲过了资产类和负债类会计账户的结构，上述两类账户的内部关系，如下式：

资产类账户期末余额 = 期初余额 + 本期借方发生额 − 本期贷方发生额

权益类账户期末余额 = 期初余额 + 本期贷方发生额 − 本期借方发生额

一般而言，费用（成本）类账户结构与资产类账户相同，收入类账户结构与权益类账户相同。

（3）借贷记账法的记账规则

从上述两类账户中不难分析出，经济业务无论怎样复杂，均可概括为以下四种类型，如图 1 − 16 所示。

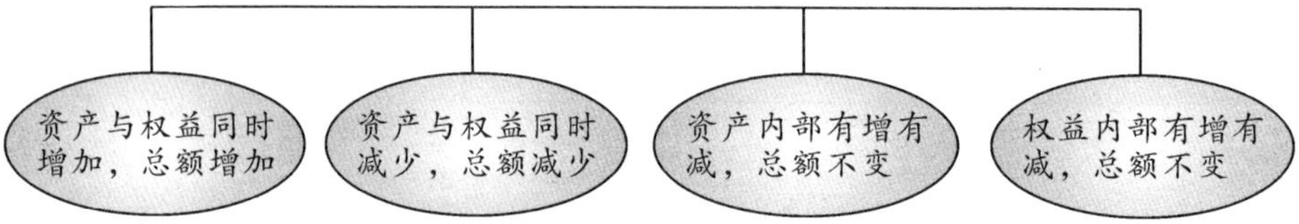

图 1 − 16　借贷记账法的记账规则

无论哪一种类型的经济业务，都将以相等的金额记入有关账户的借方，同时记入有关账户的贷方。以上四种经济业务的记账方法如表 1 − 5 所示。

表 1－5　各种经济业务的记账规则

经济业务	(1) 资产与权益同时增加，总额增加
账务处理	借：资产类科目　××× 　贷：权益类科目　×××
经济业务	(2) 资产与权益同时减少，总额减少
账务处理	借：权益类科目　××× 　贷：资产类科目　×××
经济业务	(3) 资产内部有增有减，总额不变
账务处理	借：资产类科目　××× 　贷：资产类科目　×××
经济业务	(4) 权益内部有增有减，总额不变
账务处理	借：权益类科目　××× 　贷：权益类科目　×××

现举例说明如下：

①企业收到投资人 10 000 元投资，存入银行。此项业务中，一方面使资产类中的“银行存款”账户增加 10 000 元，记入该账户借方，另一方面使权益类中的“实收资本”账户增加 10 000 元，记入该账户贷方，借贷金额相等。

②企业用银行存款 5 000 元偿还短期借款。此项业务中，一方面使资产类中的“银行存款”账户减少 5 000 元，记入该账户贷方，另一方面使权益类中的“短期借款”账户减少 5 000 元，记入该账户借方，借贷金额相等。

③企业以银行存款 3 000 元购买材料。此项业务中，一方面使资产类中的“原材料”账户增加 3 000 元，记入该账户借方，另一方面使资产类中的“银行存款”账户减少 3 000 元，记入该账户贷方，借贷金额相等。

④企业从银行借入短期借款6 000元，直接偿还应付账款。此项业务中，一方面使权益类中的“短期借款”账户增加6 000元，记入该账户贷方，另一方面使权益类中的“应付账款”账户减少6 000元，记入该账户借方，借贷金额相等。

综上所述，借贷记账法的记账规则为：有借必有贷，借贷必相等。

（4）借贷记账法的试算平衡

为了检验一定时期内所发生经济业务在账户中记录的正确性，在会计期末应进行账户的试算平衡。所谓试算平衡，是指根据资产与权益的恒等关系以及借贷记账法的记账规则，检查所有账户记录是否正确的过程，包括发生额试算平衡法和余额试算平衡法两种方法。如图1－17所示：

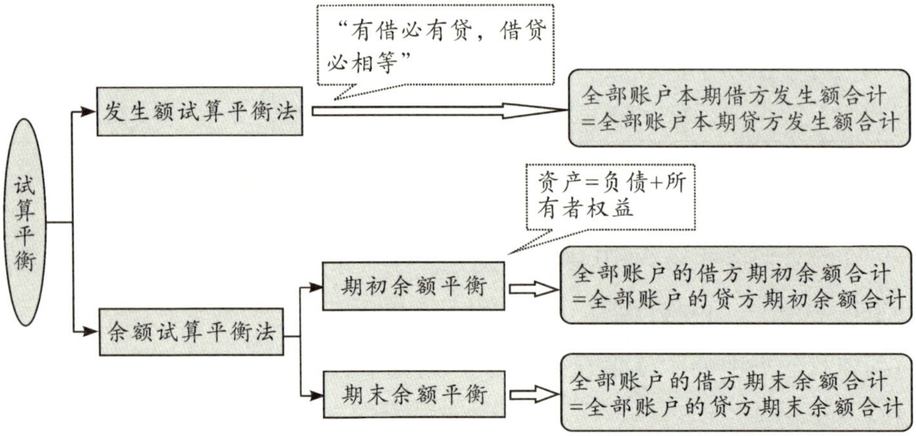

图1－17　试算平衡的两种方法

实际工作中，余额试算平衡是通过编制试算平衡表的方式进行的。如表1－6所示。

表 1－6　试算平衡表

会计科目	期初余额		本期发生额		期末余额	
	借方	贷方	借方	贷方	借方	贷方

在编制试算平衡表时，应注意以下几点，如图 1－18 所示：

注意事项

- 必须保证所有账户的余额均已记入试算表。因为会计等式是对六项会计要素整体而言的，缺少任何一个账户的余额，都会造成期初或期末借方余额合计与贷方金额合计不相等。
- 如果试算表借贷不相等，肯定账户记录有错误，应认真查找，直到实现平衡为止。
- 即使实现了有关三栏的平衡关系，并不能说明账户记录绝对正确，因为有些错误并不会影响借贷双方的平衡关系。例如：漏记某项经济业务，将使本期借贷双方的发生额等额减少，借贷仍然平衡；重记某项经济业务，将使本期借贷双方的发生额等额虚增，借贷仍然平衡；对某项经济业务记错有关账户，借贷仍然平衡；某项经济业务在账户记录中颠倒了记账方向，借贷仍然平衡；借方或贷方发生额中，偶然发生多记少记并相互抵销，借贷仍然平衡。

在编制试算平衡表之前，应认真核对有关账户记录，以消除错误

图 1－18　编制试算平衡表时的注意事项

本章实操要点及易错点

明确会计的基本概念；熟悉会计要素以及会计科目的分类、会计账户的设置方法；掌握会计等式，以及借贷记账法的基本原则。

第2章 会计凭证业务

本章导读

在账务处理中，主要是通过会计凭证、会计账簿和会计报表等实体，完成会计信息的加工和对外披露工作。取得和填制会计凭证是记账业务的初始阶段和基本环节，会计凭证证明经济业务的发生和完成情况，是登记账簿的直接依据。

在本章中，我们主要解决以下问题:

（1）什么是会计凭证?

（2）会计凭证有哪些种类?

（3）怎样填制和审核原始凭证?

（4）怎样填制和审核记账凭证?

（5）如何设计本单位的会计凭证?

（6）如何传递、整理和保管会计凭证?

2.1 会计凭证的概念和种类

2.1.1 什么是会计凭证

会计凭证简称凭证，是记录经济业务的发生和完成情况、明确经济责任的书面证明，是登记账簿的依据。

账务处理要求真实正确地反映各单位的经济活动，填制和审核会计凭证是会计工作的起点，是对经济业务的发生和完成情况进行及时反映和监督的重要环节。

会计凭证的意义，如图 2 -1 所示：

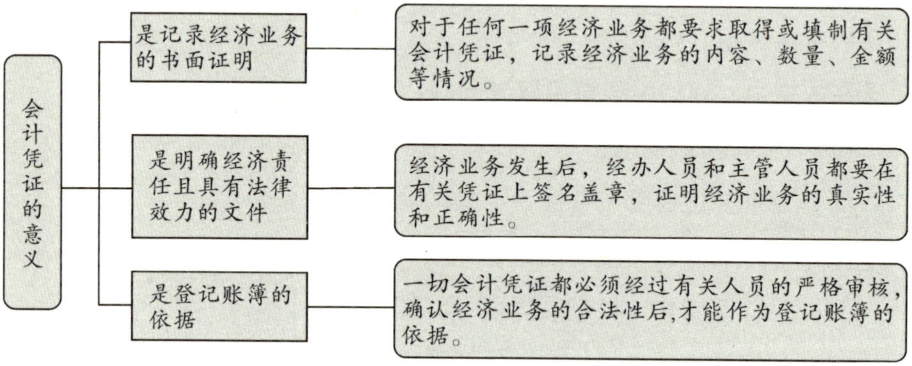

图 2 -1　会计凭证的意义

正确填制和严格审核会计凭证是账务处理的一种专门方法，对于保证账务处理资料的完整、真实、合法，发挥会计在经济管理中的作用，具有十分重要的意义。

2.1.2　会计凭证的两大类别

会计凭证种类繁多、形式多样，通常按填制程序和用途的不同分为原始凭证和记账凭证两大类，如图2－2所示：

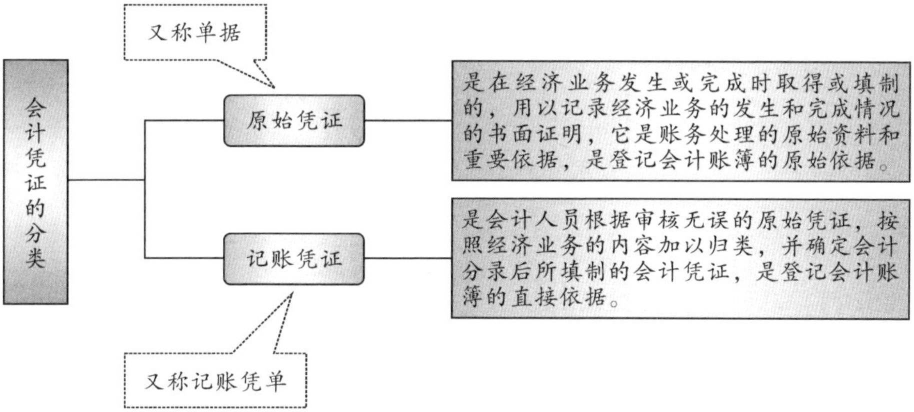

图2－2　会计凭证的分类

2.2　怎样填制和审核原始凭证

2.2.1　原始凭证的分类

原始凭证是在经济业务发生时取得或填制的，用以记录经济业务的发生和完成情况的直接书面证明，是账务处理的原始依据。由此，决定了原始凭证随着经济业务种类的不同而不同。按照一定的标准对原始凭证进行归类，有利于更好地认识和有效地利用原始凭证。

（1）原始凭证按取得来源不同，可分为外来原始凭证和自制原始凭证，如图2－3所示：

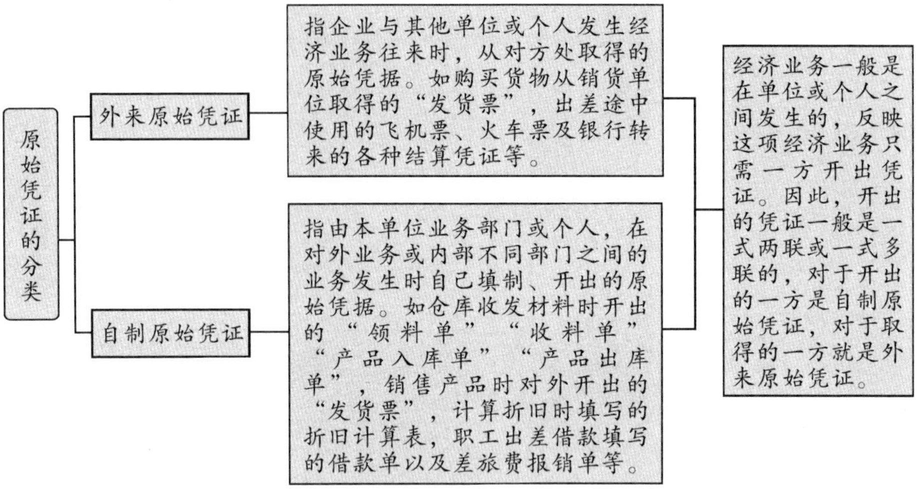

图 2-3　原始凭证的分类

（2）原始凭证按填制方法不同，可分为一次原始凭证、累计原始凭证和汇总原始凭证，如图 2-4 所示：

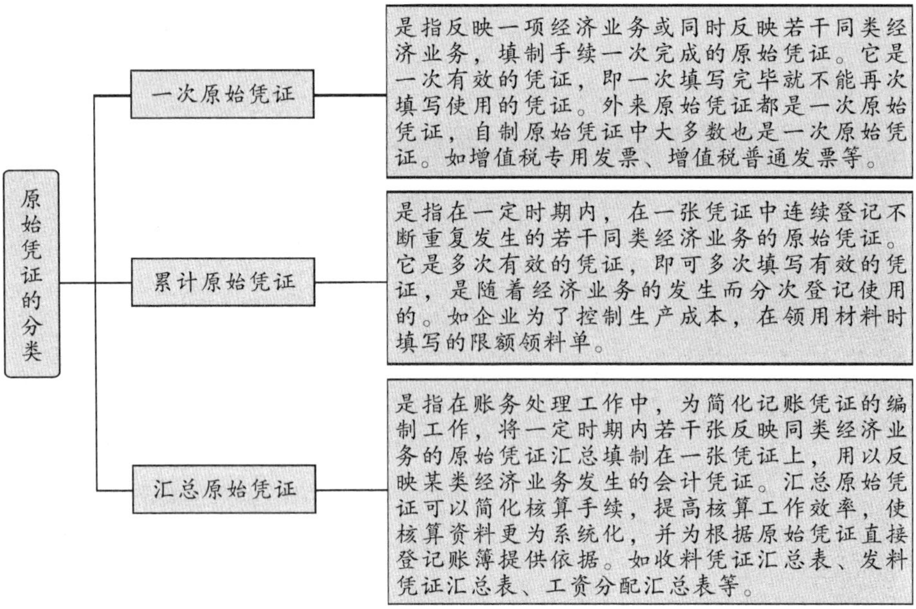

图 2-4　原始凭证的分类

（3）原始凭证按照格式不同，可分为通用原始凭证和专用原始凭证，如图2－5所示：

- 原始凭证的分类
  - 通用原始凭证：是指由有关部门统一印制、在一定范围内使用的具有统一格式和使用方法的原始凭证，它的使用范围可以是某一地区、某一行业，也可以是全国，由其主管部门制定。如全国通用的增值税专用发票、银行转账的结算凭证等。
  - 专用原始凭证：是指由单位内部自行印制的、仅在本单位内部使用的原始凭证。如收料单、领料单、工资费用分配表、折旧计算表等。

图2－5　原始凭证的分类

下面给出“增值税专用发票”“领料单”“限额领料单”“发料汇总表”等部分原始凭证的表样，仅供参考。具体见表2－1至表2－6。

表2－1　××增值税专用发票

辽宁增值税专用发票

发票联　　　开票日期：　　年　月　日

购货单位	名　　称： 纳税人识别号： 地址、电话： 开户行及账号：		密码区	6＋－〈2〉6〉927＋296＋/＊　加密版本：01 446〈600375〈35〉〈4/＊　37009931410 2－2〈2051＋24＋2618〈7　07050445 /3－15〉〉09/5/－1〉〉〉　＋2			
货物或应税劳务名称	规格型号	单位	数量	单价	金额	税率	税额
合　　计							
价税合计（大写）	⊗				（小写）		
销货单位	名　　称： 纳税人识别号： 地址、电话： 开户行及账号：		备注				

收款人　　　复核　　　开票人　　　销货单位：（章）

第二联：发票联购货方记账凭证

表 2－2　领料单

（企业名称）

凭证编号：

领料单位：

用途：　　　　　　　　　　　　年　　月　　日　　　　　　　发料仓库：

仓库保管员：（签章）　　　发料：（签章）　　　主管：（签章）　　　领料：（签章）

材料类别	材料编号	材料名称及规格	计量单位	数量		单价（元）	金额（元）
				请领	实发		
备注：						合计	

表 2－3　限额领料单

材料科目：　　　　　　　　　　　　　　　　　　　　　材料类别：

领料车间（部门）：　　　　　　　年　月　　　　　　　编号：

用途：　　　　　　　　　　　　　　　　　　　　　　　仓库：

<table>
<tr><td rowspan="2">材料编号</td><td rowspan="2">材料名称</td><td rowspan="2">规　格</td><td rowspan="2">计量单位</td><td rowspan="2">领用限额</td><td colspan="4">实际领用</td><td rowspan="2">备　注</td></tr>
<tr><td>数量</td><td>单位成本</td><td colspan="2">金　额</td></tr>
<tr><td></td><td></td><td></td><td></td><td></td><td></td><td></td><td colspan="2"></td><td></td></tr>
<tr><td rowspan="2">日期</td><td colspan="2">请　领</td><td colspan="3">实　发</td><td colspan="3">退　回</td><td rowspan="2">限额结余</td></tr>
<tr><td>数量</td><td>领料单位</td><td>数量</td><td>发料人签章</td><td>领料人签章</td><td>数　量</td><td>领料人签章</td><td>退料人签章</td></tr>
<tr><td></td><td></td><td></td><td></td><td></td><td></td><td></td><td></td><td></td><td></td></tr>
<tr><td></td><td></td><td></td><td></td><td></td><td></td><td></td><td></td><td></td><td></td></tr>
<tr><td></td><td></td><td></td><td></td><td></td><td></td><td></td><td></td><td></td><td></td></tr>
<tr><td></td><td></td><td></td><td></td><td></td><td></td><td></td><td></td><td></td><td></td></tr>
<tr><td>合计</td><td></td><td></td><td></td><td></td><td></td><td></td><td></td><td></td><td></td></tr>
</table>

生产计划部门负责人：　　　　　　供应部门负责人：　　　　　　仓库负责人：

表 2－4　发料汇总表

年　月　日

会计科目	领料单位	领用材料			
		原材料	包装物	低值易耗品	合计
生产成本					
制造费用					
管理费用					
总计					

表 2－5　借款单（代付款凭证）

年　月　日

借款单位			借款人姓名		附件 张
借款事由					
摘要	借方科目		金额	领导批示	
	一级科目	二级科目			

审核：　　　　制证：　　　　出纳：

表 2－6　差旅费报销单（代记账凭证）

年　月　日　　　　填制　字　号

借方科目			贷方科目			金额				附件 张
姓名			出差事由							
起止时间与地点										
月	日	起点	月	日	终点	交通工具	金额	其他项目	金额	
合计金额（人民币大写）								￥：		
预借金额		结算后应退				结算后补领				

主管审批：　　　　财务审核：　　　　报销人：

2.2.2 原始凭证的基本内容

在学习原始凭证的填制和审核之前，首先需要了解的就是原始凭证中包括哪些内容。由于各项经济业务的种类和内容不同，经营管理的要求也不同，故原始凭证在名称、格式和内容等方面是多种多样的。但是，无论哪种原始凭证都是证明经济业务发生情况的原始依据，必须详细载明有关经济业务的发生和完成情况，必须明确经办单位和人员的经济责任。因此，各种原始凭证都应具备一些共同的基本内容，如图 2－6 所示：

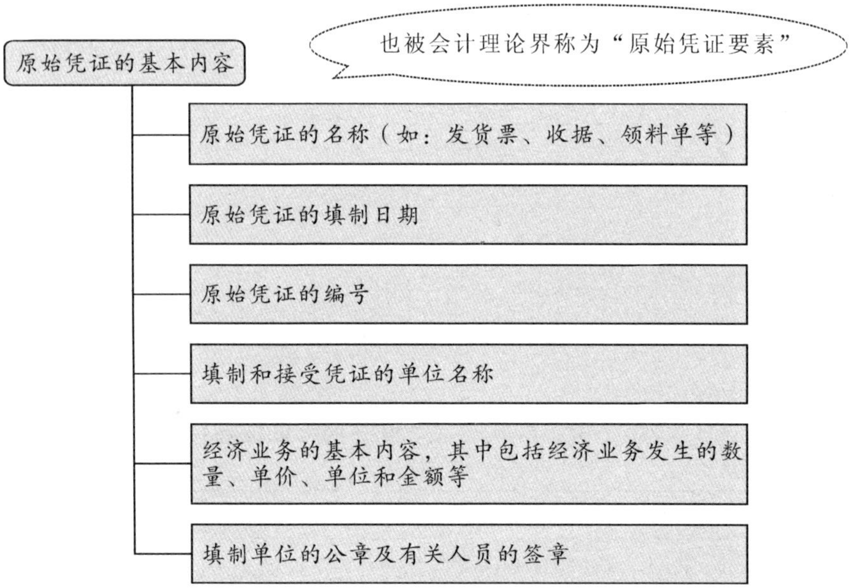

图 2－6　原始凭证的基本内容

2.2.3 原始凭证的填制和审核

1. 原始凭证填制的基本要求

原始凭证是账务处理的原始依据，是明确经济责任的具有法律效力的文件，所以对其填制方法规定有严格的要求，如图 2－7 所示：

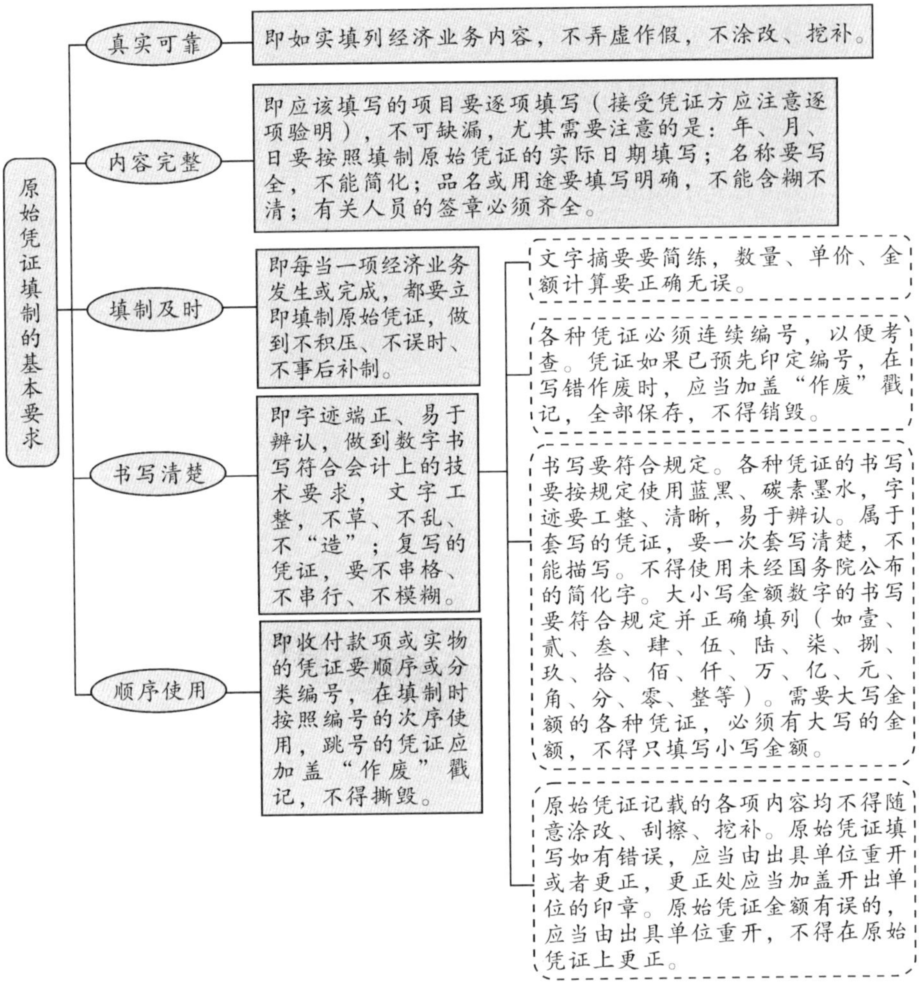

图 2－7　原始凭证填制的基本要求

2. 原始凭证的审核

为了如实反映经济业务的发生和完成情况，保证会计信息的真实、可靠，充分发挥会计监督职能的作用，应由有关人员对填制和取得的原始凭证进行审核。原始凭证是账务处理的前提，是账务处理的信息源头，其种类繁多、来源各异，由于经办人员水平不一或有其他企图，原始凭证的填制可能会有伪造、虚假、错误等情况存在，如不做好审核，必将影响会计信息的真实性与可靠性。因此，财务部门对各种原始凭证必须进行严格的审查与核对。只有审核无误的原始凭证，才能作为编制记账凭证的依据。如图2－8所示，原始凭证的审核具体包括以下几个方面：

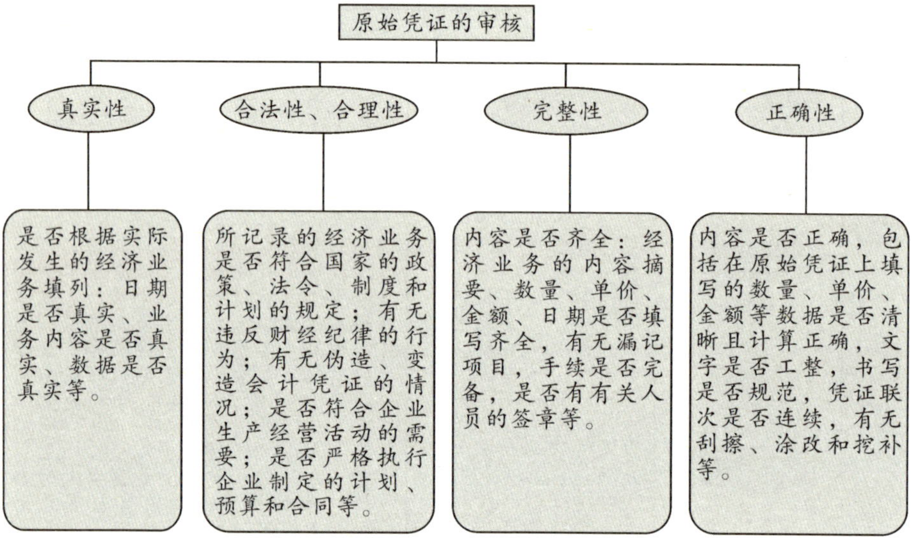

图2－8　原始凭证的审核

原始凭证的审核是一项严肃而又细致的工作，会计人员必须坚持原则，履行应尽的职责。任何单位和个人都不允许以任何方式要求和强迫会计机构和会计人员为违法和虚假事项制造掩护。对在原始凭证审核中发现的问题，会计人员应根据不同情况进行不同处理：对不真实、不合法的原始凭证有权不予受理，并向单位负责人报告；对记载不准确、不完整的原始凭证予以退回，并要求按照国家统一的会计制度的规定更正、补充。只有审核无误的原始凭证才能由会计人员据以编制记账凭证。

2.3　记账凭证的填制和审核

2.3.1　记账凭证包括哪些种类

记账凭证是会计人员根据审核无误的原始凭证或汇总原始凭证，按照经济业务内容加以归类，确定应借应贷科目和金额而填制的，可以直接作为登记账簿依据的会计凭证。从不同的角度，记账凭证可以分成不同的种类：

（1）按照记账凭证的使用范围不同，分为专用记账凭证和通用记账凭证，如图 2－9 所示：

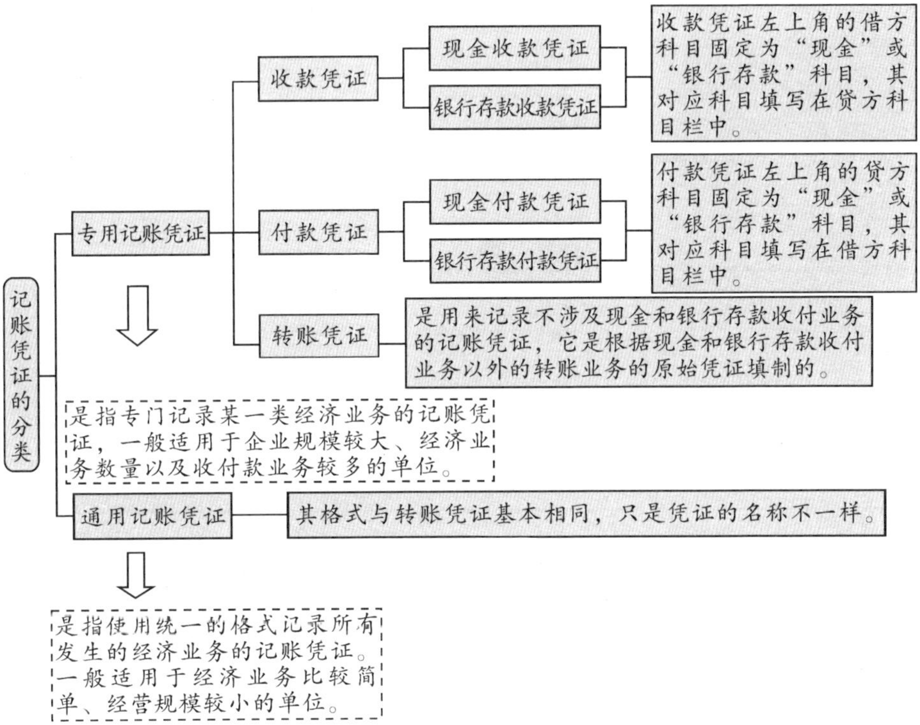

图 2－9　记账凭证按使用范围不同的分类

专用记账凭证以及通用记账凭证的格式见表2－7、表2－8、表2－9、表2－10：

表2－7　收款凭证

借方科目：　　　　　年　　月　　日　　　　　收字第　号

摘要	贷方科目		√	金额
	总账科目	明细科目		
合计				

会计主管：　　记账：　　出纳：　　填制：

表2－8　付款凭证

贷方科目：　　　　　年　　月　　日　　　　　付字第　号

摘要	借方科目		√	金额
	总账科目	明细科目		
合计				

会计主管：　　记账：　　出纳：　　填制：

表2－9　转账凭证

年　月　日　　　　　转字第　号

摘要	总账科目	明细科目	√	借方金额	√	贷方金额
合计						

会计主管：　　记账：　　出纳：　　填制：

表 2－10　（通用）记账凭证

年　　月　　日　　　　　　　　总字第　号

摘要	总账科目	明细科目	√	借方金额	√	贷方金额
合计						

会计主管：　　　　记账：　　　　出纳：　　　　填制：

（2）按照记账凭证的填制方法不同，将记账凭证分为复式记账凭证、单式记账凭证和汇总记账凭证。如表2－11 所示：

表 2－11　记账凭证按填制方法不同的分类

记账凭证类别	填制方法	特点
复式记账凭证	将一项经济业务所涉及的各有关会计科目都集中在一起填制	能够集中反映账户之间的对应关系，便于了解有关经济业务的全貌，还可以减少凭证的数量，但不便于汇总每一会计科目的发生额和进行分工记账。
单式记账凭证	按一项经济业务所涉及的各个会计科目分别填制	由于一张凭证只填列一个会计科目，因此使用单式记账凭证便于汇总每个会计科目的发生额和进行分工记账，但填制工作量大，在一张凭证上反映不出经济业务的全貌，不便于查账。
汇总记账凭证	将许多同类记账凭证逐日或定期（3 天、5 天、10 天等）加以汇总后填制	可以清晰地反映出科目的对应关系，便于账目的查对和分析，并克服了记账凭证汇总表会计核算形式的缺点；可以简化总账的登记工作；在汇总记账凭证和总账中可以反映科目之间的对应关系，便于对经济业务的分析和检查。但不利于日常会计核算工作的合理分工，编制工作量较大，且不能有效地反映借贷方的关系。

2.3.2　记账凭证的基本内容

从不同来源取得的原始凭证种类繁多、格式不一，无法系统地反映经济业务的内容，也难以直接作为登记账簿的依据。因此，根据经济业务的类别、内容将原始凭证加以归类整理，填制具有统一格式的记账凭证，并将相关的原始凭证附在后面，既有利于原始凭证的归类保管，又简化了记账工作，从而提高会计工作的质量。

记账凭证的主要作用是对原始凭证进行分类、整理，按照复式记账的要求，编制会计分录，并据以登记账簿。记账凭证的基本内容就是会计分录，在会计实务中，会计分录是通过填制记账凭证来完成的。

作为登记会计账簿直接依据的记账凭证，因各单位规模大小不同，其反映经济业务的内容以及对账务处理的要求也不同，记账凭证多种多样。但各种记账凭证都必须保证账务处理的基本要求，必须具备以下基本内容（凭证要素），如图 2－10 所示：

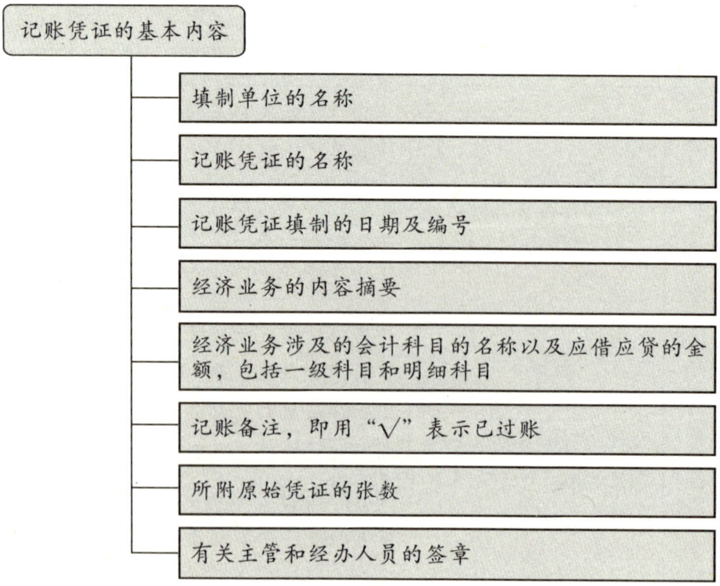

图 2－10　记账凭证的基本内容

2.3.3　记账凭证的填制

为了保证记账凭证能够真实、正确、完整地反映经济业务，填制必须符合以下要求，如图 2－11 所示：

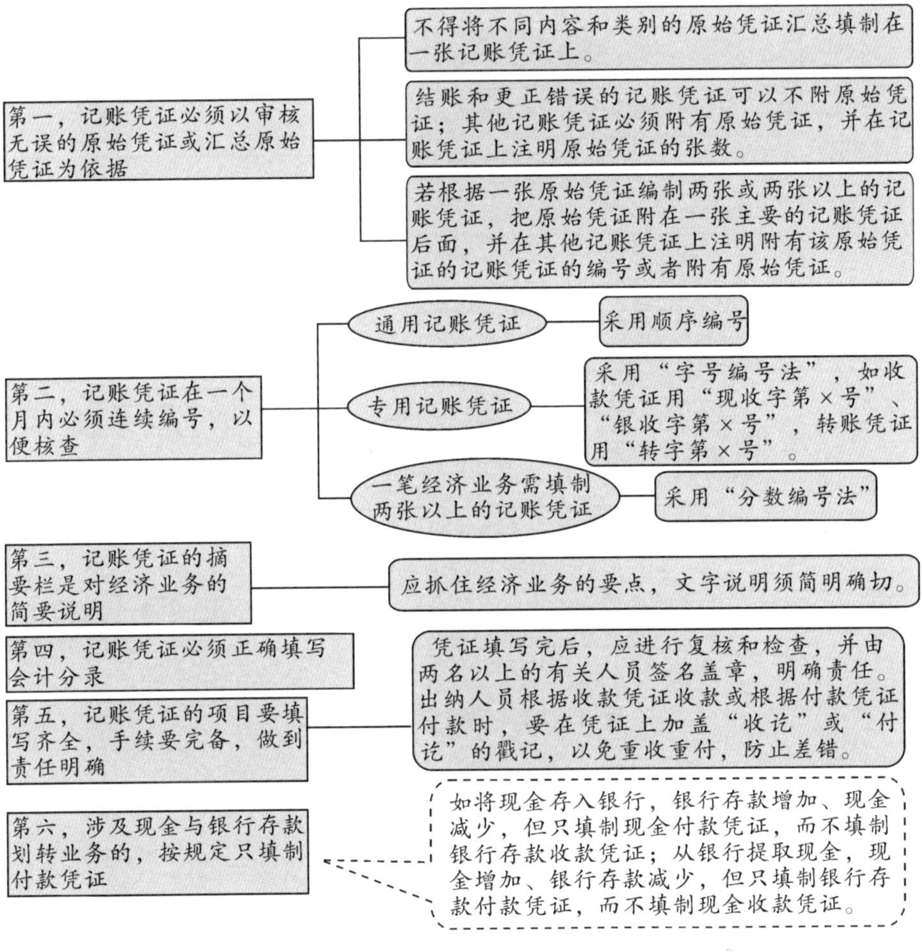

图 2－11　记账凭证的填制要求

2.3.4　记账凭证的审核

正确编制记账凭证是账务处理工作的一个重要环节，特别是收付款凭证是出纳人员收付款项的依据。因此，为了保证会计信息的质量，除了编制记账凭证的人员要认真负责，加强自审外，财会部门还应建立相互复核和专人审核的制度。如图 2－12 所示，其审核的主要内容包括：

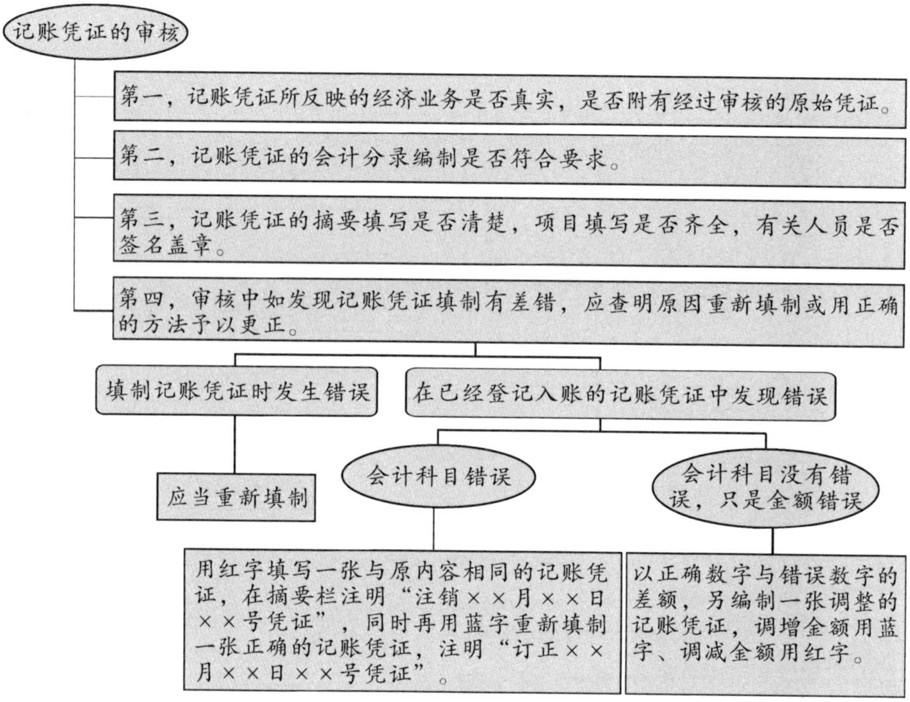

图 2－12　记账凭证的审核

2.4　会计凭证的设计

新建单位和原有单位在年度开始时，会计人员均应根据核算工作的需要设计会计凭证和各种账簿，即平常所说的“建账”。

会计凭证设计，就是根据被设计单位实际情况，对凭证的种类、内容、用途、格式、传递程序做出科学的规划，绘制出科学、规范的格式，以便为完整、及时、真实地记录经济活动提供所需要的信息载体。同时在设计会计凭证时，还需考虑凭证的整理、审核、保管等问题，科学地设计会计凭证是做好记账工作的前提。

2.4.1　怎样设计原始凭证

原始凭证按其来源不同，分为自制凭证和外来凭证两种。对于外来凭证，不在企业会计制度设计的范围之内。因而原始凭证的设计侧重于自制原始凭证的设计。

在设计自制原始凭证时，应着重考虑下列几个问题：每一类经济业务发生时需要记录哪些方面的内容；处理各类经济业务分别需要经由哪些手续；据以编制记账凭证或登记分类账、日记账时各有哪些要求；审核原始凭证应把握哪些要件等。据此规定原始凭证设计的种类、内容、格式和联次等。

原始凭证设计的基本内容如图 2 – 13 所示：

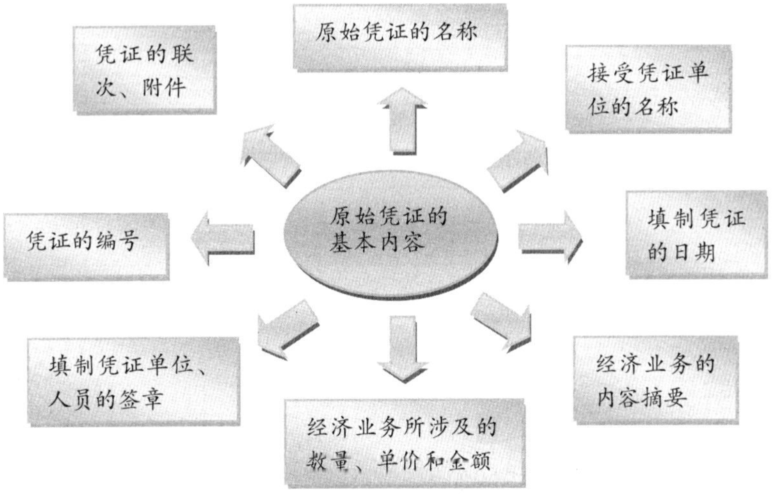

图 2 – 13　原始凭证设计的基本内容

如图 2－14 所示，设计原始凭证的基本步骤包括以下五个方面：

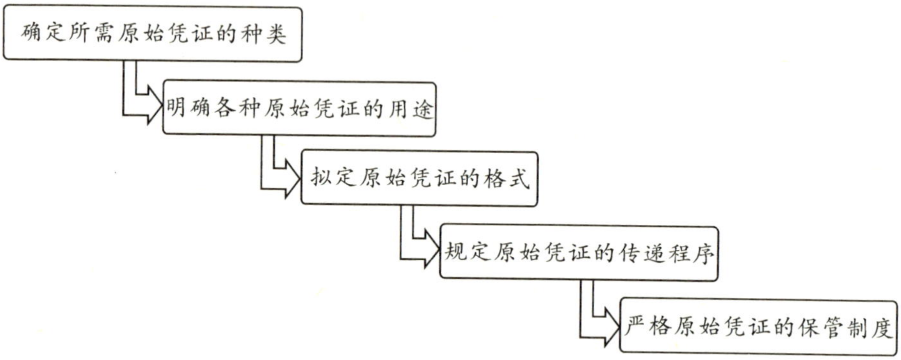

图 2－14　设计原始凭证的基本步骤

在原始凭证设计过程中，还应注意遵循下列要求，如图 2－15 所示：

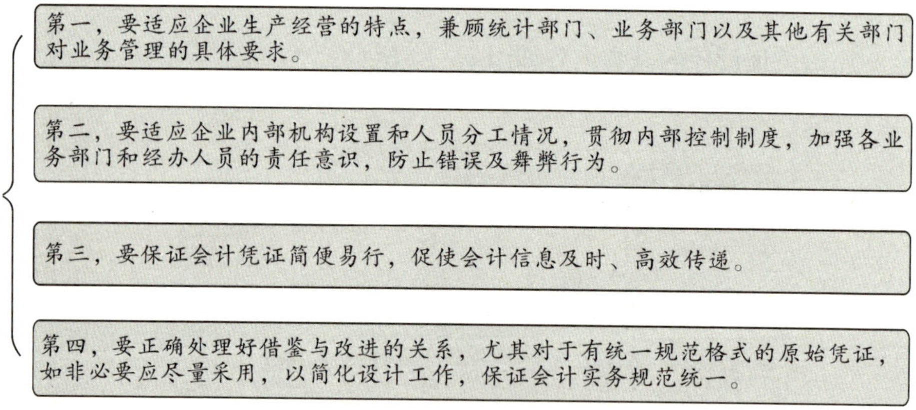

图 2－15　原始凭证的设计要求

以下列存货收发业务为例说明有关原始凭证的设计。

记录存货收发的原始凭证如原材料入库单、限额领料单、材料耗用汇总表、产成品入库单、销货发票等。其格式见表 2－12、表 2－13、表2－14。

表 2－12　材料入库单

材料类别：　　　　　　　　年　　月　　日　　　　　　　　第　　号

供应单位	材料名称	编号	规格	单位	数量	单价	金额	合同数量
保管仓库号：			合计					
备注：								

表 2－13　限额领料单

年　　月　　日　　　　　　　　限额

材料名称：			规格：		编号：	
日期	领用数	累计领用			节约或超支	领料人	发料人
		数量	单价	金额			

表 2－14　材料耗用汇总表

年　　月　　日

耗用产品或部门	领料单张数	数量	单价		金额	
			实际价	计划价	实际价	计划价
A 产品						
B 产品						
C 产品						
管理部门						
车间耗用						
其他部门						
合计						

2.4.2 怎样设计记账凭证

记账凭证的设计与记账方法的采用密切相关，根据《企业会计准则》的要求，应在借贷记账法的基础之上设计记账凭证。

记账凭证设计的基本内容包括：记账凭证的名称；填制凭证的日期；经济业务内容摘要；会计科目（包括明细科目）的名称和方向；金额；凭证编号；凭证所附原始凭证的件数；有关经办人员和主管人员的签章等。

记账凭证设计的基本步骤与原始凭证设计的基本步骤大致相同。首先，需要确定使用记账凭证的种类。如图 2－16 所示：

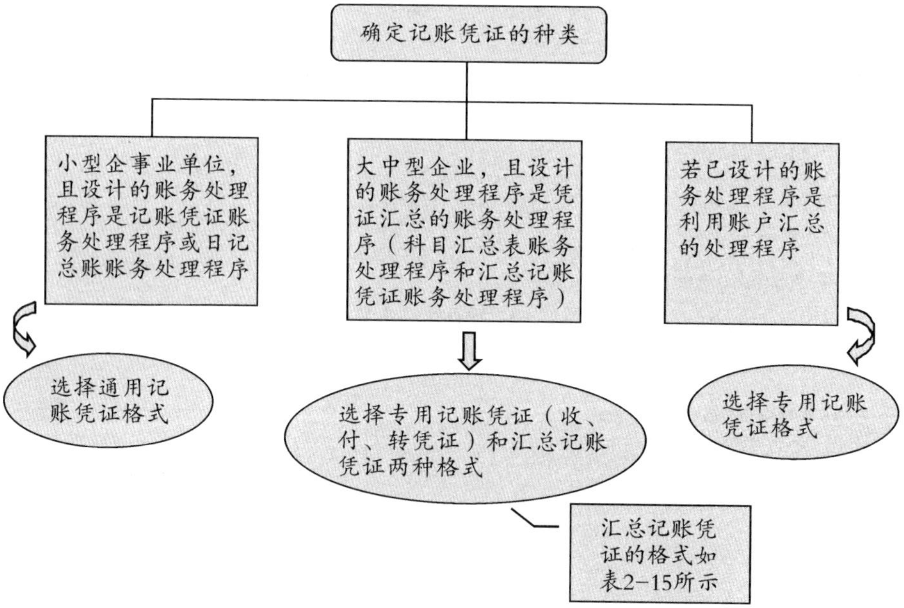

图 2－16　确定记账凭证的种类

表 2 – 15　汇总记账凭证

年　　月　　日　　　　　　　　汇字　　号

借方科目	金 额	贷方科目	金 额
合计			

附件　张

会计主管：　　　　记账：　　　　出纳：　　　　填制：

如图 2 – 17 所示，设计记账凭证时，应考虑下列要求：

设计要求

- 第一，要保证记账凭证能在记账工作中起到分录指示作用，有关的借贷双方科目栏次应清晰醒目、简单明了。
- 第二，应反映填制、审核、主管等不同岗位人员的签章，以便减少错弊，加强内部牵制，保证经济业务和会计工作的合法合规性。
- 第三，记账凭证必须附有原始凭证，作为书面依据，记账凭证中应有标明所附原始凭证数量、概况的条目，以便查阅、核对。
- 第四，记账凭证的设计应贯彻《会计法》和《企业会计准则》的要求，一律采用借贷复式记账法，以便规范企业的会计行为。
- 第五，记账凭证的基本格式已经约定俗成，除非十分必要，企业应尽量采用国家有关部门统一印制的记账凭证，以简化设计工作，节约人力物力。

图 2 – 17　记账凭证的设计要求

2.5　会计凭证的传递、整理和保管

2.5.1　会计凭证的传递

会计凭证的传递，是指会计凭证从取得或填制到归档保管的整个过程

中，在单位内部各有关部门和人员之间的传递程序和传递时间。

任何单位都会连续不断地发生各种各样的经济业务，每项经济业务在发生或完成后常常需要由不同的部门和人员去办理有关手续，即使由一个部门负责的业务，也经常会有若干人经手，应明确规定会计凭证的传递程序和传递时间。正确地组织会计凭证的传递，对于及时地反映和监督经济业务的发生和完成情况、合理组织经济活动、加强经济管理责任制、提高工作效率，都具有重要意义。

企业应根据具体情况制定每一种凭证的传递程序和方法，使会计凭证的传递合理有效，同时尽量节约传递时间，减少传递的工作量。在制定会计凭证传递程序时应注意以下问题，如图 2－18 所示：

应注意的问题

- 要以会计部门为主，根据经济业务的特点、企业内部机构的设置、人员分工的情况以及经营管理上的需要，恰当地规定各种会计凭证的格式、联数、传递程序。既要使会计凭证满足账务处理的要求，又要兼顾计划、统计、管理等部门的需要。
- 利用会计凭证的传递，使有关部门和人员能够了解经济业务的情况，并按规定手续进行处理和审核，要避免凭证传递通过不必要的环节。同时还要确定凭证在各个环节停留的时间，在保证履行完成必要的业务手续的前提下，以最快速度传递会计凭证，防止不必要的延误。
- 为了确保会计凭证的安全和完整，要建立凭证的交接签收制度，做到手续完备、责任明确。

图 2－18　制定会计凭证传递程序时应注意的问题

2.5.2　会计凭证装订前怎样排序、粘贴和折叠

凭证记账后，应及时装订。装订的范围：原始凭证、记账凭证、科目汇总表、银行对账单等。科目汇总表的工作底稿也可以装订在内，作为科目汇总表的附件。使用计算机的企业，还应将转账凭证清单等装订在内。

装订前首先应将凭证进行整理。会计凭证的整理工作，主要是对凭证进行排序、粘贴和折叠。如图 2－19 所示：

会计凭证的整理方法

- 对于纸张面积大于记账凭证的原始凭证，可按记账凭证的面积，先自右向后，再自下向后两次折叠。注意应把凭证的左上角或左侧面让出来，以便装订后，还可以展开查阅。
- 对于纸张面积过小的原始凭证，一般不能直接装订，可先按一定次序和类别排列，再粘贴在一张同记账凭证大小相同的白纸上，粘贴时以胶水为宜。小票应分开排列，同类同金额的单据尽量粘在一起，同时，在一旁注明张数和合计金额。如果是板状票证（如火车票），可以将票面票底轻轻撕开，厚纸板弃之不用。
- 对于纸张面积略小于记账凭证的原始凭证，可以用回形针或大头针别在记账凭证后面，待装订凭证时，抽去回形针或大头针。
- 对于不仅面积大而且数量多的原始凭证，可以单独装订，如工资单、耗料单。但在记账凭证上应注明保管地点。

原始凭证附在记账凭证后的顺序应与记账凭证所记载的内容顺序一致，不应按原始凭证的面积大小来排序。

图 2－19　会计凭证的整理方法

经过整理后的会计凭证，为汇总装订打好了基础。

所有汇总装订好的会计凭证都要加具封面。会计凭证装订前，要先设计和选择会计凭证的封面。封面应用较为结实、耐磨、韧性较强的纸张等。一般的封面格式如表 2－16 所示：

表 2－16　会计凭证的封面

×××有限责任公司		
××凭证		
年　月　日　共　册		本册为第　　册
本册起止号码：自	号至	号
会计主管：	装订人：	

2.5.3　会计凭证的装订

装订就是将一札一札的会计凭证装订成册，从而方便保管和利用。装订之前，要设计一下，看一个月的记账凭证究竟订成几册为好。每册的厚薄应基本保持一致，不能把几张应属一份记账凭证附件的原始凭证拆开装订在两册之中，要做到既美观大方，又便于翻阅。

一本凭证，厚度一般以1.5－2.0厘米为宜。过薄，不利于直立放置；过厚，不便于翻阅核查。凭证装订的各册，一般以月份为单位，每月订成一册或若干册。凭证少的单位，可以将若干个月份的凭证合并订成一册，在封皮注明本册所含的凭证月份。

由于原始凭证往往大于记账凭证，从而折叠过多，这样一本凭证就显得中间厚，装订线的位置薄，订出的一本凭证像一条鱼一样。这时可以用一些纸折成许多三角形，均匀地垫在装订线的位置。这样装订出来的凭证就显得整齐了。

装订前，要以会计凭证的左上侧为准，放齐，准备好铁锥、装订机或小手电钻，还有线绳、铁夹、胶水、凭证封皮、包角纸。

下面介绍一种角订法，操作流程如图2－20所示：

将凭证封皮和封底裁开，分别附在凭证前面和后面，再拿一张质地相同的纸（可以再找一张凭证封皮，裁下一半用，另一半为订下一本凭证备用）放在封皮上角做护角线。

↓

在凭证的左上角画一个边长为5厘米的等腰三角形，用夹子夹住，用装订机在底线上分布均匀地打两个眼儿。

↓

用大针引线绳穿过两个眼儿，如果没有针，可以将回形别针顺直，然后两端折向同一个方向，折向时将线绳夹紧，即可把线引过来，因为一般装订机打出的眼儿是可以穿过的。

↓

在凭证的背面打结。线绳最好把凭证两端也系上。

↓

将护角向左上侧面折，并将一侧剪开至凭证的左上角，然后抹上胶水。

↓

向上折叠，将侧面和背面的线绳扣粘死。

↓

待晾干后，在凭证本的侧脊上面写上“某年某月第几册共几册”的字样。装订人在装订线封签处签名或者盖章。现金凭证、银行凭证和转账凭证最好依次顺序编号，一个月从头编一次序号，如果单位的凭证少，可以全年顺序编号。

图2－20　角订法的操作流程

具体的装订方法如图 2－21 所示：

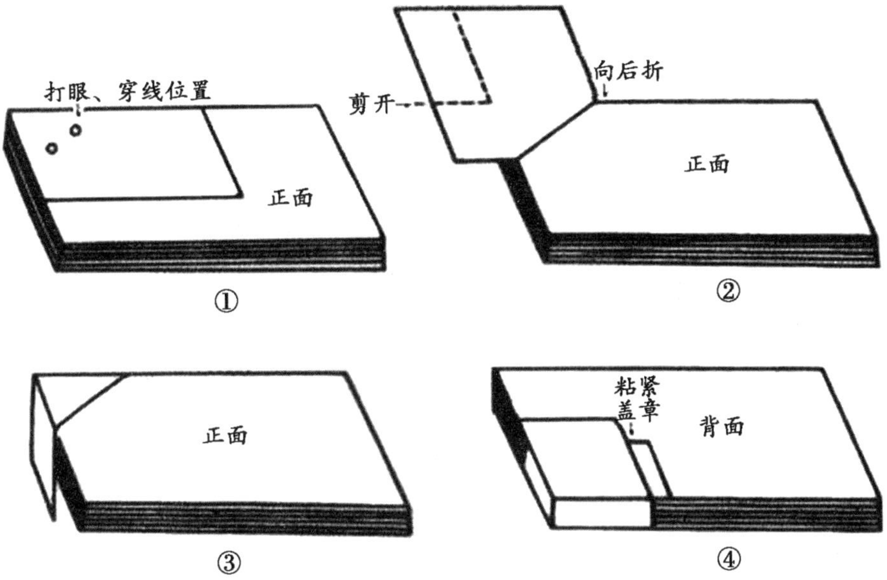

图 2－21　会计凭证的装订方法

2.5.4　会计凭证的保管

会计凭证的保管，是指会计凭证登记账簿后的整理、装订和归档存查的工作。会计凭证是记录经济业务、明确经济责任的书面证明文件，又是登记账簿的依据，它是重要的经济档案和经济资料，企业或有关部门可能因各种需要查问会计凭证。对会计凭证的保管，既要使其安全完整，又要便于调阅、查找和检查监督。会计凭证保管的主要方法和要求如图 2－22 所示。

会计凭证保管的方法和要求

- 会计凭证登记完毕后，应当按照分类和编号顺序保管，不得散乱丢失。
- 每月记账完毕，要将本月各种记账凭证加以整理，检查有无缺号和附件是否齐全，再将记账凭证按类别和编号顺序连同所附的原始凭证，折叠整齐，并加具封面、封底装订成册，并在装订线上加贴封签。
  - ⇨ 在已装订成册的会计凭证封面上，按规定注明：单位名称、年度、月份、凭证种类、起讫日期、起讫号码、有关人员的签章等。如果在一个月内凭证的数量过多，可分装若干册，并在封面加注：本月共×册、本册是第×册。如果有些记账凭证所附的原始凭证数量过多或性质非常重要，也可单独装订保管，但应在其封面上注明所属记账凭证的种类、日期、编号，同时在原有关记账凭证上注明“附件另存”和原始凭证名称、编号，以便查考。
- 装订成册的会计凭证要指定专门的会计人员保管，年度终了，则应移交财会档案室归档保管。未设立档案机构的，应当在会计机构内部指定专人保管，出纳人员不得兼管会计档案。需要查阅以前年度的会计凭证，需经会计主管同意，并履行一定手续，才能取出查阅。
- 会计凭证不得外借，其他单位如因特殊原因需要使用会计凭证时，经本单位会计机构负责人、会计主管人员批准，可以复制。查阅或者复制会计凭证的人员，严禁在会计凭证上涂画、折封和抽换。
- 会计凭证的保管期限，必须严格执行会计制度的有关规定，任何人无权随意销毁。保管期满的会计凭证，可按规定程序销毁，但保管期满而尚未结清的债权债务的原始凭证以及其他涉及未了事项的原始凭证，不得销毁，应当单独抽出立卷，保管到未了事项完成后为止。

图 2－22　会计凭证保管的主要方法和要求

本章实操要点及易错点

了解会计凭证的概念和意义；熟悉原始凭证、记账凭证的内容，以及它们的填制和审核的要点。

第3章 会计账簿业务

本章导读

会计凭证、会计账簿、会计报表是账务处理的工具。通过登记账簿，对会计凭证所载明的信息进行序时、分类的记录和汇总，既便于编制会计报表，又可以提供分类别的会计信息。

在本章中，我们主要解决以下问题：

（1）什么是会计账簿？

（2）会计账簿具有什么作用？

（3）会计账簿主要包括哪些种类？

（4）怎样设置与登记序时会计账簿？

（5）怎样设置与登记明细会计账簿？

（6）登记会计账簿需要遵循哪些规则？

（7）发现错账有哪些更正的方法？

（8）如何进行对账？

（9）如何发现记账中出现的错误？

（10）会计期末如何进行结账？

3.1 会计账簿的概念和种类

3.1.1 什么是会计账簿

会计账簿是按会计科目开设，以会计凭证为依据，由一定格式和相互联系的账页所组成，用来序时地、分类地、连续地记录和反映各项经济业务的簿籍。

账簿和账户，二者既有区别，又有联系。如图 3－1 所示：

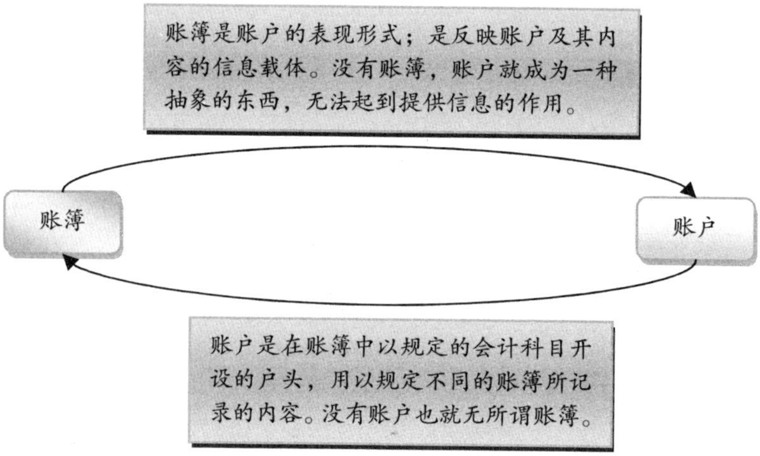

图 3－1　账簿和账户的区别与联系

设置和登记账簿是账务处理的一种专门方法，也是账务处理工作的一个重要环节。

3.1.2 会计账簿具有什么作用

填制和审核会计凭证，可以对发生的经济业务进行及时、准确的记录，并明确经济责任。但会计凭证的数量很多、提供的信息很分散，为了提供全面、系统、综合的会计信息以满足经营管理及对外报告的需要，各单位应当按照国家统一会计制度的规定设置会计账簿。

设置和登记账簿，是编制会计报表的基础，是连接会计凭证和会计报表的中间环节，对于加强经济管理有十分重要的意义。会计账簿的作用如图 3－2 所示：

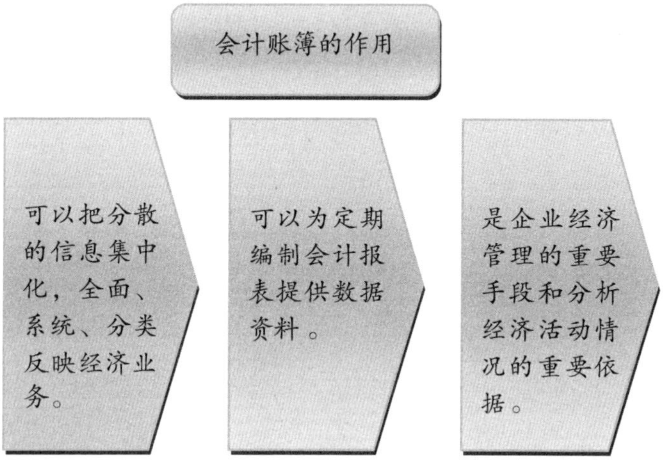

图 3－2　会计账簿的作用

3.1.3　会计账簿的种类

在会计账簿体系中，有各种不同功能和作用的账簿，它们各自独立又相互补充。为了认识和运用会计账簿，可以从不同角度对其进行分类。如图 3－3 所示：

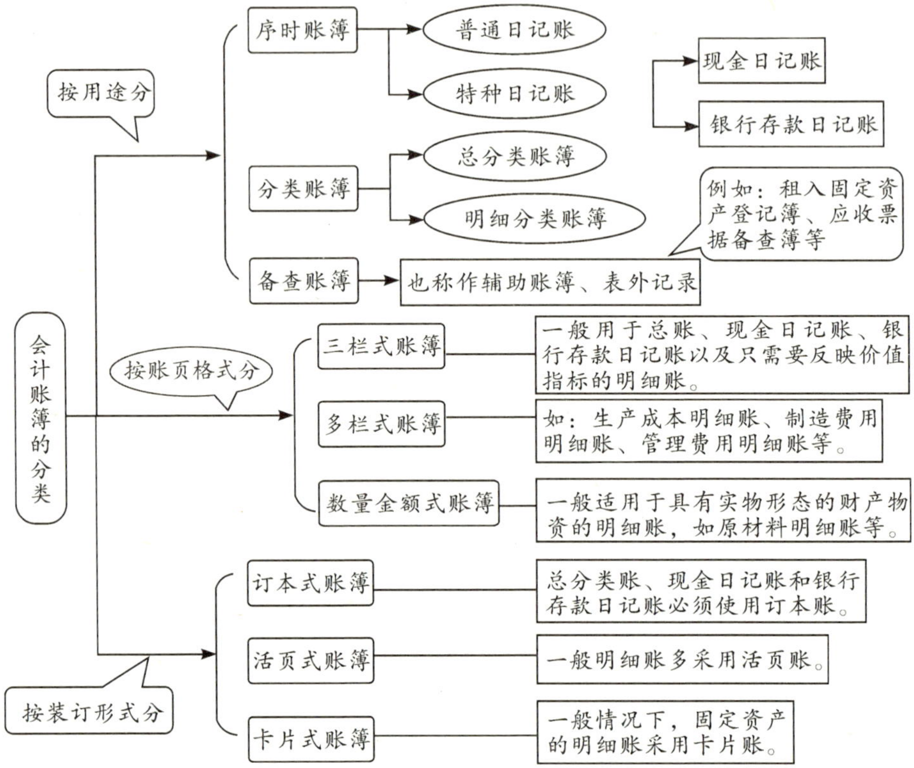

图3－3　会计账簿的分类

3.2　会计账簿的设置与登记

3.2.1　会计账簿的基本内容

会计账簿的格式多种多样，但其基本构成包括以下几个部分，如图3－4所示：

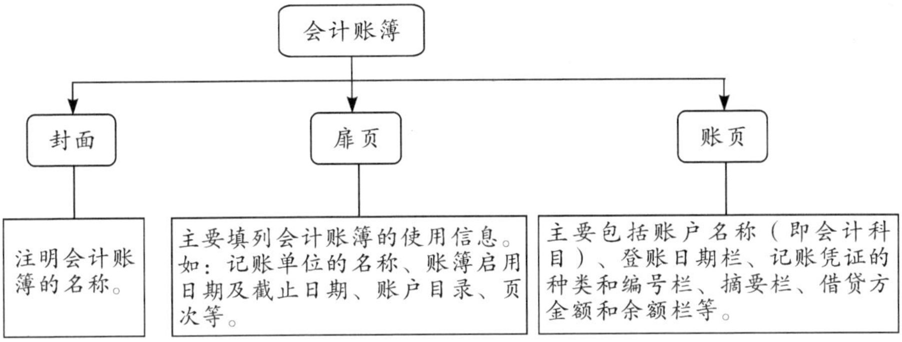

图 3－4　会计账簿的基本构成

不同种类的会计账簿所记录经济业务的内容、结构、格式、登记方法不同，本节主要介绍序时账簿及分类账簿的结构和登记方法。

3.2.2　会计账簿设置的原则

任何单位都应当根据本单位经济业务的特点和经营管理的需要设置一定数量的账簿。一般来说，设置账簿应当遵循以下原则，如图 3－5 所示。

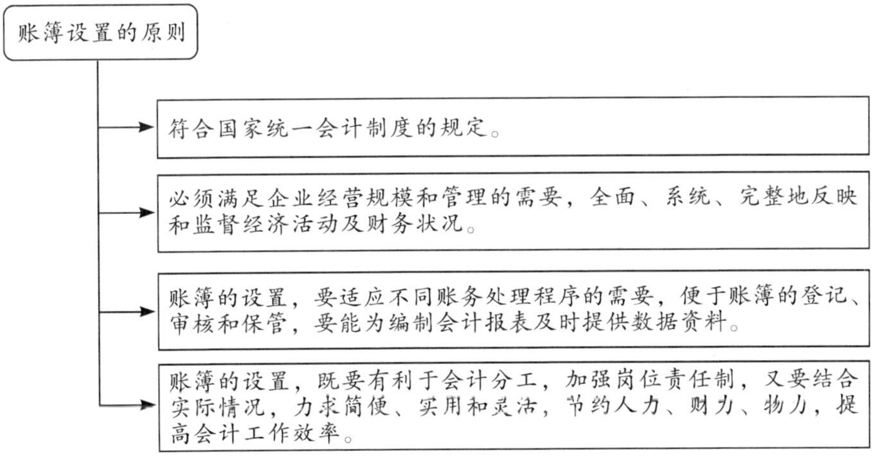

图 3－5　设置账簿应遵循的原则

3.2.3 序时账簿的设置与登记

1. 普通日记账

普通日记账是用来序时地反映和逐笔记录全部经济业务的日记账。普通日记账也称分录簿，它由会计人员按照每天发生的经济业务的先后顺序，确定应借应贷的会计科目，编制会计分录，逐笔记入普通日记账的相应栏目，作为记入分类账的依据。其格式和内容如表 3－1 所示。

表 3－1 普通日记账

年		凭证		摘要	会计科目	金额		账页	过账符号
月	日	字	号			借方	贷方		

普通日记账的功能和作用只是把反映繁杂经济业务的每一张记账凭证的内容集中在一起，可以全面了解一个时期企业经济业务的全貌。但普通日记账不便于分工记录，也不能把各种经济业务进行分类反映，且根据普通日记账逐笔登记总账的工作量很大。所以，许多单位并不设置这种普通日记账，而是直接根据记账凭证登记分类账，以减少重复工作。

2. 特种日记账

特种日记账是将大量重复发生的同类经济业务，集中在一本日记账中进行登记的账簿。其内容与格式如图 3－6 所示：

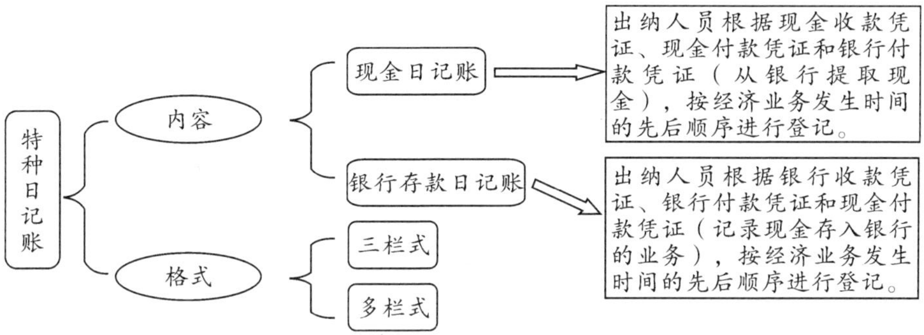

图 3－6　特种日记账的内容与格式

由于三栏式日记账最为常见，在此我们仅对三栏式日记账进行介绍。

三栏式日记账是指账页的金额栏设借、贷、余三栏，用来逐日逐笔登记现金或银行存款的增减变动情况的序时账。其格式及内容如表 3－2、表 3－3所示。

表 3－2　现金日记账

年		凭证		摘要	对方科目	借方	贷方	余额
月	日	字	号					

表 3－3　银行存款日记账

年		凭证		摘要	现金支票号数	转账支票号数	对方科目	借方	贷方	余额
月	日	字	号							

三栏式日记账的主要栏目及其填写方法如图 3－7 所示。

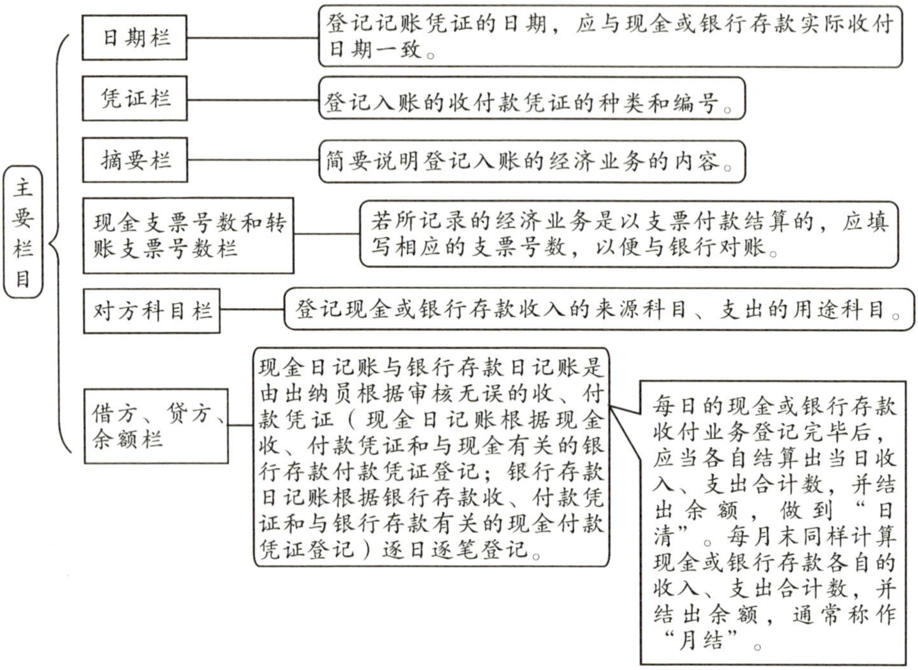

图3－7　三栏式日记账主要栏目及填写方法

现金日记账的每日结存余额，应与库存现金的实有数核对相符；银行存款日记账的每日结存余额，应定期与银行对账单核对相符，每月至少要核对一次，并通过编制银行存款余额调节表检查银行存款记录的正确性。如果一个单位按规定在银行开设了不同银行存款账户，则应分别设置银行存款日记账。现金日记账和银行存款日记账，还应定期与会计人员登记的现金总账和银行存款总账核对相符。

3.2.4　分类账簿的设置与登记

1. 总分类账簿

总分类账簿简称总账。它是按照会计制度中规定的一级会计科目开设的，分类汇总反映各种资产、负债和所有者权益以及费用、成本和收入总括情况的账簿。总分类账簿在全面、总括地反映全部经济业务的同时，又能为编制会计报表提供依据，因而，任何会计主体都要设置总分类账。

总分类账簿一般都采用订本账，在一本或几本账簿中将全部总分类账户按会计科目的编号顺序分设，因此对每个账户应事先按业务量的大小预留若干账页。

总账一般只进行货币量度的核算，因此总分类账多使用三栏式，在账页中设置借方、贷方和余额三个金额栏，其格式及内容如表 3－4 所示。

表 3－4　总分类账

会计科目：

年		凭证		摘要	对应科目	借方	贷方	借或贷	余额
月	日	字	号						

总分类账中的“对应科目”栏，可以设置也可以不设置。“借或贷”栏是指账户的余额是在借方还是在贷方。

由于采用的账务处理程序不同，总分类账的登记方法和登记程序也不一样。它可以直接根据记账凭证，按经济业务发生的时间顺序逐笔登记；也可以根据科目汇总表登记；还可以根据汇总记账凭证按期或分次汇总登记。具体登记方法参见第 4 章。

2. 明细分类账簿

明细分类账簿简称明细账。它是根据经营管理的实际需要，按照某些一级会计科目所属的二级科目或明细科目，分类、连续地记录和反映有关资产、负债和所有者权益以及收入、费用和成本的增减变动等详细情况的账簿。

设置和运用明细分类账，能够详细地反映资金循环和收支的具体情况，有利于加强资金的管理和使用，并可为编制会计报表提供必要的资料。所以各会计主体在设置总分类账的基础上，还要根据经营管理的需要，设置若干必要的明细分类账，以形成既能提供经济活动的总括情况，又能提供具体详细情况的账簿体系。

明细分类账簿的通用格式有三种：三栏式明细分类账、多栏式明细分类账和数量金额式明细分类账。如图 3－8 所示：

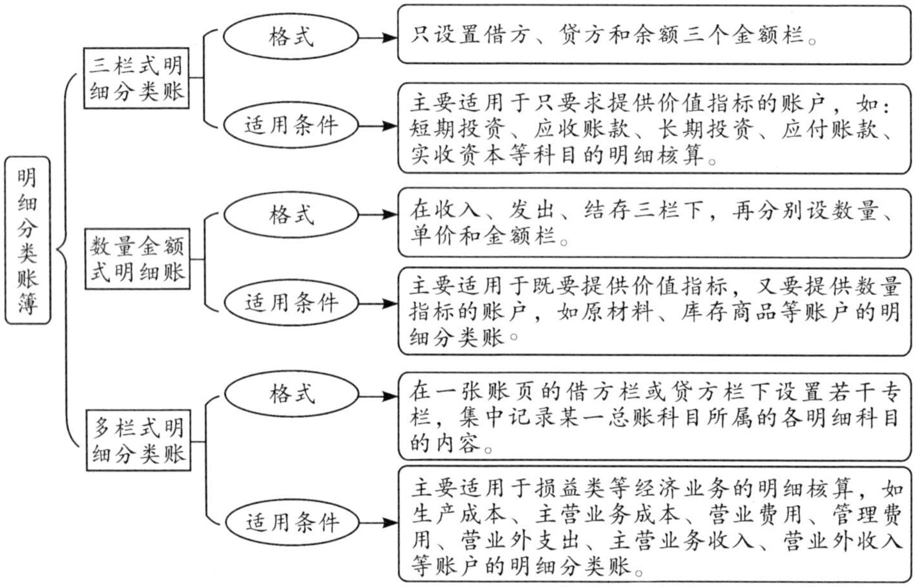

图 3－8　明细分类账簿的格式与适用条件

其中，三栏式明细分类账的账页格式及内容如表 3－5 所示。

表 3－5　应收账款明细账

购货单位名称：　　　　　　　　　　　　　　　　　　　　第　　页

年		凭证		摘要	借方	贷方	借或贷	余额
月	日	字	号					

此外，为了适应固定资产、低值易耗品等明细核算的特殊要求，其明细分类核算的格式一般采用卡片式，具体格式可以自行设计。

明细分类账的登记，应根据会计主体业务量的大小、业务性质及管理要求选择不同的登记方法，可以直接根据原始凭证或原始凭证汇总表、记账凭证逐日逐笔登记或定期汇总登记。在月末将总分类账的余额与其所属的明细分类账的余额之和核对相符。有些会计科目，如经济业务内容单纯、发生次数较少，可以不设明细账。

3. 总分类账与明细分类账的平行登记

所谓平行登记，是对所发生的经济业务都要以会计凭证为依据，一方面在有关的总分类账中进行登记，另一方面同时在该总分类账所属的各有关明细分类账中登记。平行登记既可以满足管理上对总括会计信息和详细会计信息的需求，又可以检验账户的完整性和正确性。如图 3 – 9 所示，采用平行登记的规则，应注意以下几点：

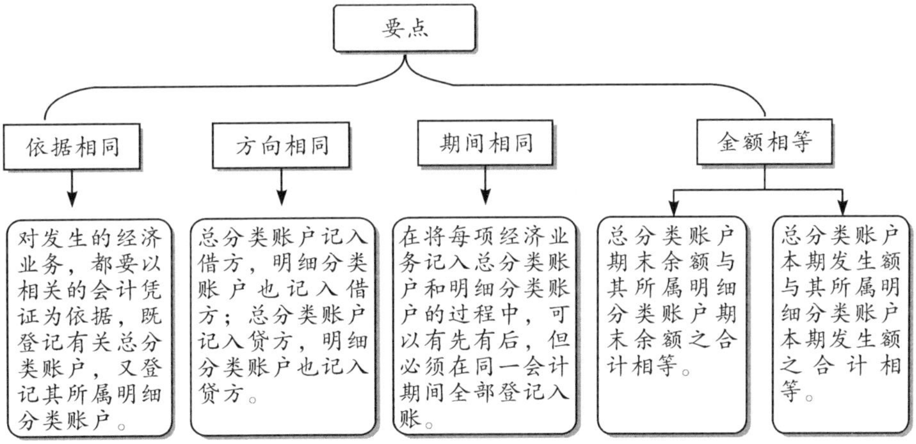

图 3 – 9　平行登记时应注意的问题

3.3 记账规则与错账更正

3.3.1 会计账簿的记账规则

1. 账簿启用的规则

会计账簿是存储经济业务数据资料的重要档案，账簿启用后应由专人负责。为了保证账簿记录的合法性，明确记账责任，保证会计信息的完整，防止舞弊行为，在账簿启用时，必须在账簿的扉页上填列“账簿启用和经管人员一览表”，详细载明：单位名称、账簿名称、账簿编号、账簿册数、账簿共计页数、启用日期、交接日期、交接人姓名、记账人员和会计主管人员签章，最后还要加盖单位公章。其格式如表 3－6 所示。

表 3－6 账簿启用和经管人员一览表

单位名称：					账簿编号：						
账簿名称：					启用日期：						
账簿册数：					账簿页数：						
会计主管（签章）					记账人员（签章）						
移交日期			移交人		接管日期			接管人		会计主管	
年	月	日	姓名	签章	年	月	日	姓名	签章	姓名	签章

2. 账簿登记的规则

账簿登记的规则如图 3－10 所示。

账簿登记的规则

- 登记会计账簿时，必须以审核无误的会计凭证为依据。应当将会计凭证的日期、种类和编号、业务内容摘要、金额和其他有关资料等逐项记入账内。做到数字准确、摘要清楚、登记及时、字迹工整。
- 登记账簿的同时，要在记账凭证上注明所记账簿的页数，或画“√”符号，表示已经登记入账，以避免重记、漏记。还需要有关人员在记账凭证上签名或者盖章。
- 账簿摘要栏和金额栏中的文字和数字书写要规整、易于辨认。书写的文字和数字上方要留有适当的空间距离，不要写满格，一般应占格距的1/2。
- 凡需结出余额的账户，结出余额后，应当在“借或贷”等栏内写明“借”或者“贷”等字样。没有余额的账户，应当在“借或贷”等栏内写“平”字，并在余额栏内用“0”表示。现金日记账和银行日记账必须逐日结出余额。
- 在账簿首页要注明账户的名称和页次。各种账簿必须按编定的页次逐页、逐行顺序连续登记，不得隔页、跳行。如果发生了隔页、跳行时，应当将空页、空行用红线画对角线注销，加盖“作废”字样；或者注明“此页空白”“此行空白”字样，并由记账人员签章。对于订本式账簿不得任意撕毁，活页式账簿也不得任意抽换账页。
- 每一账页登记完毕结转下页时，应当结出本页合计数及余额，并写在本页最后一行和下页第一行有关栏内，并在摘要栏注明“过次页”和“承前页”字样；也可以将本页合计数及余额只写在下页第一行有关栏内，并在这一行摘要栏注明“承前页”字样。
- 在新的会计年度开始时，应将各种账簿的上年年终余额转记到新年度开设的有关新账的第一页的第一行，并在摘要栏内注明“上年结转”字样。
- 为了保持账簿记录的清晰、持久，防止涂改，记账时必须使用蓝黑墨水或者碳素墨水书写，不得使用铅笔或圆珠笔书写。
  - 在下列情况下，可以用红色墨水记账：
    - 按红字冲账的记账凭证，冲销错误记录。
    - 在不设借贷等栏的多栏式账页中，登记减少数。
    - 在三栏式账户的余额栏前，如未印明余额方向的，在余额栏内登记负数余额。
    - 月末、年终结账画线。
    - 根据国家统一会计制度的规定可以用红字登记的其他会计记录。

图 3－10　账簿登记的规则

在记账过程中，如果账簿记录发生错误，不得任意采用刮擦、挖补、涂改或使用褪色药水等方法更正，必须根据错误的不同情况，相应地采用正确的错账更正方法。

3.3.2 更正错账的方法

记账规则中规定，账簿记录中产生的各种错误，只能采用相应的正确的错账更正方法予以更正。根据错账的情况不同，错账更正的方法主要有画线更正法、红字冲销法、补充登记法三种。

1. 画线更正法

如图 3 – 11 所示：

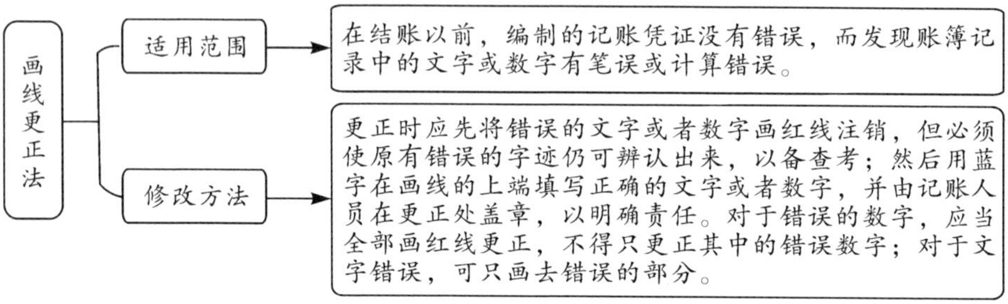

图 3 – 11　画线更正法的适用范围和修改方法

2. 红字冲销法

如图 3 – 12 所示：

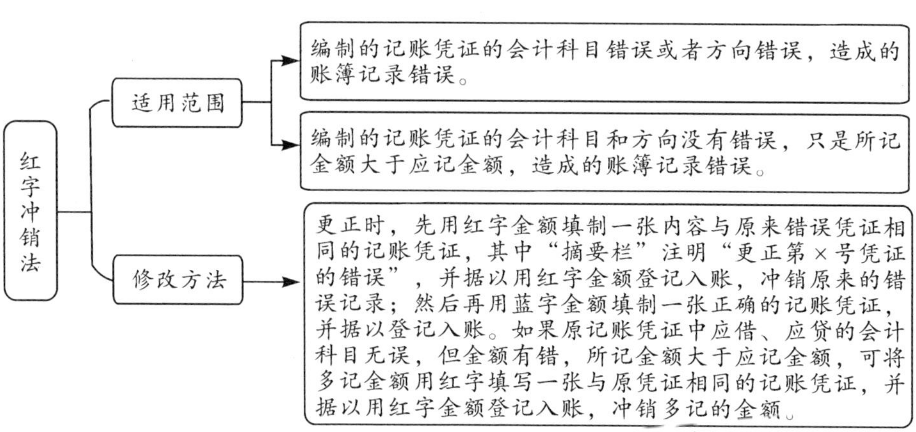

图 3 – 12　红字冲销法的适用范围和修改方法

例3-1　使用红字冲销法修改错账

企业用支票购买办公用品，共计500元。填制记账凭证时，误将“银行存款”科目记为“库存现金”科目，并已登记入账：

借：管理费用——办公用品　　500

　　贷：库存现金　　500

发现错误后，先用红字金额填制一张与原错误凭证相同的记账凭证，并用红字金额登记入账，冲销原来的错误记录：

借：管理费用——办公用品　　500

　　贷：库存现金　　500

再用蓝字金额填制一张正确的记账凭证，并用蓝字金额登记入账：

借：管理费用——办公用品　　500

　　贷：银行存款　　500

例3-2　使用红字冲销法修改错账

从银行提取现金16 800元，准备发放工资。根据现金支票编制记账凭证时，金额有误，并已入账：

借：库存现金　　18 600

　　贷：银行存款　　18 600

误记金额大于应记金额，差额1 800元。发现错误后，将多记金额1 800元用红字填写一张与原凭证相同的记账凭证，并用红字金额登记入账，冲销多记金额：

借：库存现金　　1 800

　　贷：银行存款　　1 800

3. 补充登记法

如图3-13所示：

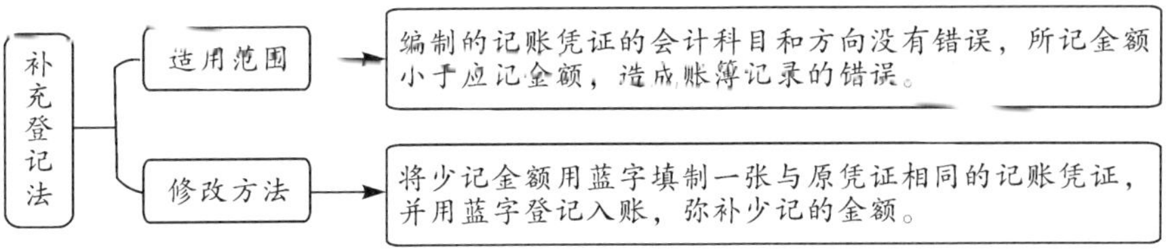

图3-13　补充登记法的适用范围和修改方法

例3－3 运用补充登记法修改错误

远大公司从本企业车间领取原材料10 900元用于本企业的在建工程，首次记账在填写记账凭证时出现错误，其记账凭证如下：

借：生产成本——A产品　　10 000

　　贷：原材料　　10 000

后发现实记金额小于应记金额，差额900元。发现错误后，将少记金额900元以蓝字填写一张与原凭证相同的记账凭证，并据以登记入账，弥补少记的金额：

借：生产成本——A产品　　900

　　贷：原材料　　900

3.4 对账、查账与结账

期末账务处理工作，是会计循环的一个重要环节。如图3－14所示，它包括以下几个部分：

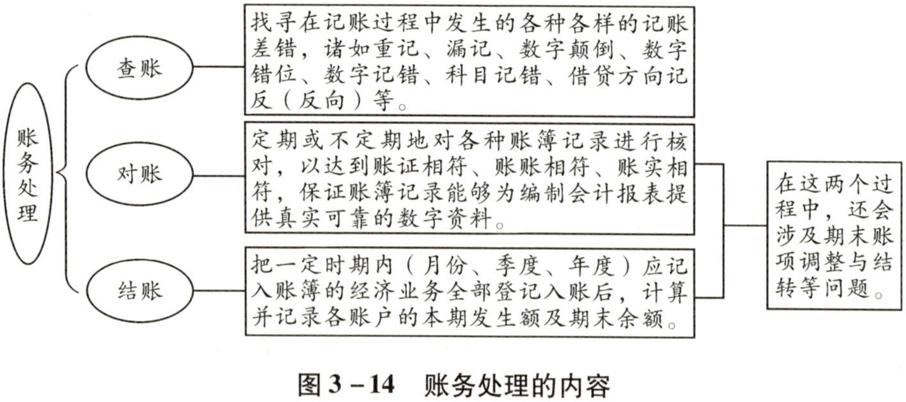

图3－14　账务处理的内容

3.4.1　对账

对账，简单地说就是核对账目，亦即为了保证会计账簿记录的正确性而进行的有关账项的核对工作。

在会计工作中，由于种种原因，账簿记录难免发生错记、漏记的情况。因此，为了保证账簿记录的完整和正确，为编制会计报表提供真实可靠的数据资料，在记账之后、结账之前，必须做好对账工作，以保证账证相符、账账相符、账实相符和账表相符。如图 3－15 所示：

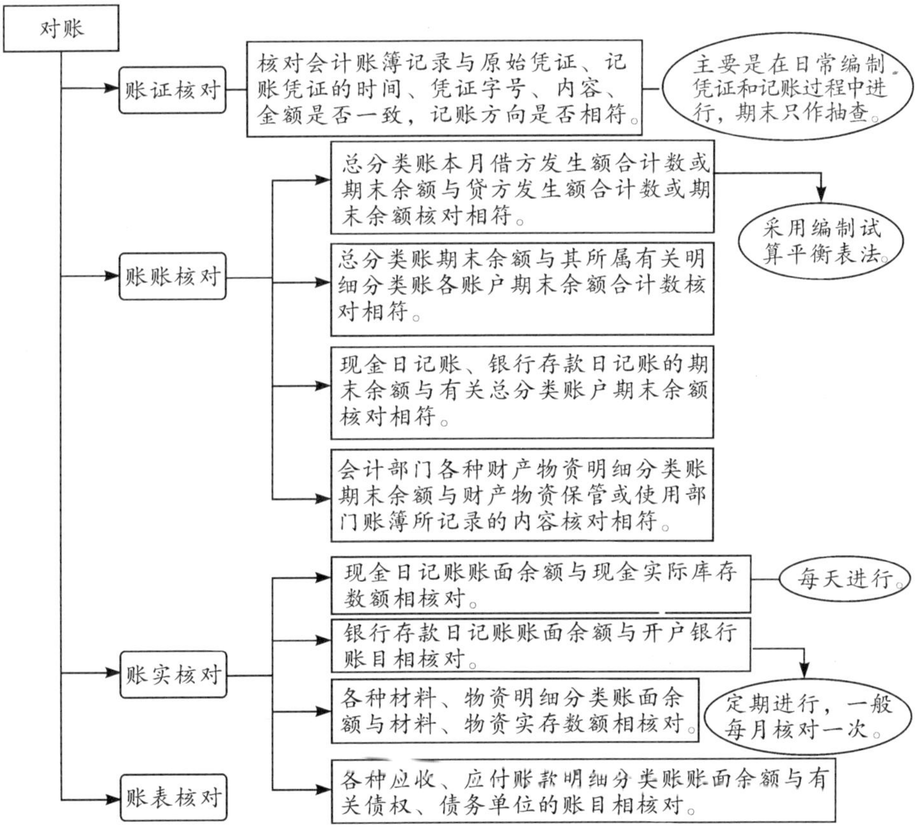

图 3－15　对账工作的具体内容

3.4.2 查账

在记账过程中，可能发生各种各样的差错，产生错账，如重记、漏记、数字颠倒、数字错位、数字记错、科目记错、借贷方向记反（反向）等，从而影响会计信息的准确性，应及时找出差错并予以更正。如图 3－16 所示，错账查找的方法主要有：

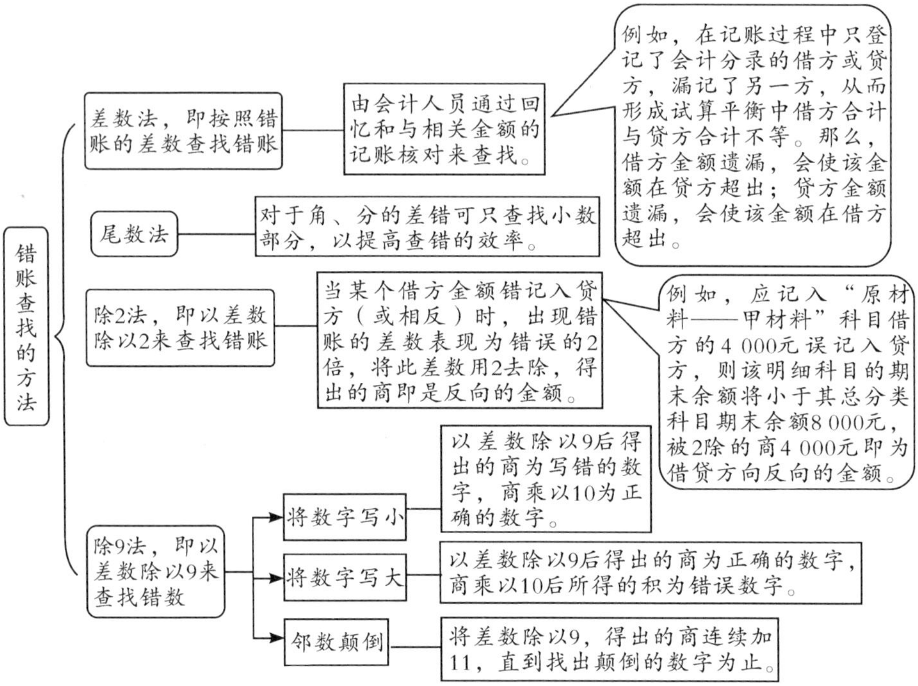

图 3－16　错账查找的方法

3.4.3 结账

结账是指按照规定把一定时期（月份、季度、年度）内所发生的经济业务登记入账，并将各种账簿结算清楚，计算出每个账户的本期发生额合计数和期末余额，以便进一步根据账簿记录编制会计报表。

从结账工作的角度来看，账簿主要有两类：一类是资产、权益和成本类账簿，这类账簿有本期发生额，也有期末余额；另一类是损益类账簿，这类账簿有本期发生额和结转额，期末结转以后没有余额。

1. 结账过程的内容和程序

如图 3－17 所示：

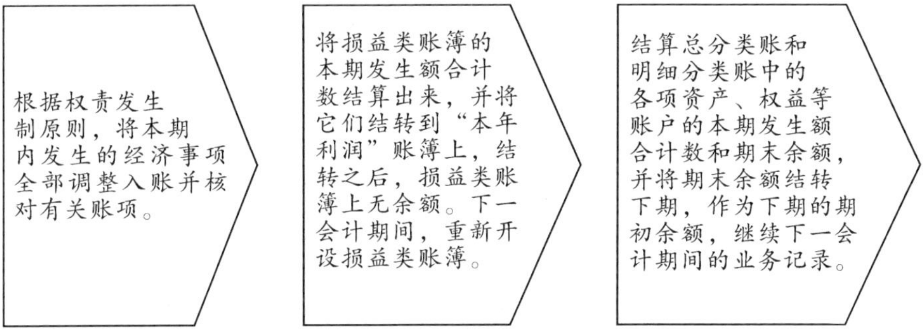

图 3－17　结账的内容和程序

2. 结账的方法

年度结账日为公历年度 12 月 31 日，半年度、季度、月度结账日分别为公历年度每半年、每季、每月的最后一天。在实际工作中，一般采用“画线结账”的方法进行结账，具体方法如图 3－18 所示：

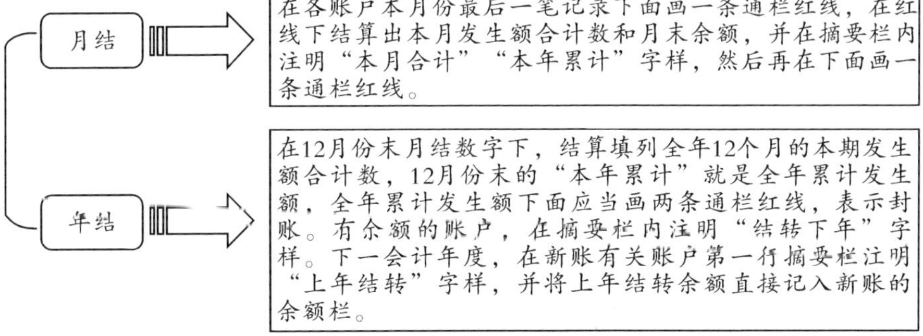

图 3－18　结账的方法

3.4.4 怎样装订会计账簿

账簿在使用过程中，应妥善保管。账簿的封面颜色，同一年度内力求统一，逐年更换颜色，便于区别年度。这样，在找账查账时就会比较方便。账簿内部，应编好目录，建立索引。注意贴上相应数额的印花税票。

活页账本时可以用线绳系起来。下面介绍活页摇夹使用方法，如图3－19所示：

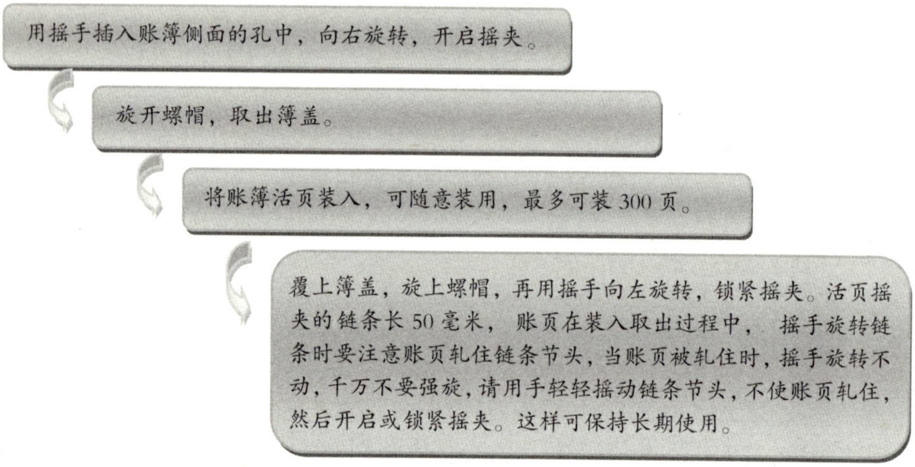

图3－19　活页摇夹的使用方法

摇夹使用的特点是比较安全，因为账簿摇紧后，其他人员如果没有专门工具，不容易随意抽取、更换账页，从而使得账页不易散失；其缺点是成本相对较高。

账簿在过次年后，应将账簿装订整齐，活页账要编好科目目录、页码，用线绳系死，然后贴上封皮，在封皮上写明账簿的种类、单位、时间，在账簿的脊背上，也要写明账簿种类、时间。

会计业务量小的公司，账簿可以不贴口取纸；会计业务量大的公司，账簿上应该贴口取纸，可以按一级科目或材料大类，按账页顺序由前往后、自上而下地粘贴。当合起账簿时，全部口取纸应该整齐、均匀，并能够显露出科目名称。不要在账簿上下两侧贴口取纸，而应在右侧粘贴，这样，可保证整齐，存档时可以戳立放置，以便抽取。

具体操作方法如图 3－20 所示：

图 3－20　活页摇夹的具体操作方法

3.4.5　账簿的更换和保管

年度终了，各会计主体都要结束旧账，更换新账。更换下来的旧账是重要的会计档案，必须按照会计制度统一规定的保存年限妥善保管，不得丢失和任意销毁，以供日后检查、分析和审计。保管期满以后，还要按照规定的审批程序报经批准以后才能销毁。会计人员必须在年度结束后，将各种活页式、卡片式账簿连同账簿启用和经管人员一览表装订成册，加上封面，统一编号，与各种订本式账簿一起归档保管。

本章实操要点及易错点

了解账簿的种类；熟悉序时日记账和明细分类账的登记方法和准则；掌握错账的更正方法。

第4章 资产类业务的账务处理

本章导读

在日常的记账实务中，资产业务是最常见的业务，资产是指企业过去的交易或事项形成的、由企业拥有或控制的、预期会给企业带来经济利益的资源。

资产按照不同的标准可以有不同的分类。按是否具有实物形态，资产可分为有形资产和无形资产；按其来源不同，资产可分为自有资产和租入资产；按其流动性不同，资产可分为流动资产和非流动资产，其中流动资产又可分为货币资金、交易性金融资产、应收票据、应收账款、预付款项、其他应收款、存货等，非流动资产又可分为长期股权投资、固定资产、无形资产及其他资产等。

资产业务主要包括以下几种类型：资产内部的此增彼减；资产增加负债同时增加；资产减少负债同时减少；资产增加所有者权益同时增加；资产减少所有者权益同时减少。在进行资产类业务的账务处理时，一个规律就是凡导致资产增加的业务借记资产，贷记相应的科目，这一点我们可以在实务案例中仔细体会。

本章主要介绍货币资金、交易性金融资产、应收及预付款项、存货、固定资产、无形资产和其他资产的核算。

在本章中，我们主要解决以下问题：

（1）现金和银行存款如何进行账务处理？

（2）应收票据与应收账款如何进行账务处理？

（3）预付账款如何进行账务处理？

（4）存货的计价方法是什么？

（5）存货如何进行账务处理？

（6）短期投资如何进行计价与账务处理？

（7）长期股权投资如何进行账务处理？

（8）长期债权投资如何进行账务处理？

（9）如何计提长期投资减值准备？

（10）固定资产的计价原则与账务处理是什么？

（11）无形资产如何进行账务处理？

4.1 货币资金业务的账务处理

货币资金是企业资产的重要组成部分，是企业资产中流动性较强的一种资产。任何企业要进行生产经营活动都必须拥有货币资金，持有货币资金是进行生产经营活动的基本条件。如图 4－1 所示，货币资金可以分为以下几类：

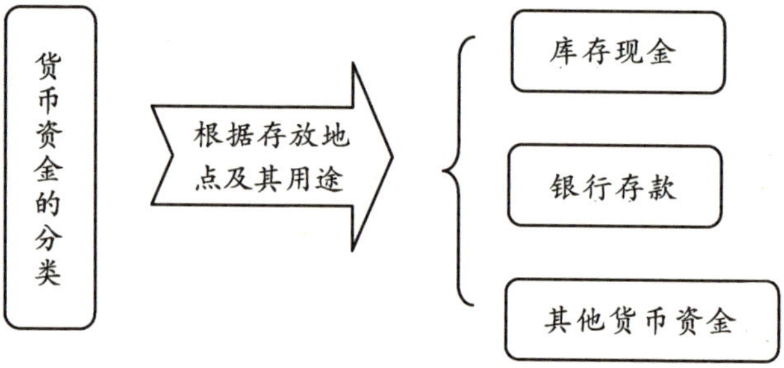

图 4－1　货币资金的分类

4.1.1　库存现金的账务处理

库存现金的总分类核算应设置“库存现金”账户，借方登记库存现金的增加数，贷方登记库存现金的减少数，期末余额在借方，反映期末库存现金的实有数。

如果企业收付的库存现金中有外币，还应在“库存现金”账户下设置外币库存现金专户进行核算。

1. 库存现金收入的账务处理

库存现金收入是企业在其生产经营和非生产经营业务中取得的库存现金。库存现金收入的账务处理以库存现金收入原始凭证为依据，包括发票、行政事业性专用收据、内部收据等。

例 4－1　库存现金收入的账务处理方法

（1）雷顿公司收回 A 公司所欠货款的尾款，为现金 500 元。进行账务处理如下：

借：库存现金　　500

　　贷：应收账款——A 公司　　500

（2）雷顿公司从银行提取现金 5 000 元。进行账务处理如下：

借：库存现金　　5 000

　　贷：银行存款　　5 000

（3）雷顿公司收回职工的借款 600 元。进行账务处理如下：

借：库存现金　　600

　　贷：其他应收款——×××　　600

（4）雷顿公司出售多余材料收入现金 2 000 元。进行账务处理如下：

借：库存现金　　2 000

　　贷：其他业务收入　　2 000

2. 库存现金支出的账务处理

库存现金支出是指企业在其生产经营和非生产经营业务中向外支付的库存现金。库存现金支出的账务处理以库存现金支出原始凭证为依据，分为外来原始凭证和自制原始凭证两部分。常见的库存现金支出原始凭证如图 4－2 所示。

现金支出原始凭证

- 借据，企业内部机构为购买零星办公用品或职工因公出差借款时使用。
- 工资结算单，企业向职工支付工资时使用。
- 报销单（支出凭证），企业内部有关人员为单位内部购买零星物品，接受外单位或个人劳务、服务而办理报销业务，以及单位职工向单位办理托补费、医疗费、统筹医药费的报销时使用。
- 差旅费报销单，企业出差人员办理差旅费报销和出差补贴时使用。
- 领款收据，企业职工向企业领取各种非工资性奖金、津贴、补贴、劳务费和其他各种库存现金款项，其他单位或个人向本企业领取各种劳务费、服务费时使用。

图 4－2　常见的库存现金支出原始凭证

例 4－2　库存现金支出的账务处理

（1）雷顿公司以库存现金 18 000 元发放 2009 年 3 月的职工工资。进行账务处理如下：

借：应付职工薪酬　　18 000

　　贷：库存现金　　18 000

（2）雷顿公司用库存现金 850 元购买办公用品。进行账务处理如下：

借：管理费用　　850

　　贷：库存现金　　850

（3）雷顿公司职工张华出差预借差旅费 1 000 元，以库存现金支付。

进行账务处理如下：

借：其他应收款——张华　　1 000

　　贷：库存现金　　1 000

(4) 雷顿公司向银行送缴库存现金 5 000 元。进行账务处理如下：

借：银行存款　　5 000

　　贷：库存现金　　5 000

发生库存现金支出业务时，应根据审核无误的原始凭证，编制付款凭证。

3. 备用金的账务处理

对定额备用金应通过“其他应收款——备用金”账户或单独设置“备用金”账户进行账务处理。

例 4－3　备用金的账务处理

(1) 雷顿公司对后勤部门实行定额备用金制度，定额 1 000 元。后勤部门第一次领取时，进行账务处理如下：

借：其他应收款——备用金——总务　　1 000

　　贷：库存现金　　1 000

(2) 月末，后勤部门的备用金保管人员凭有关单据向会计部门报销，报销金额为 900 元，会计部门经审核准予报销，并以库存现金补足定额。进行账务处理如下：

借：管理费用　　900

　　贷：库存现金　　900

为进行库存现金的序时核算（类似于库存现金的明细核算），应设置“现金日记账”。由出纳人员按照业务发生的先后顺序逐日逐笔登记，每日终了时结出余额，并同库存现金数核对，月末与库存现金总账核对，做到“日清月结”，保证账款相符、账账相符。库存现金日记账应采用订本式账簿，一般采用三栏式账页。

4. 库存现金清查的账务处理

库存现金清查中发现的待查明原因的库存现金短缺或溢余，应通过“待处理财产损溢”账户核算。具体处理方法如图 4－3 所示：

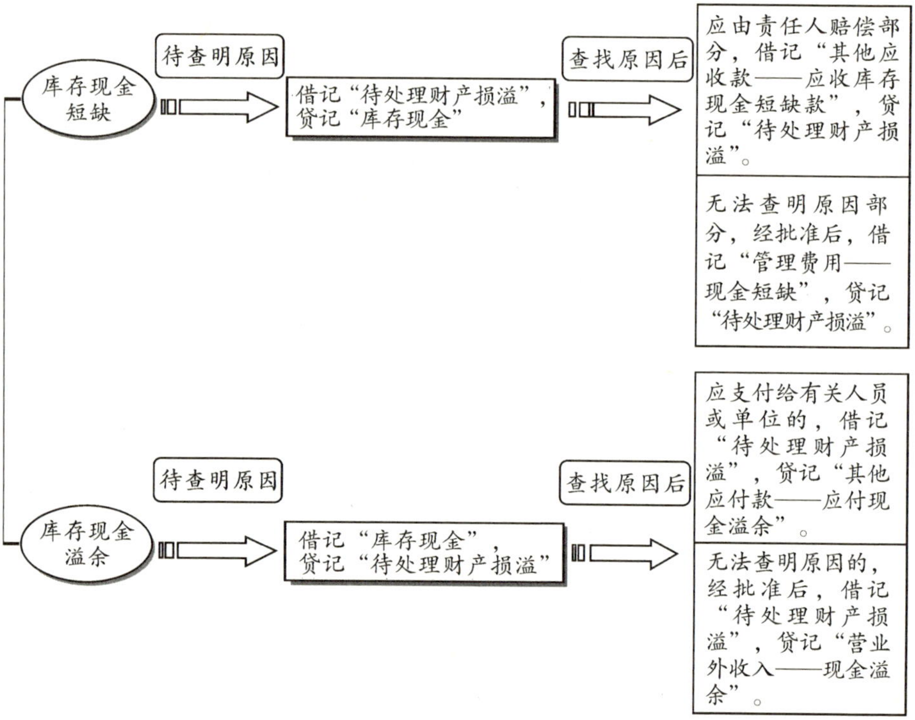

图 4－3　库存现金清查的账务处理方法

例 4－4　库存现金清查的账务处理

（1）雷顿公司在对库存现金进行盘点时，发现现金短缺 11 元，进行账务处理如下：

借：待处理财产损溢　　11

　　贷：库存现金　　11

（2）后经查明原因，属于出纳人员疏忽大意造成的，应由出纳人员赔偿，进行账务处理如下：

借：库存现金　　11

　　贷：其他应收款——张××　　11

4.1.2　银行存款的账务处理

银行存款是企业存入银行和其他金融机构的货币资金，是企业货币资产的重要组成部分。其结构如图 4－4 所示：

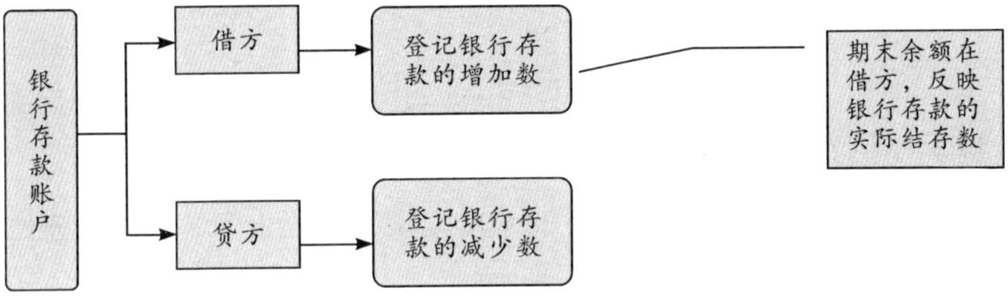

图 4－4　银行存款的结构

有外币存款的企业，应在“银行存款”账户下分人民币和各种外币设置“银行存款日记账”进行明细核算。

例 4－5　收入银行存款的账务处理

（1）雷顿公司将库存现金 1 800 元存入银行。进行账务处理如下：

借：银行存款　　1 800

　　贷：库存现金　　1 800

（2）雷顿公司从银行取得短期借款 200 000 元。进行账务处理如下：

借：银行存款　　200 000

　　贷：短期借款　　200 000

（3）雷顿公司销售产品收到支票一张，存入银行，货款 50 000 元，增值税 8 000 元。进行账务处理如下：

借：银行存款　　58 000

　　贷：主营业务收入　　50 000

　　　　应交税费——应交增值税（销项税额）　　8 000

（4）雷顿公司收到A公司转账支票一张60 000元，偿还前欠账款。进行账务处理如下：

借：银行存款　　60 000

　　贷：应收账款　　60 000

（5）雷顿公司从子公司分得税后利润240 000元。进行账务处理如下：

借：银行存款　　240 000

　　贷：投资收益　　240 000

例4－6　支出银行存款的账务处理

（1）雷顿公司提取库存现金28 000元用于发放工资。进行账务处理如下：

借：库存现金　　28 000

　　贷：银行存款　　28 000

（2）雷顿公司从外地采购材料，价款6 000元，增值税960元，均以银行存款支付，材料尚未入库。进行账务处理如下：

借：材料采购　　6 000

　　应交税费——应交增值税（进项税额）　　960

　　贷：银行存款　　6 960

（3）雷顿公司交纳增值税76 000元。进行账务处理如下：

借：应交税费——应交增值税（已交税金）　　76 000

　　贷：银行存款　　76 000

（4）雷顿公司用银行存款偿还应付账款100 000元。进行账务处理如下：

借：应付账款　　100 000

　　贷：银行存款　　100 000

（5）雷顿公司兑付到期商业承兑汇票一张，票面金额291 720元。进行账务处理如下：

借：应付票据　　291 720

　　贷：银行存款　　291 720

银行存款的序时核算就是银行存款的明细核算，应设置“银行存款日记账”。由出纳人员按照业务发生的先后顺序逐日逐笔登记，每日终了时结出余额，并定期（一般是每月月末）同银行对账单核对相符。银行存款日记账必须是订本账，一般采用三栏式账页。

4.1.3 其他货币资金的账务处理

其他货币资金包括企业的外埠存款、银行汇票存款、银行本票存款、信用证保证金存款、信用卡存款和存出投资款等。

为了核算其他货币资金的收支和结存情况，应设置“其他货币资金”账户，借方登记其他货币资金的增加数，贷方登记其他货币资金的减少数，余额在借方，表示其他货币资金的结存数额。

1. 外埠存款的账务处理

外埠存款是指企业到外地进行临时或零星采购时，采用汇兑结算方式汇往采购地银行开立采购专户的款项。采购资金存款不计利息，除采购员差旅费可以支取少量库存现金外，一律转账。采购专户只付不收，付完结束账户。

例4－7 外埠存款的账务处理

（1）北京雷顿公司汇往上海60 000元开立采购物资专户。进行账务处理如下：

借：其他货币资金——外埠存款　　60 000

　　贷：银行存款　　60 000

（2）在上海采购，支付材料价款50 000元，增值税8 000元。进行账务处理如下：

借：材料采购（或在途物资） 50 000
　　应交税费——应交增值税（进项税额） 8 000
　　贷：其他货币资金——外埠存款 58 000

（3）将多余的外埠存款转回北京的开户银行。进行账务处理如下：

借：银行存款 1 500
　　贷：其他货币资金——外埠存款 1 500

2. 银行汇票存款的账务处理

银行汇票存款是指企业为取得银行汇票，按照规定存入银行的款项。应按图 4－5 所示，进行账务处理：

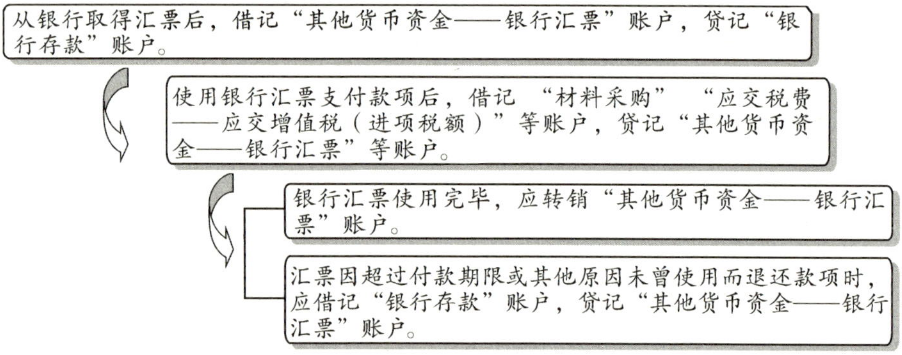

图 4－5　银行汇票存款的账务处理

例 4－8　银行汇票存款的账务处理

（1）雷顿公司以银行存款支付银行汇票存款 12 000 元。进行账务处理如下：

借：其他货币资金——银行汇票存款 12 000
　　贷：银行存款 12 000

（2）雷顿公司以银行汇票支付采购材料价款 10 000 元，增值税 1 600 元。进行账务处理如下：

借：材料采购（或在途物资）　　10 000

　　应交税费——应交增值税（进项税额）　　1 600

　　贷：其他货币资金——银行汇票存款　　11 600

（3）雷顿公司将银行汇票余额 2 300 元转销。进行账务处理如下：

借：银行存款　　2 300

　　贷：其他货币资金——银行汇票存款　　2 300

3. 银行本票存款的账务处理

银行本票存款是指企业为取得银行本票，按照规定存入银行的款项。应按图 4－6 所示，进行账务处理：

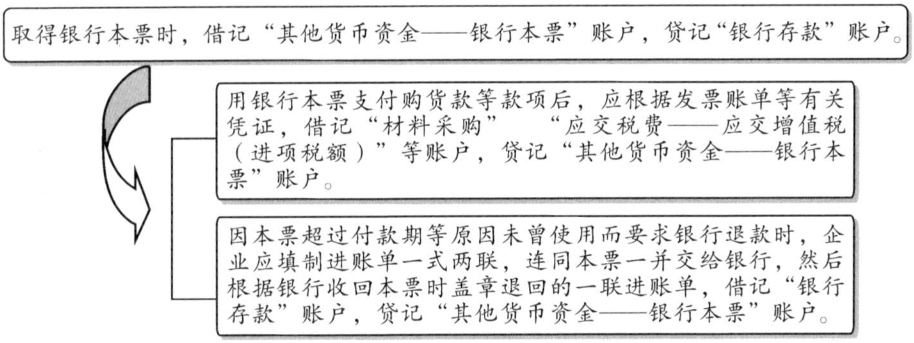

图 4－6　银行本票存款的账务处理

例 4－9　银行本票存款的账务处理

（1）雷顿公司以银行存款 4 640 元支付银行本票存款。进行账务处理如下：

借：其他货币资金——银行本票存款　　4 640

　　贷：银行存款　　4 640

（2）雷顿公司支付材料采购款 4 000 元，增值税 640 元。进行账务处理如下：

借：材料采购（或在途物资）　　4 000

应交税费——应交增值税（进项税额）　　640

贷：其他货币资金——银行本票存款　　4 640

（3）若雷顿公司未使用该银行本票购买货物，要求银行退款。进行账务处理如下：

借：银行存款（库存现金）　　4 640

贷：其他货币资金——银行本票存款　　4 640

4．存出投资款的账务处理

存出投资款是指企业已存入证券公司但尚未进行交易性金融资产的现金。应按图 4－7 所示，进行账务处理：

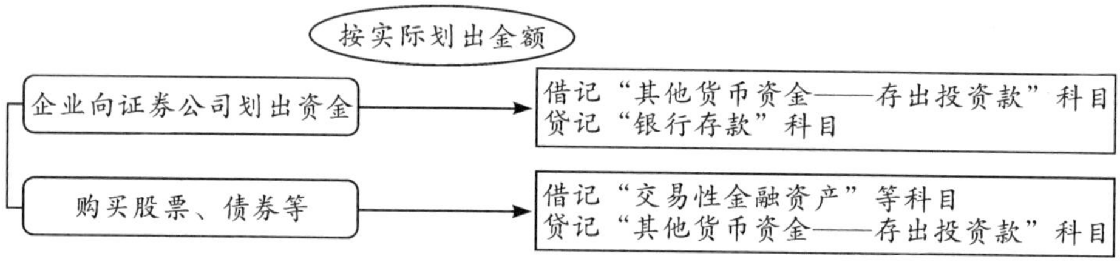

图 4－7　存出投资款的账务处理

例 4－10　存出投资款的账务处理

（1）雷顿公司将银行存款 1 000 000 元存入证券公司，以备购买有价证券。进行账务处理如下：

借：其他货币资金——存出投资款　　1 000 000

贷：银行存款　　1 000 000

（2）雷顿公司用存出投资款 1 000 000 元购入股票。

借：交易性金融资产——股票　　1 000 000

贷：其他货币资金——存出投资款　　1 000 000

5．信用证保证金存款的账务处理

信用证保证金存款是指采用信用证结算方式的企业为开具信用证而存入银行信用证保证金专户的款项。应按图 4－8 所示，进行账务处理：

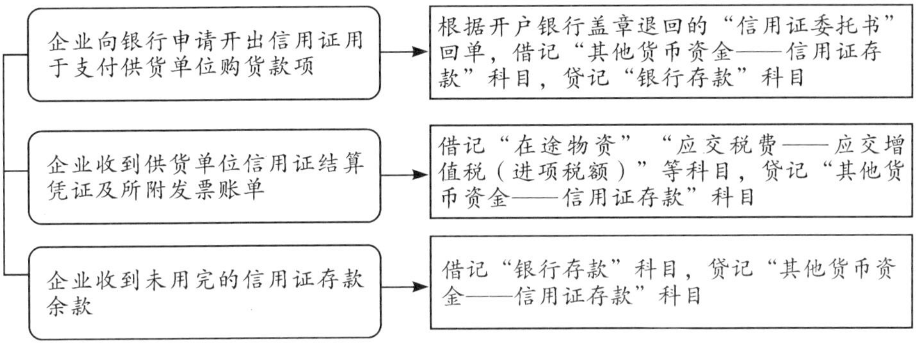

图 4－8　信用证保证金存款的账务处理

例 4－11　信用证保证金存款的账务处理

（1）雷顿公司向银行申请开出信用证，金额为 58 000 元，用于支付供货单位购货款项。进行账务处理如下：

借：其他货币资金——信用证存款　　58 000

　　贷：银行存款　　58 000

（2）该公司以信用证的方式，支付供货单位购货款项 50 000 元，增值税进项税额 8 000 元。进行账务处理如下：

借：材料采购（或在途物资）　　50 000

　　应交税费——应交增值税（进项税额）　　8 000

　　贷：其他货币资金——信用证存款　　58 000

（3）若该公司未使用该信用证购买货物，要求银行退款。进行账务处理如下：

借：银行存款（库存现金）　　58 000

　　贷：其他货币资金——信用证存款　　58 000

6. 信用卡存款的账务处理

信用卡存款是指企业为取得信用卡而存入银行信用卡专户的款项。企业申领信用卡，按照有关规定填制申请表，并按银行要求交存备用金，银行开立信用卡存款账户，发给信用卡。应按图 4－9 所示，进行账务处理：

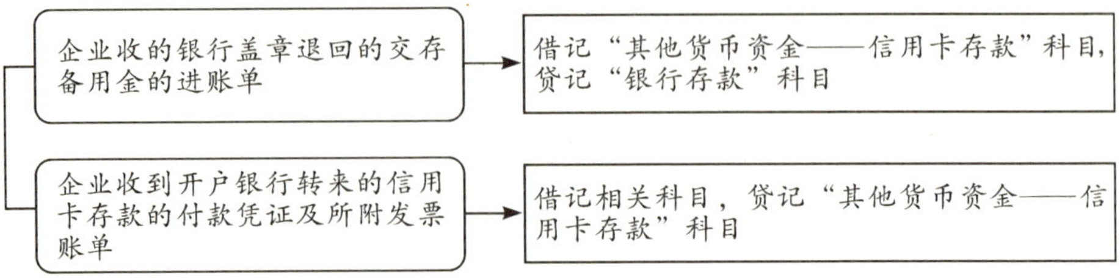

图 4－9　信用卡存款的账务处理

例 4－12　信用卡存款的账务处理

（1）雷顿公司使用单位信用卡，购入办公用品一批，合计 1 000 元。进行账务处理如下：

借：管理费用　　1 000

　　贷：其他货币资金——信用卡存款　　1 000

（2）公司将银行存款 1 000 元存入银行信用卡专户，偿还欠款。进行账务处理如下：

借：其他货币资金——信用卡存款　　1 000

　　贷：银行存款　　1 000

4.2　应收账款的账务处理

应收账款是指企业因销售产品、商品或提供劳务等，应向购货或接受劳务单位收取的款项。主要包括企业出售产品、商品或提供劳务等应向购货单位或接受劳务单位收取的款项。

4.2.1　应收账款价值的确定

核算应收账款时，必须确定其入账价值，及时反映应收账款的形成、收回情况，合理地确认、计量坏账损失情况。如图 4－10 所示：

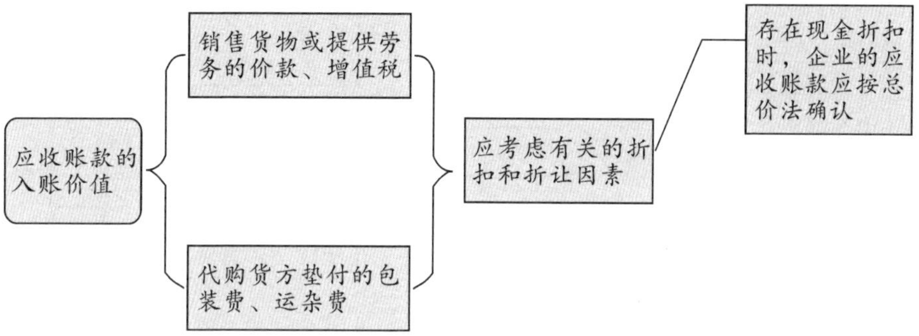

图 4－10　应收账款入账价值的确定

总价法是将未扣减现金折扣前的实际售价（即总价）作为应收账款的入账价值，把实际发生的现金折扣视为销售企业为了尽快回笼资金而发生的理财费用（在现金折扣实际发生时计入财务费用）。

4.2.2　应收账款的账务处理

为了反映应收账款的增减变动及其结存情况，应设置“应收账款”和“坏账准备”账户。“应收账款”和“坏账准备”账户的性质，如图 4－11 所示：

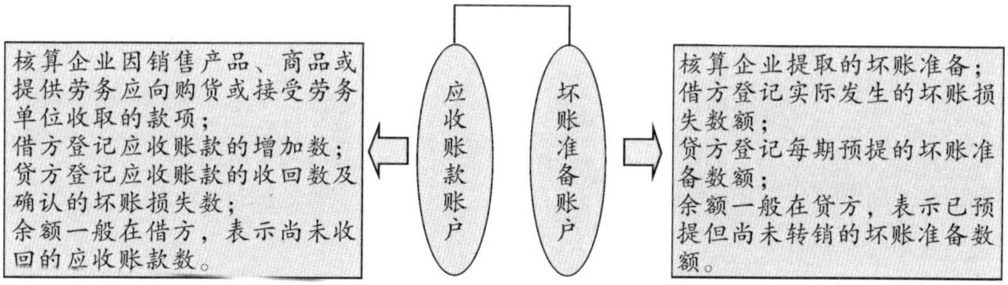

图 4－11　“应收账款”和“坏账准备”账户的性质

如图 4－12 所示，应当进行如下的账户处理：

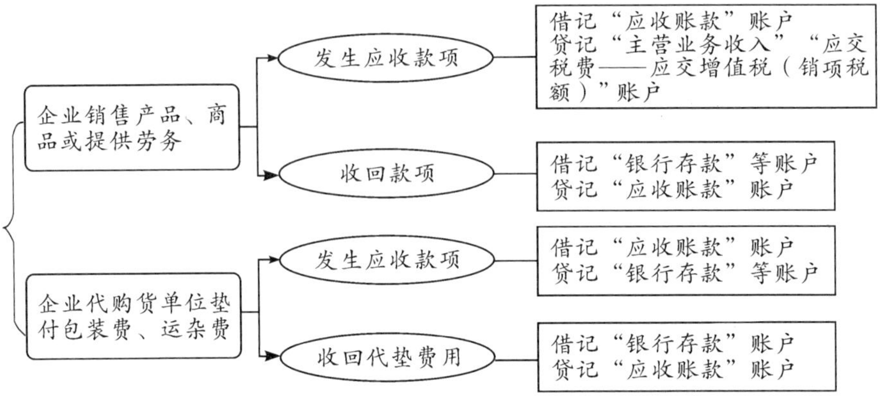

图 4－12　应收账款的账务处理

例 4－13　应收账款的账务处理

（1）雷顿公司采用托收承付结算方式向 A 公司销售产品一批，货款 100 000 元，增值税额 16 000 元，以银行存款代垫杂费 5 000 元，已办理托收手续。进行账务处理如下：

借：应收账款——A 公司　　121 000
　　贷：主营业务收入　　100 000
　　　　应交税费——应交增值税（销项税额）　　16 000
　　　　银行存款　　5 000

（2）雷顿公司接到银行收款通知，应收 A 公司的全部款项 121 000 元已收到入账，进行账务处理如下：

借：银行存款　　121 000
　　贷：应收账款——A 公司　　121 000

4.2.3　坏账损失的账务处理

坏账是指企业无法收回或收回的可能性极小的应收账款。由于发生坏账而产生的损失，称为坏账损失。

1．坏账损失的确认

企业确认坏账时，应遵循财务报告的目标和会计核算的基本原则，具体分析各应收账款的特性、金额的大小、信用期限、债务人的信誉和当时的经营情况等因素。一般来讲，企业的应收账款符合下列条件（如图 4－13 所示）之一的，应确认为坏账：

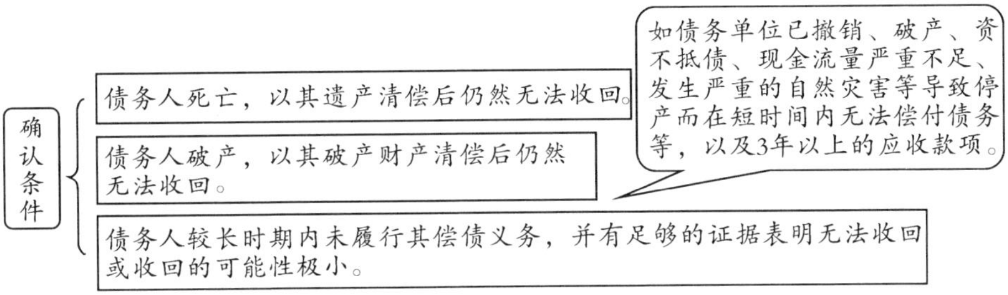

图 4－13　坏账损失的确认条件

2. 坏账准备的提取方法

企业应当定期或至少于年度终了对应收账款进行检查，对预计可能发生的坏账损失，计提坏账准备。按照企业会计准则规定，计提坏账准备的方法主要有应收账款余额百分比法、账龄分析法和销货百分比法。如图 4－14 所示：

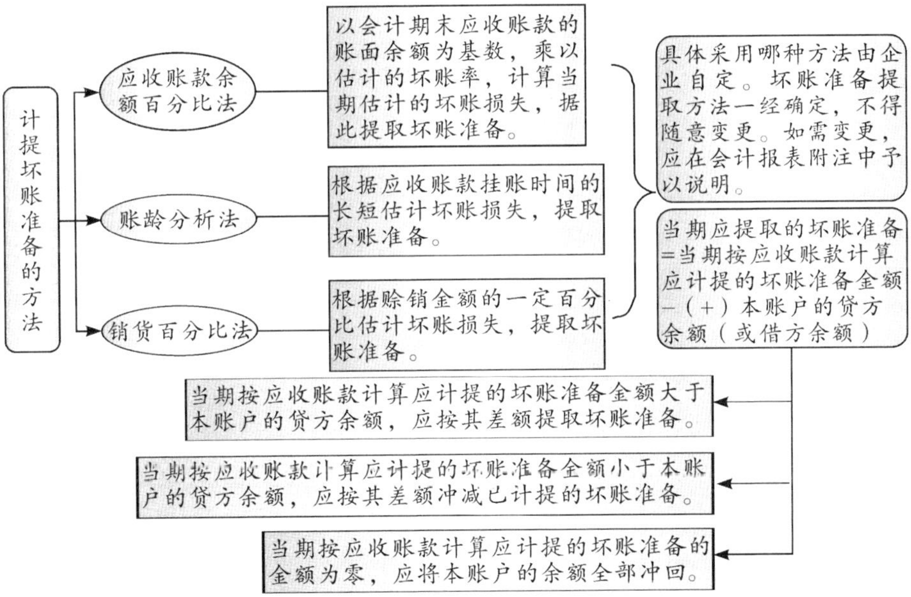

图 4－14　计提坏账准备的方法

3. 坏账损失的账务处理

如图 4－15 所示：

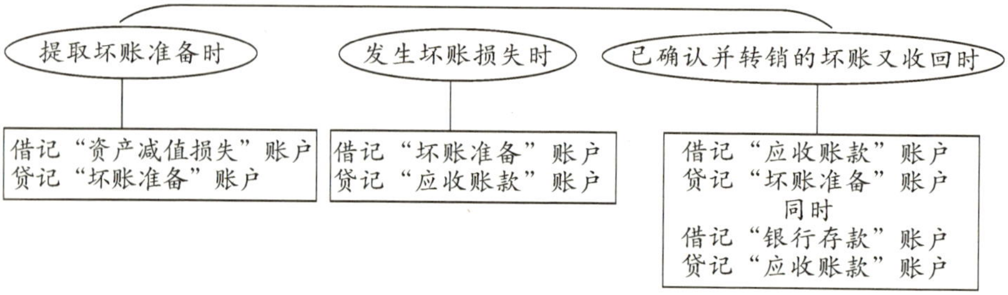

图 4－15　坏账损失的账务处理

例 4－14　坏账损失的账务处理

雷顿公司采用应收款项余额百分比法计提坏账准备。2012－2014 年发生下列经济业务，坏账损失的账务处理方法如下：

（1）雷顿公司 2012 年首次计提坏账准备。年末应收账款余额为 400 000 元，坏账准备的提取比例为 5%，2012 年末提取坏账准备的会计分录为：

借：资产减值损失　　20 000

　　贷：坏账准备　　20 000

（2）雷顿公司 2013 年实际发生坏账损失 28 000 元。确认坏账损失时，进行账务处理如下：

借：坏账准备　　28 000

　　贷：应收账款　　28 000

（3）雷顿公司 2013 年末应收账款余额为 600 000 元，“坏账准备”账户应保持的贷方余额为 30 000 元（600 000×5%）；“坏账准备”账户年末的实际余额为借方 8 000 元（20 000－28 000），因此本年末应提 38 000 元（8 000＋30 000）。进行账务处理如下：

借：资产减值损失　　　　38 000

　　贷：坏账准备　　　　38 000

（4）雷顿公司 2014 年 5 月 28 日收到 2005 年已转销的坏账 15 000 元，已存入银行。2014 年 8 月 23 日，又确认坏账损失 24 000 元，进行账务处理如下：

收到已转销的坏账时：

借：应收账款　　　　15 000

　　贷：坏账准备　　　　15 000

借：银行存款　　　　15 000

　　贷：应收账款　　　　15 000

新确认坏账损失时：

借：坏账准备　　　　24 000

　　贷：应收账款　　　　24 000

（5）雷顿公司 2014 年末应收账款余额为 500 000 元。“坏账准备”账户应保持的余额为 25 000 元（500 000 × 5%），现有贷方余额 21 000 元（30 000 + 15 000 − 24 000），因此本年末应提 4 000 元（25 000 − 21 000）。进行账务处理如下：

借：资产减值损失　　　　4 000

　　贷：坏账准备　　　　4 000

4.3　应收票据的账务处理

4.3.1　应收票据的含义与内容

《中华人民共和国票据法》规定，票据包括汇票、本票和支票。但在我国会计实务中，支票、银行本票及银行汇票均为见票即付的票据，无须将其列为应收票据予以处理。因此，应收票据仅指企业因销售商品、提供劳务等而收到的商业汇票。

4.3.2　应收票据的初始计量

根据我国《企业会计准则》的规定，企业收到开出、承兑的商业汇票时，按照商业汇票的票面金额入账，即应收票据按其面值计价。

4.3.3　商业汇票的利息计算

商业汇票的利息是出票人使用货币资金的成本，它是按照使用货币的时间和规定的利率计算的。对付款人来讲，承担的利息是费用；对收款人来讲，收到的利息是收入。

如图 4 - 16 所示，商业汇票的利息计算公式为：

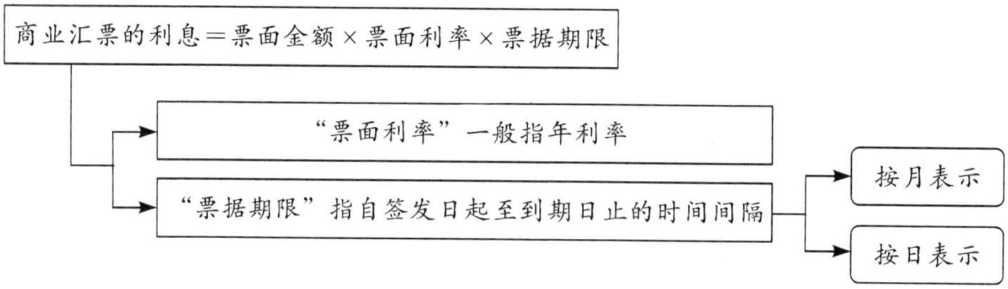

图 4 - 16　商业汇票的利息计算

票据期限按月表示时，应以到期月份中与出票日相同的那一天为到期日。如 4 月 1 日签发的 3 个月票据，到期日应为 7 月 1 日。月末签发的票据，不论月份大小，以到期月份的月末那一天为到期日。与此同时，计算利息使用的利率要换成月利率（年利率 ÷ 12）。

票据期限按日表示时，应从出票日起按实际经历天数计算。出票日和到期日只能计算其中的一天，即“算头不算尾”或“算尾不算头”。例如，4 月 1 日签发的 90 天票据，其到期日应为 6 月 30 日［90 天 - 4 月份实有天数 - 5 月份实有天数 = 90 - 30 - 31 = 29（天）］。同时，计算利息使用的利率，要换算成日利率（年利率÷360）。

4.3.4　应收票据的账务处理

1. 不带息应收票据的账务处理

为了核算应收票据的取得和回收情况，企业应设置“应收票据”账户。“应收票据”账户期末借方余额，反映企业持有的商业汇票的票面金额。其账务处理如图4－17所示：

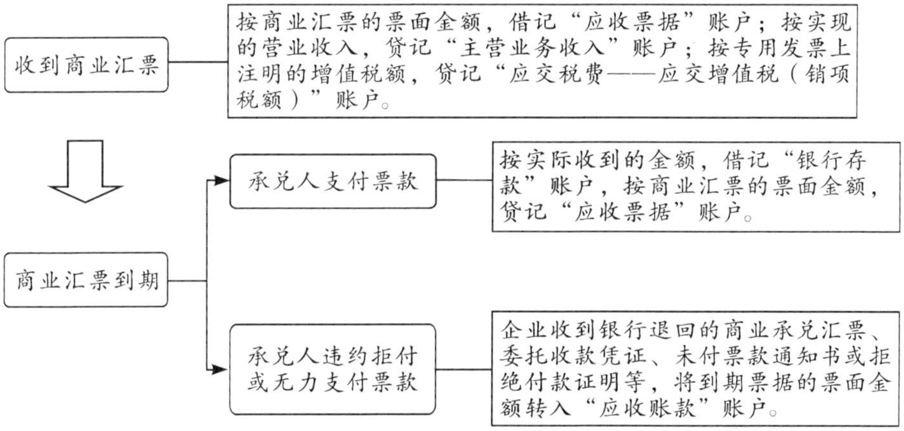

图4－17　应收票据的账务处理

企业应当设置“应收票据备查簿”，逐笔登记商业汇票的种类、号数和出票日期、票面金额、票面利率、交易合同号和付款人、承兑人、背书人的姓名或单位名称、到期日、背书转让日、贴现日期、贴现率和贴现净额、未计提的利息，以及收款日期和收回金额、退票情况等资料，商业汇票到期结清票款或退票后，应当在备查簿内逐笔注销。现举例说明应收票据的账务处理。

例4－15　不带息应收票据的账务处理

雷顿公司销售一批产品给A公司，货已发出，货款10 000元，增值税额为1 600元。按合同约定3个月以后付款，A公司交给雷顿公司一张3个月到期的商业承兑汇票，票面金额11 600元。其账务处理方法如下：

（1）雷顿公司收到该票据时，进行账务处理如下：

借：应收票据　　11 600

　　贷：主营业务收入　　10 000

　　　　应交税费——应交增值税（销项税额）　　1 600

（2）3个月后，该应收票据到期，雷顿公司收回款项11 600元，存入银行。进行账务处理如下：

借：银行存款　　11 600

　　贷：应收票据　　11 600

（3）如果该票据到期，A公司无力偿还票款，雷顿公司应将到期票据的票面金额转入“应收账款”账户。进行账务处理如下：

借：应收账款——A公司　　11 600

　　贷：应收票据　　11 600

2. 带息应收票据的账务处理

如图4－18所示：

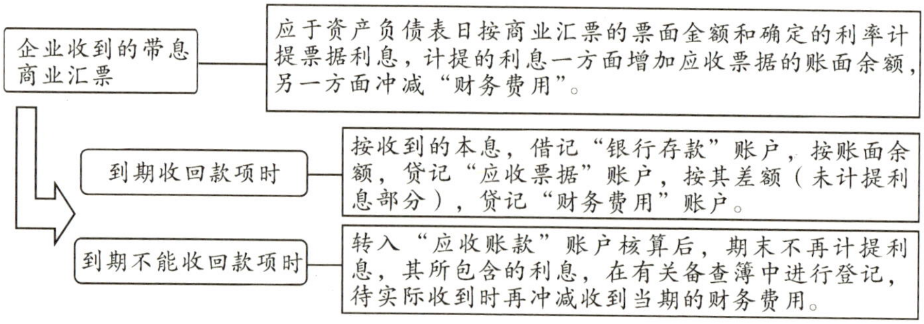

图4－18　带息应收票据的账务处理

例4－16　带息应收票据的账务处理

雷顿公司2018年9月1日销售一批产品给A公司，货已发出，专用发票上注明的销售收入为 200 000 元，增值税额 32 000 元。收到 A 公司交来的商业承兑汇票一张，期限为 6 个月，票面利率为 5%。雷顿公司账务处理方法如下：

（1）收到票据时，进行账务处理如下：

借：应收票据　　232 000

　　贷：主营业务收入　　200 000

　　　　应交税费——应交增值税（销项税额）　　32 000

（2）年度终了（2018 年 12 月 31 日）计提票据利息时，进行账务处理如下：

票据利息 =232 000 ×5% ÷12 ×4 =3 867（元）

借：应收票据　　3 867

　　贷：财务费用　　3 867

（3）票据到期收回款项时，进行账务处理如下：

收款金额 =232 000 ×（1 +5% ÷12 ×6）=237 800（元）

2019 年 2 月末发生的票据利息 =232 000 ×5% ÷12 ×2 =1 933（元）

借：银行存款　　237 800

　　贷：应收票据　　235 867

　　　　财务费用　　1 933

（4）如果票据到期 A 公司无力付款，雷顿公司应将带息应收票据的金额转入"应收账款"账户。进行账务处理如下：

借：应收账款　　237 900

　　贷：应收票据　　237 900

其余的利息在备查簿中登记，待实际收到时再冲减收到当期的财务费用。

例 4 –17　收到抵付应收账款的商业汇票的账务处理

雷顿公司收到 A 公司寄来一张 2 个月期的商业承兑汇票，面值为

116 000元，抵偿前欠的产品货款。雷顿公司应进行如下账务处理：

借：应收票据　　116 000

　　贷：应收账款　　116 000

3. 商业汇票背书转让的账务处理

企业为取得所需物资而将持有的应收票据背书转让时，按应计入取得物资成本的金额，借记“材料采购”或“原材料”“库存商品”等账户，按专用发票上注明的增值税额，借记“应交税费——应交增值税（进项税额）”账户，按商业汇票的票面金额，贷记“应收票据”账户，如有差额，借记或贷记“银行存款”等账户。

例 4－18　商业汇票背书转让的账务处理

雷顿公司将持有的尚未到期的银行承兑汇票背书转让给某钢铁厂，用于购买钢材一批，取得的增值税专用发票上注明价款为 62 000 元，增值税额为 9 920 元，并签发转账支票一张，补付货款与票据面值之间的差额 1 720 元，材料已到货并验收入库。进行账务处理如下：

借：材料采购　　62 000

　　应交税费——应交增值税（进项税额）　　9 920

　　贷：应收票据　　70 200

　　　　银行存款　　1 720

4.4 其他应收款的账务处理

4.4.1 其他应收款的内容

其他应收款是指除应收票据、应收账款、预付账款以外的其他各种应收、暂付款项。如图 4－19 所示，其主要内容包括：

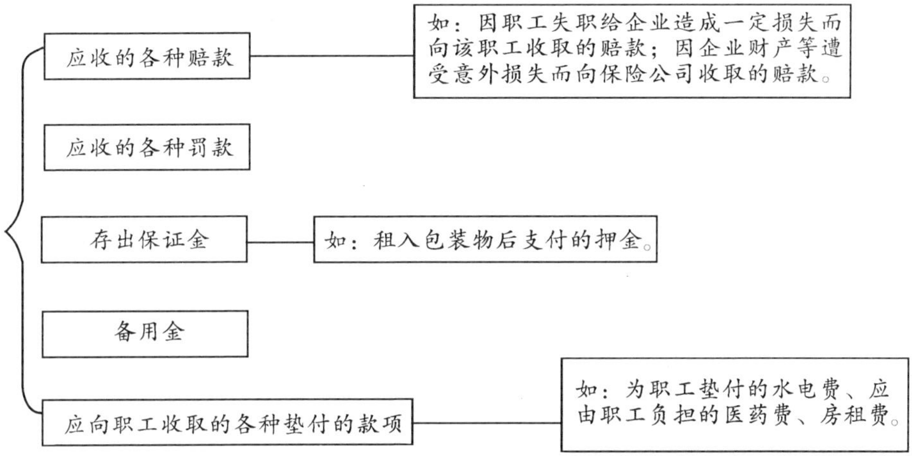

图 4－19　其他应收款的内容

4.4.2　其他应收款的账务处理

为了反映其他应收款的增减变动及其结存情况，应设置“其他应收款”账户。该账户核算除应收票据、应收账款、预付账款以外的其他各种应收、暂付款项。如图 4－20 所示：

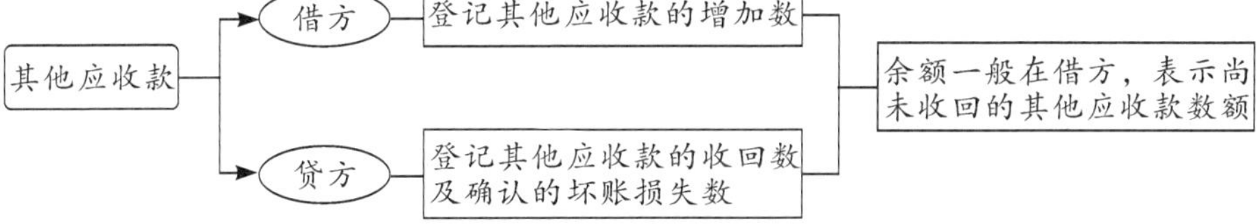

图 4－20　“其他应收款”账户的结构

1. 备用金的账务处理

备用金是指为了满足企业内部各部门和职工个人生产经营活动的需要，而暂付给有关部门和人员使用的备用库存现金。

为了反映和监督备用金的领用和使用情况，应在“其他应收款”账户下设置“备用金”二级账户，或设置“备用金”一级账户，借方登记备用金的领用数额，贷方登记备用金使用数额，余额在借方，表示暂付周转使用的备用金数额。

根据备用金管理制度，备用金的账务处理分为定额备用金和非定额备用金两种情况。如图 4－21 所示：

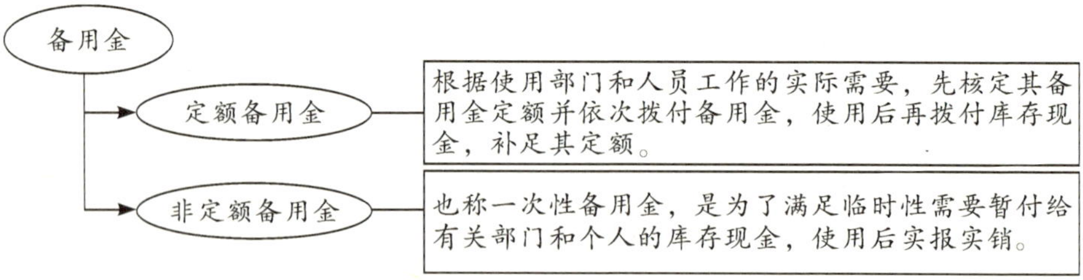

图 4－21　备用金的分类

例 4－19　定额备用金的账务处理

雷顿公司某生产车间核定的备用金定额为 5 000 元，以库存现金拨付。进行账务处理如下：

借：其他应收款——备用金　　5 000
　　贷：库存现金　　5 000

上述生产车间报销日常管理支出 3 800 元。进行账务处理如下：

借：制造费用　　3 800
　　贷：库存现金　　3 800

例 4－20　非定额备用金的账务处理

（1）雷顿公司行政管理部门张力外出预借差旅费 1 000 元，以库存现金付讫。进行账务处理如下：

借：其他应收款——备用金（张力）　　1 000
　　贷：库存现金　　1 000

（2）雷顿公司行政管理部门张力出差归来，报销 980 元，剩余库存现金 20 元交回。进行账务处理如下：

借：管理费用　　980

　　库存现金　　20

　　贷：其他应收款——备用金（张力）　　1 000

2．其他应收款坏账损失的账务处理

企业应当定期或者至少于每年年度终了，对其他应收款进行检查，预计其可能发生的坏账损失，并计提坏账准备。企业对于不能收回的其他应收款应当查明原因，追究责任。对确实无法收回的，按照企业的管理权限，经股东大会或董事会，或经理（厂长）会议，或类似机构批准作为坏账损失，冲销提取的坏账准备。其账务处理如图 4－22 所示：

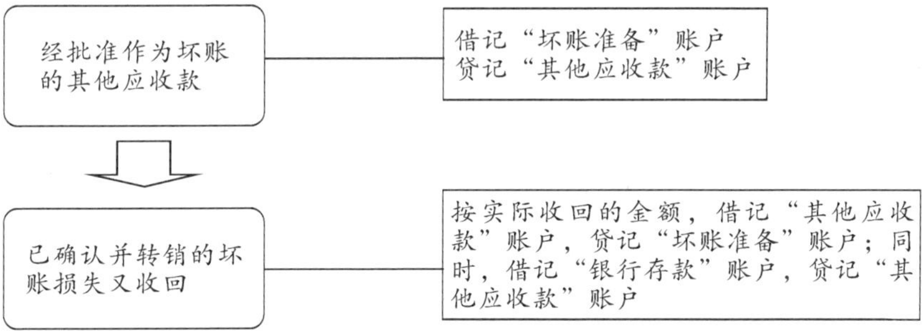

图 4－22　其他应收款坏账损失的账务处理

4.5　交易性金融资产的账务处理

交易性金融资产主要是指企业为了近期内出售而持有的金融资产，例如企业以赚取差价为目的从二级市场购入的股票、债券、基金等。

4.5.1　交易性金融资产账务处理的相关科目

为了核算交易性金融资产的取得、收取现金股利或利息、处置等业务，企业应当设置“交易性金融资产”“公允价值变动损益”“投资收益”等科目。

1. “交易性金融资产”科目

本科目核算企业为交易目的所持有的债券投资、股票投资、基金投资等交易性金融资产的公允价值。企业持有的直接指定为以公允价值计量且其变动计入当期损益的金融资产也在“交易性金融资产”科目核算。其结构如图4－23所示：

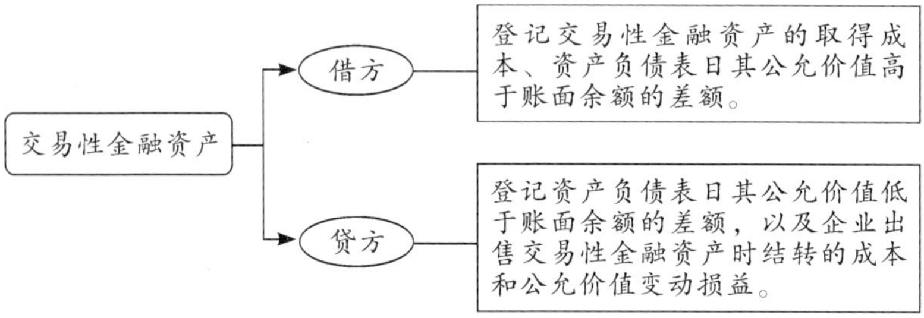

图4－23 “交易性金融资产”科目的结构

企业应当按照交易性金融资产的类别和品种，分别设置“成本”“公允价值变动”等明细科目进行核算。

2. “公允价值变动损益”科目

本科目核算企业交易性金融资产等公允价值变动而形成的应计入当期损益的利得或损失。其结构如图4－24所示：

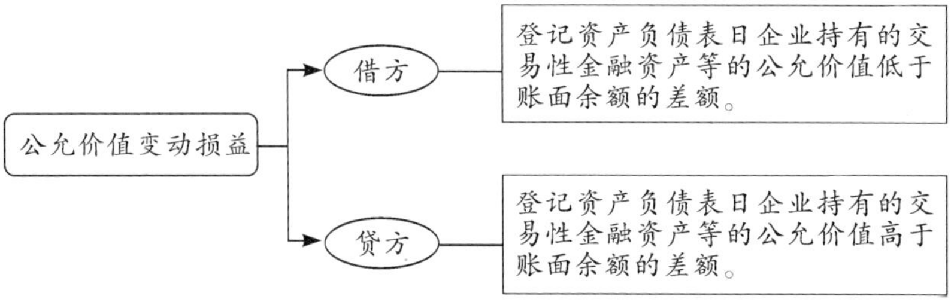

图4－24 “公允价值变动损益”科目的结构

3. “投资收益”科目

本科目核算企业持有交易性金融资产等期间取得的投资收益以及处置交易性金融资产等实现的投资收益或投资损失。其结构如图 4－25 所示：

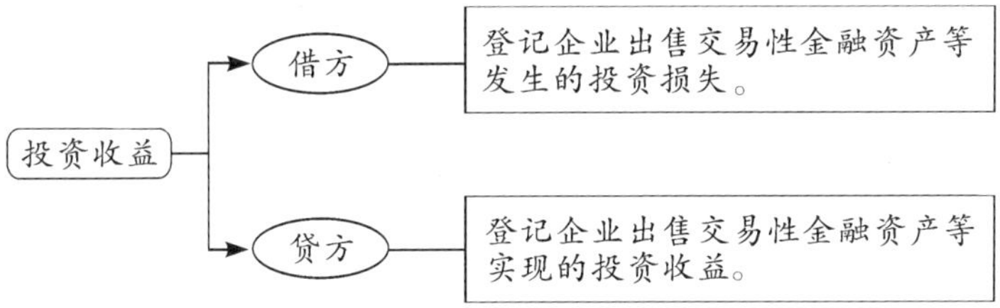

图 4－25　“投资收益”科目的结构

4.5.2　取得交易性金融资产的账务处理

取得交易性金融资产时，应进行如图 4－26 所示的账务处理：

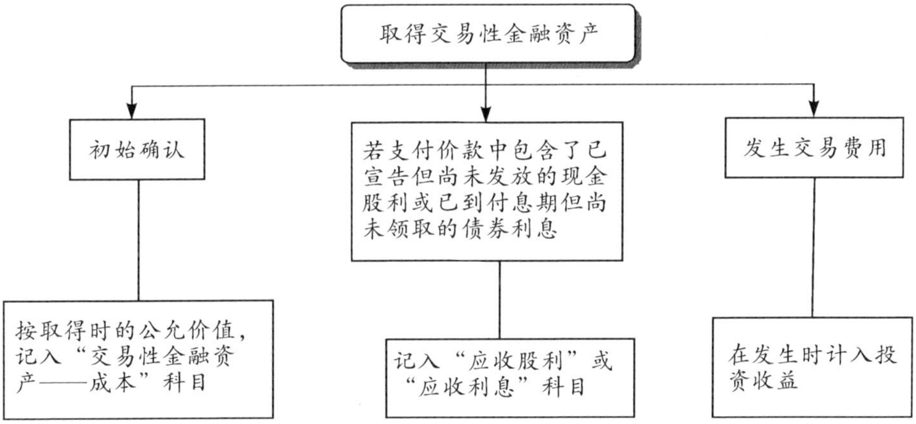

图 4－26　取得交易性金融资产的账务处理

其中，交易费用是指可直接归属于购买、发行或处置金融工具新增的外部费用，包括支付给代理机构、咨询公司、券商等的手续费和佣金及其他必要支出。

例 4－21　取得交易性金融资产的账务处理

2014 年 1 月 20 日，雷顿公司委托某证券公司从上海证券交易所购入 A 上市公司股票 100 万股，并将其划分为交易性金融资产。该笔股票投资在购买日的公允价值为 1 000 万元。另支付相关交易费用金额为 2. 5 万元。

雷顿公司应作如下账务处理：

（1）2014 年 1 月 20 日，购买 A 上市公司股票时：

借：交易性金融资产——成本　　10 000 000

　　贷：其他货币资金——存出投资款　　10 000 000

（2）支付相关交易费用时：

借：投资收益　　25 000

　　贷：其他货币资金——存出投资款　　25 000

在本例中，取得交易性金融资产所发生的相关交易费用 25 000 元应当在发生时计入投资收益。

4. 5. 3　交易性金融资产的现金股利和利息的账务处理

企业持有交易性金融资产期间对于被投资单位宣告发放的现金股利或企业在资产负债表日按分期付息、一次还本债券投资的票面利率计算的利息收入，应当确认为应收项目，记入“应收股利”或“应收利息”科目，并计入投资收益。

例 4－22　交易性金融资产的现金股利和利息的账务处理

2013 年 1 月 8 日，雷顿公司购入 B 公司发行的公司债券，该笔债券于 2012 年 7 月 1 日发行，面值为 2 500 万元，票面利率为 4%，债券利息按年支付。雷顿公司将其划分为交易性金融资产，支付价款为 2 600 万元（其中包含已宣告发放的债券利息 50 万元），另支付交易费用 30 万元。2013 年 2 月 5 日，雷顿公司收到该笔债券利息 50 万元。2014 年 2 月 10

日，雷顿公司收到债券利息 100 万元。雷顿公司应作如下账务处理：

（1）2013 年 1 月 8 日，购入 B 公司的公司债券时：

借：交易性金融资产——成本　　25 500 000

　　应收利息　　500 000

　　投资收益　　300 000

　　贷：银行存款　　26 300 000

（2）2013 年 2 月 5 日，收到购买价款中包含的已宣告发放的债券利息时：

借：银行存款　　500 000

　　贷：应收利息　　500 000

（3）2013 年 12 月 31 日，确认 B 公司的公司债券利息时：

借：应收利息　　1 000 000

　　贷：投资收益　　1 000 000

（4）2014 年 2 月 10 日，收到持有 B 公司的公司债券利息时：

借：银行存款　　1 000 000

　　贷：应收利息　　1 000 000

在本例中，取得交易性金融资产所支付价款中包含了已宣告但尚未发放的债券利息 500 000 元，应当记入“应收利息”科目，不记入“交易性金融资产”科目。

4.5.4　交易性金融资产的期末计量的账务处理

资产负债表日，交易性金融资产应当按照公允价值计量，公允价值与账面余额之间的差额计入当期损益。企业应当在资产负债表日按照交易性金融资产公允价值与其账面余额的差额，借记或贷记“交易性金融资产——公允价值变动”科目，贷记或借记“公允价值变动损益”科目。

例4－23　交易性金融资产的期末计量的账务处理

接上例4－22，假定2013年6月30日，雷顿公司购买的该笔债券的市价为2 580万元；2013年12月31日，雷顿公司购买的该笔债券的市价为2 560万元。

雷顿公司应作如下账务处理：

（1）2013年6月30日，确认该笔债券的公允价值变动损益时：

借：交易性金融资产——公允价值变动　　300 000

　　贷：公允价值变动损益　　300 000

（2）2013年12月31日，确认该笔债券的公允价值变动损益时：

借：公允价值变动损益　　200 000

　　贷：交易性金融资产——公允价值变动　　200 000

在本例中，2013年6月30日，该笔债券的公允价值为2 580万元，账面余额为2 550万元，公允价值大于账面余额30万元，应记入“公允价值变动损益”科目的贷方；2013年12月31日，该笔债券的公允价值为2 560万元，账面余额为2 580万元，公允价值小于账面余额20万元，应记入“公允价值变动损益”科目的借方。

4.5.5　处置交易性金融资产的账务处理

出售交易性金融资产时，应当将该金融资产出售时的公允价值与其初始入账金额之间的差额确认为投资收益，同时调整公允价值变动损益。

企业应按实际收到的金额，借记“银行存款”等科目，按该金融资产的账面余额，贷记“交易性金融资产”科目，按其差额，贷记或借记“投资收益”科目。同时，将原计入该金融资产的公允价值变动转出，借记或贷记“公允价值变动损益”科目，贷记或借记“投资收益”科目。

例4－24　处置交易性金融资产的账务处理

接上例4－23，假定2014年1月15日，雷顿公司出售了所持有的B

公司的公司债券，售价为 2 565 万元，应作如下账务处理：

借：银行存款　　25 650 000

　　贷：交易性金融资产——成本　　25 500 000

　　　　　　　　　　——公允价值变动　　100 000

　　　　投资收益　　50 000

同时，

借：公允价值变动损益　　100 000

　　贷：投资收益　　100 000

在本例中，企业出售交易性金融资产时，还应将原计入该金融资产的公允价值变动转出，即出售交易性金融资产时，应按“公允价值变动”明细科目的贷方余额 100 000 元，借记“公允价值变动损益”科目，贷记“投资收益”科目。

4.6　存货业务的账务处理

存货属于企业的流动资产，根据《企业会计准则第 1 号——存货》的规定，存货是指企业在日常活动中持有以备出售的库存商品或商品、处在生产过程中的在产品、在生产过程或提供劳务过程中耗用的材料和物料等。

4.6.1　存货的种类

具体来讲，存货包括的类别如图 4 - 27 所示：

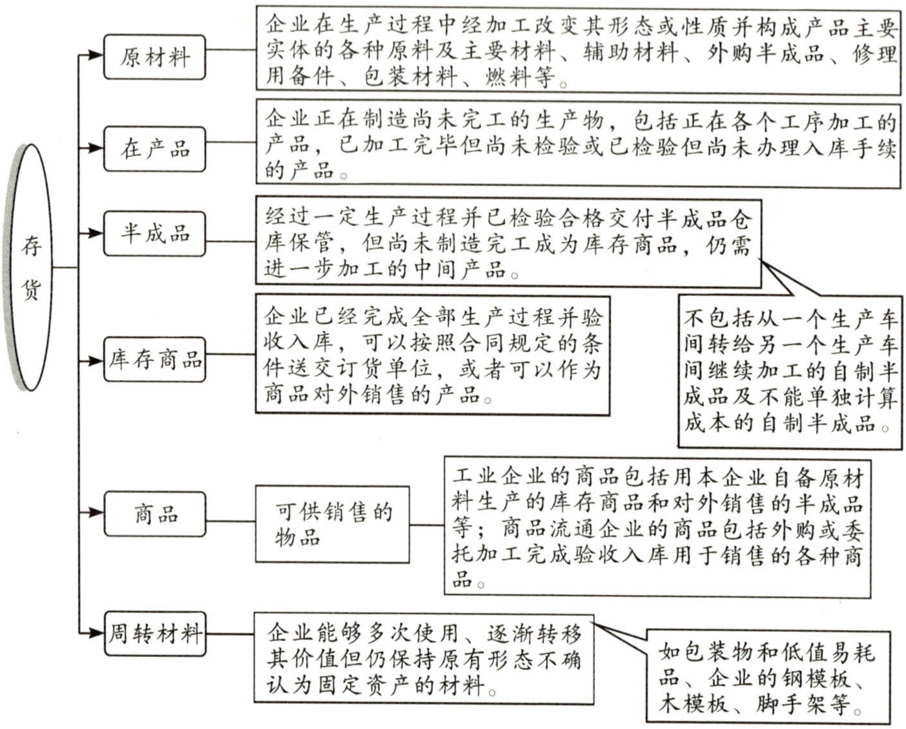

图 4－27　存货的种类

4.6.2　存货的确认条件

存货的确认条件如图 4－28 所示：

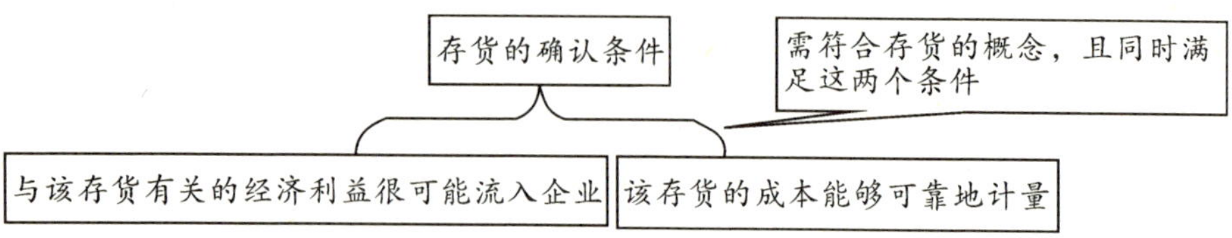

图 4－28　存货的确认条件

4.6.3　存货的计价方法

存货的价值在流动资产价值中占较大比重。因此，对存货的正确计价直接关系到企业资产价值的确定和企业利润的确定；同时，还可以为使用者提供有关存货信息，借以正确地预测企业未来的资金流转状况。

1. 存货的初始计量

企业存货的取得，主要是通过外购和自制两个途径。从理论上讲，企业无论从何种途径取得的存货，凡与取得存货有关的支出，均应计入存货的历史成本或实际成本之中。如图 4－29 所示：

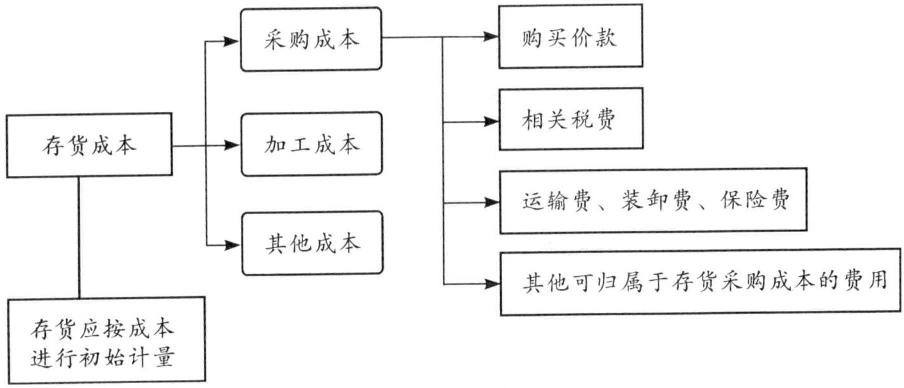

图 4－29　存货的初始计量

2. 实际成本法下的发出存货成本的确定

准确地计量发出存货的成本，对于正确地计量产品的成本、计算企业当期的损益有着重要的意义。确定发出存货的成本主要包括实际成本法和计划成本法两个类别。

采用实际成本进行存货日常核算的企业，由于存货入库时间、产地、价格、运输费用及生产耗费的条件不同，造成同一种存货的每批成本往往不同。这样就产生在存货发生时应按什么单价记账的问题。

《企业会计准则第 1 号——存货》规定，企业应当采用先进先出法、加权平均法（包括移动平均法和月末一次加权平均法）或者个别计价法确定发出存货的实际成本。对于性质和用途相似的存货，应当采用相同的成本计算方法确定发出存货的成本。对于不能替代使用的存货、为特定项目专门购入或制造的存货以及提供劳务的成本，通常采用个别计价法确定发出存货的成本。具体情况如图 4 – 30 所示：

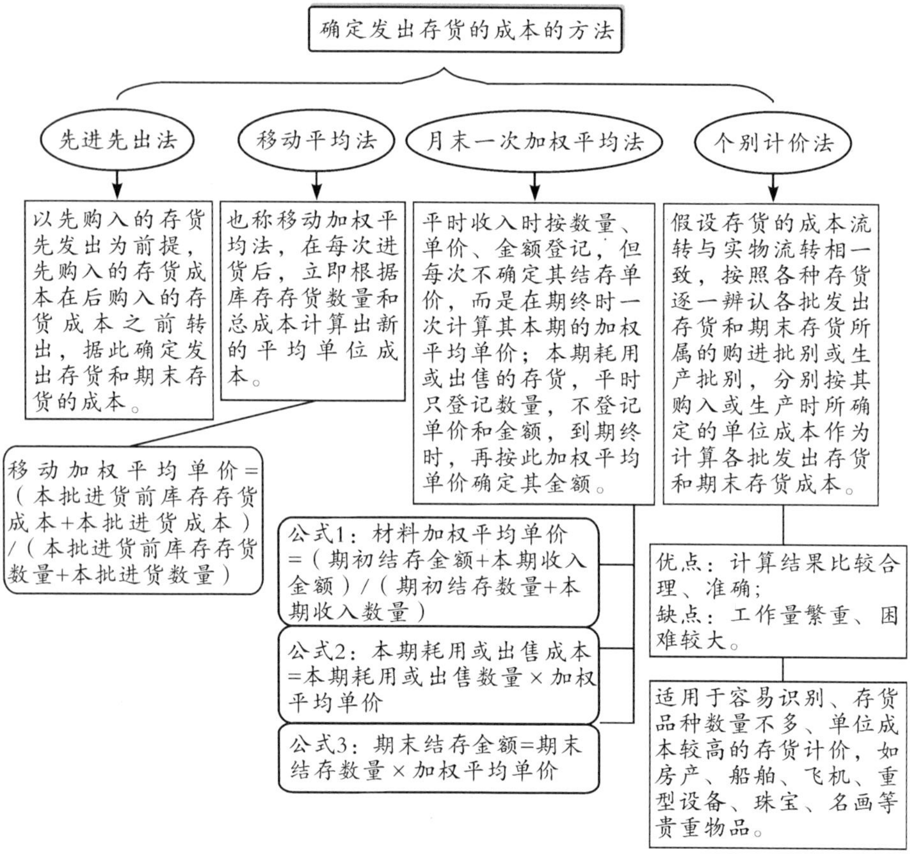

图 4 – 30　确定发出存货成本的方法

3. 计划成本法下的发出存货成本的确定

计划成本法是指存货的收入、发出和结存均采用计划成本进行日常核算，同时将实际成本与计划成本的差额另行设置有关成本差异账户（如“材料成本差异”账户）反映，期末计算发出存货和结存存货应分摊的成本差异，将发出存货和结存存货由计划成本调整为实际成本的方法。

有关计算公式如下：

公式 1：存货成本差异率 =（月初结存存货成本差异额 + 本月收入存货成本差异额）/（月初结存存货计划成本 + 本月收入存货计划成本）×100%

根据存货成本差异率，就可以将发出存货的计划成本调整为实际成本，其计算公式为：

公式 2：本月发出存货应负担的成本差异 = 发出存货计划成本 × 存货成本差异率

公式 3：本月发出存货的实际成本 = 发出存货的计划成本 ± 发出存货应负担的成本差异

公式 4：月末结存存货的实际成本 = 结存存货的计划成本 ± 结存存货应负担的成本差异

例 4－25　计划成本法下的发出存货成本的计算

雷顿公司 2014 年 5 月初结存原材料的计划成本为 50 000 元，本月收入原材料的计划成本为 100 000 元，本月发出材料的计划成本为 80 000 元，原材料成本差异的月初数为 1 000 元（超支），本月收入材料成本差异为 2 000 元（超支）。材料成本差异率及发出材料应负担的成本差异计算如下：

材料成本差异率 =（1 000 + 2 000）/（50 000 + 100 000）×100% = 2%

本月发出材料应负担的成本差异 = 80 000 × 2% = 1 600（元）

本月发出材料的实际成本 = 80 000 + 1 600 = 81 600（元）

月末结存材料的实际成本 = 70 000 + 1 400 = 71 400（元）

4.6.4 原材料相关业务的账务处理

原材料是生产经营过程中的劳动对象，是企业生产经营中不可缺少的物质。如图 4－31 所示，所有的原材料都具有以下特点：

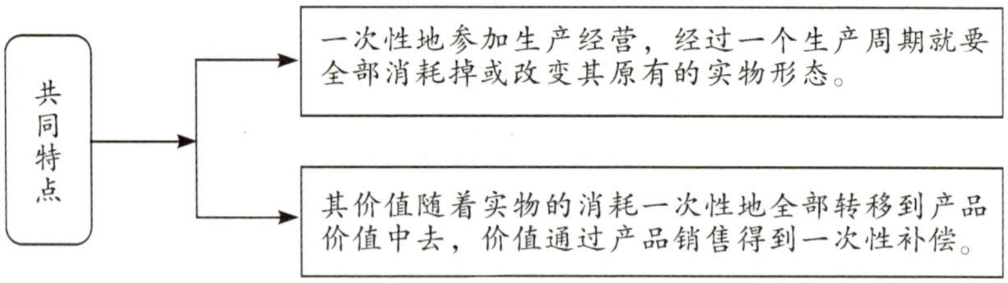

图 4－31　原材料的特点

1. 按实际成本计价进行的日常账务处理

按实际成本计价进行的日常核算，是指从材料的收发凭证到明细分类账和总账均以实际成本来反映材料的收、发、结存情况。

为了总括反映和监督材料的增减变动和结存情况，应设置“原材料”“在途物资”等账户。其账户的结构及性质如下图 4－32 所示：

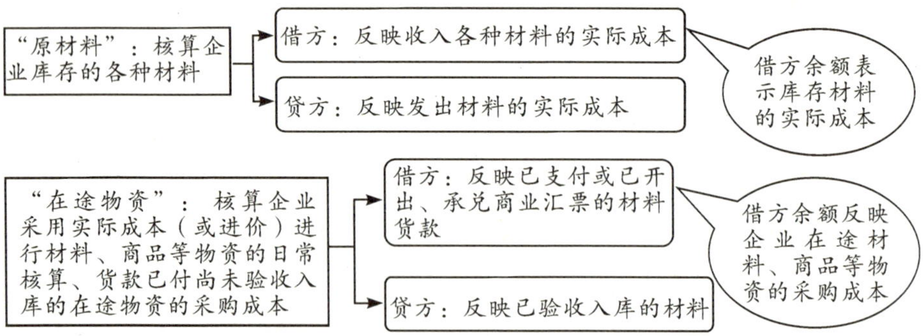

图 4－32　“原材料”“在途物资”账户的结构及性质

（1）外购材料收入的总分类核算

从供应单位采购材料和验收入库的业务看，因为货款结算方式、采购地点、收料和付款时间不同，其账务处理也有所不同。如图 4－33 所示：

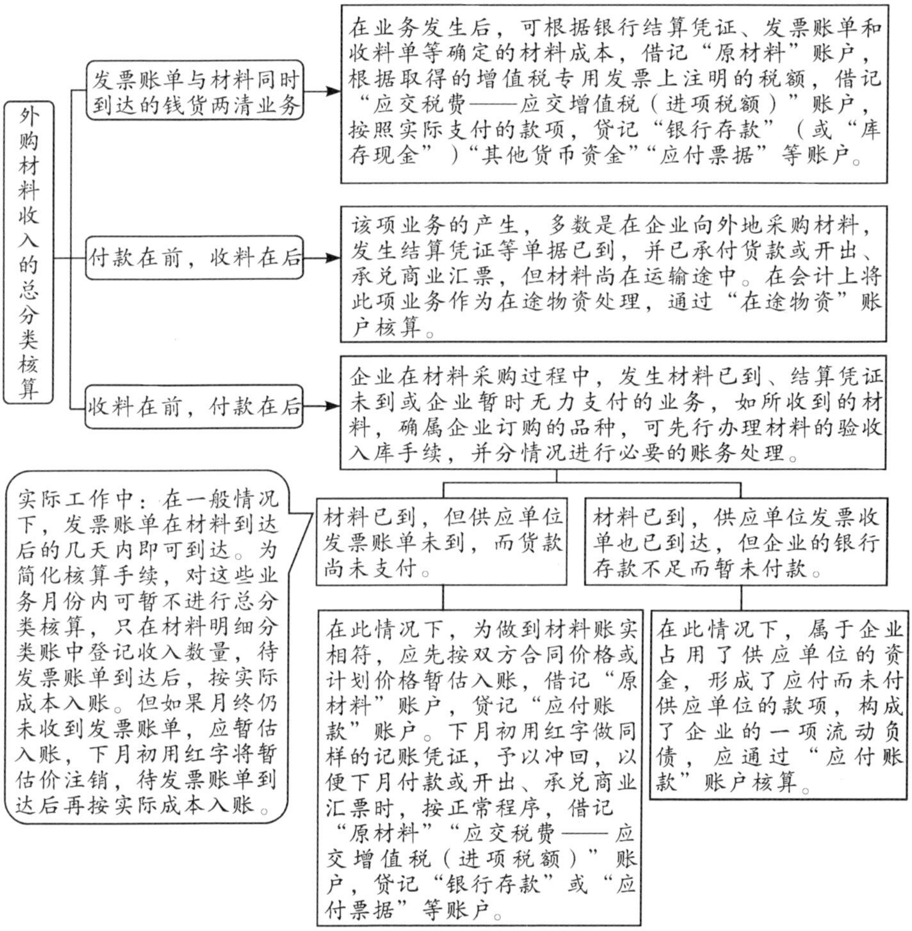

图 4－33　外购材料收入的总分类核算

接下来，可以通过几个例子来加深对外购原材料的账务处理的理解。

例 4－26　外购原材料的账务处理

雷顿公司是一般纳税人，2019 年 3 月 10 日，该公司购入原材料一批，取得的增值税专用发票上注明的原材料价款为 12 600 元，增值税额为 2 016 元，发票等结算凭证已经收到，货款已通过银行转账支付，材料已验收入库。作如下会计分录：

借：原材料　　　　　　　　　　　　　　　　　　12 600

应交税费——应交增值税（进项税额）　　2 016
贷：银行存款　　14 616

例 4-27　外购原材料的账务处理

接例4-26，购入材料的业务，假定发票等结算凭证已到，货款已经支付，但材料尚未运到。企业应于收到发票等结算凭证时作如下会计分录：

借：在途物资　　12 600
应交税费——应交增值税（进项税额）　　2 016
贷：银行存款　　14 616

上述材料到达验收入库时，再作如下分录：

借：原材料　　12 600
贷：在途物资　　12 600

例 4-28　外购原材料的账务处理

雷顿公司从外地凤凰铝材公司购入甲种材料 2 000 千克，买价 8 000 元，增值税发票上的增值税额为 1 280 元，供应单位代垫杂费 400 元。材料已到达并已验收入库，但货款尚未支付。应据有关发票账单及收料单等凭证作如下分录：

借：原材料——原料及主要材料　　8 400
应交税费——应交增值税（进项税额）　　1 280
贷：应付账款——凤凰铝材公司　　9 680

例 4-29　外购原材料的账务处理

接例4-28，假设上述购入材料的业务，材料已经运到并验收入库，但发票等结算凭证尚未收到，货款尚未支付。月末，按照暂估价入账，假设其暂估价为 8 000 元，有关账务处理如下：

借：原材料　　8 000
贷：应付账款——暂估应付账款　　8 000

下月初用红字将上述分录原账冲回：

借：原材料　　8 000

　　贷：应付账款——暂估应付账款　　8 000

（2）材料发出的总分类核算

企业生产过程中发出材料业务非常频繁，平时根据领发料凭证逐笔登记材料明细分类账，以详细反映各种材料的收、发和结存余额。总分类核算一般是根据按实际成本计价的领、发料凭证，按领用部门和用途进行归类汇总，通过编制“发出材料汇总表”，于月末一次登记总分类账，这样就可大大简化记账工作。

2．按计划成本计价进行的日常核算

按计划成本计价进行的日常核算，是指从材料的收发凭证到明细账、总账上都以计划成本加以计量。实际成本与计划成本之间的差异，单独通过专设的“材料成本差异”组织核算，最终于月末将领用材料的计划成本调整为实际成本。

（1）材料总分类核算

材料按计划成本计价进行的总分类核算，仍应设置“原材料”账户，但均应按计划成本入账，即按计划成本核算企业库存的各种材料。由于材料的计划成本与实际成本之间必然会产生差异，为了正确计算材料的采购成本和考核采购业务成果，还需增设“材料采购”与“材料成本差异”两个资产类账户。

“材料采购”账户核算企业采用计划成本进行材料日常核算而购入材料的采购成本。“材料采购”账户可按供应单位和材料品种进行明细核算。企业支付材料价款和运杂费等，按应计入材料采购成本的金额，借记“材料采购”账户，按实际支付或应支付的金额，贷记“银行存款”“库存现金”“其他货币资金”“应付账款”“应付票据”“预付账款”等账户。涉及增值税进项税额的，还应进行相应的处理。

月末，企业应将仓库转来的外购收料凭证，分别以下列不同情况进行处理，如图 4－34 所示：

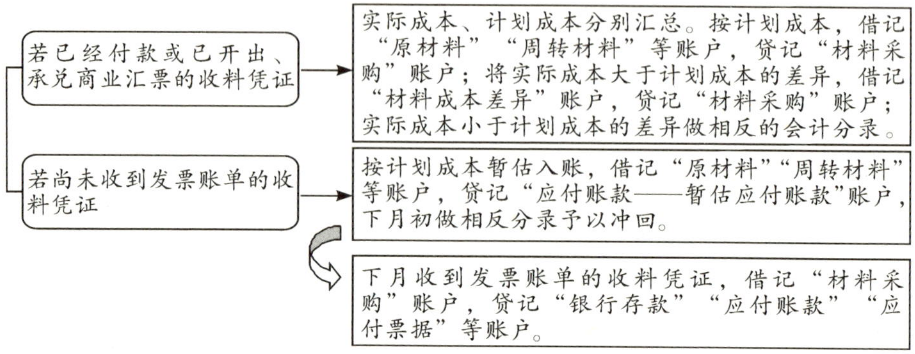

图 4－34　外购收料凭证的账务处理

“材料采购”账户月末借方余额，反映企业在途材料的采购成本。

“材料成本差异”账户核算企业采用计划成本进行日常核算的材料计划成本与实际成本的差额。如图 4－35 所示，应分两种情况进行处理：

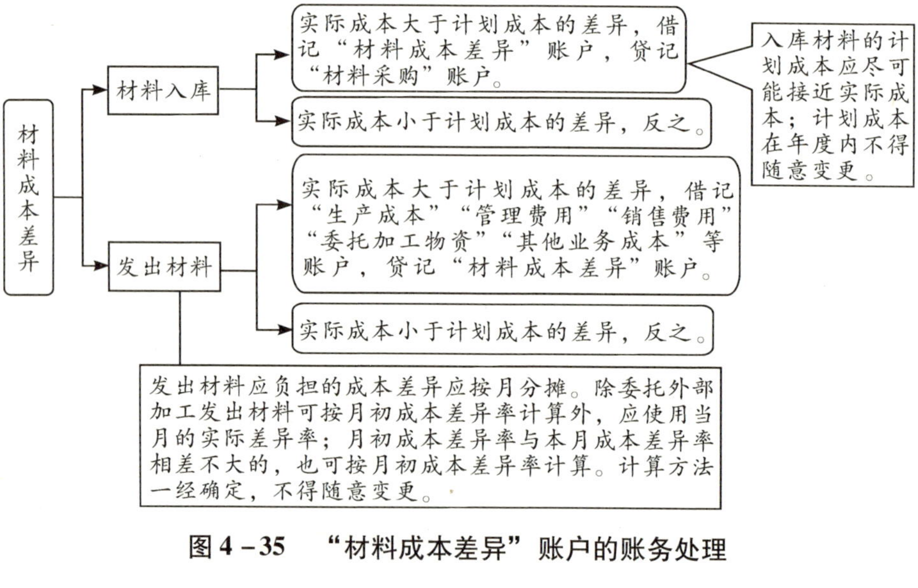

图 4－35　“材料成本差异”账户的账务处理

材料成本差异率的计算公式如下：

本月材料成本差异率＝（月初结存材料的成本差异＋本月验收入库材料的成本差异）÷（月初结存材料的计划成本＋本月验收入库材料的计划成本）×100%

月初材料成本差异率 = 月初结存材料的成本差异 ÷ 月初结存材料的计划成本 × 100%

发出材料应负担的成本差异 = 发出材料的计划成本 × 材料成本差异率

如图 4 – 36 所示，“材料成本差异”账户的余额反映了如下内容：

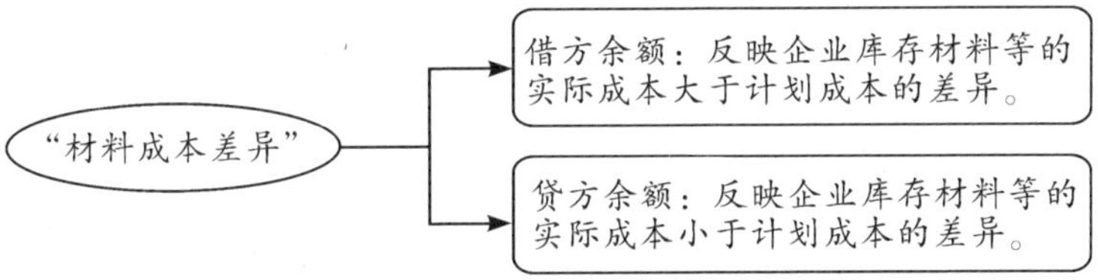

图 4 – 36　“材料成本差异”账户的余额

(2) 收入材料的总分类核算

同实际成本计价核算一样，由于采购地点、结算方式和收料与付款时间的不同，同样存在几种不同情况。如图 4 – 37 所示：

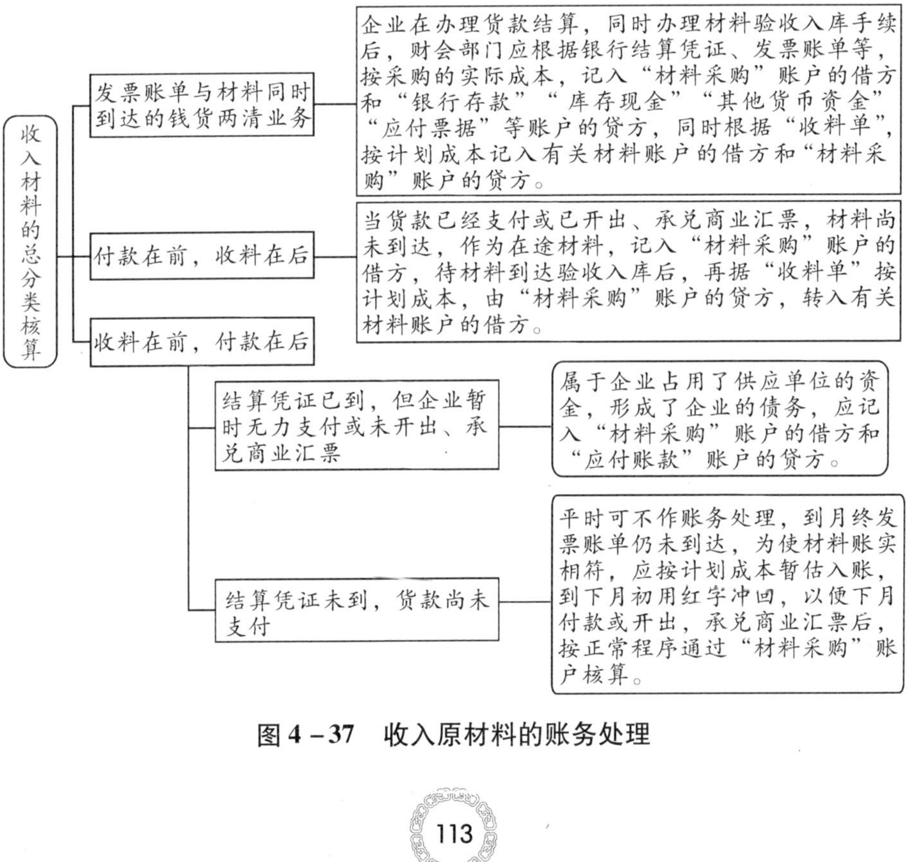

图 4 – 37　收入原材料的账务处理

接下来，可以通过几个例子来加深对收入原材料的账务处理的理解。

例 4－30　按计划成本法收入原材料的账务处理

2018 年 7 月 5 日，雷顿公司从凤凰铝材公司购入甲种材料 6 000 千克，价款 12 600 元，取得的增值税专用发票上注明的增值税额为 2 016 元，当即以银行存款付清、材料已按计划成本 12 900 元验收入库。应进行如下账务处理：

第一，借：材料采购——原材料　　12 600
　　应交税费——应交增值税（进项税额）　　2 016
　　贷：银行存款　　14 616

第二，借：原材料——原料及主要材料　　12 900
　　贷：材料采购——原材料　　12 600
　　　　材料成本差异　　300

例 4－31　按计划成本法收入原材料的账务处理

2018 年 7 月 13 日，雷顿公司从外地凤凰铝材公司采购甲种材料4 000 千克，买价 8 600 元，增值税额 1 376 元，采用商业汇票结算方式，签发银行承兑汇票一张，计 9 976 元，向开户银行申请承兑，并以银行存款支付手续费 50 元，当日连同解讫通知一并交给供应单位，材料尚未运达。应据有关凭证作如下会计分录：

第一，借：材料采购——原材料　　8 600
　　应交税费——应交增值税（进项税额）　　1 376
　　贷：应付票据　　9 976

第二，借：财务费用　　50
　　贷：银行存款　　50

上述甲种材料于 18 日到达，并已验收入库，其计划成本为 9 200 元。据“收料单”作如下分录：

借：原材料——原料及主要材料　　9 200

　　贷：材料采购——原材料　　8 600

　　　　材料成本差异　　600

例 4－32　按计划成本法收入原材料的账务处理

2018 年 7 月 20 日，雷顿公司从外地凤凰铝材公司采购乙种材料 10 000 千克，买价 16 000 元，增值税额 2 560 元，采用托收承付结算方式，已承付全部货款，材料尚未到达。应据有关结算凭证，作如下会计分录：

借：材料采购——原材料　　16 000

　　应交税费——应交增值税（进项税额）　　2 560

　　贷：银行存款　　18 560

月末上述材料仍未到达，反映为“材料采购”账户的借方余额即在途材料的实际成本。

待上述乙种材料于下月到达，并验收入库后，按计划成本 15 000 元计入“原材料”，据“收料单”作如下分录：

借：原材料——原料及主要材料　　15 000

　　材料成本差异　　1 000

　　贷：材料采购——原材料　　16 000

例 4－33　按计划成本法收入原材料的账务处理

2014 年 7 月 29 日，雷顿公司接到货场通知，从凤凰铝材公司按合同购入的 12 000 千克乙种材料已经到达，并于当日验收入库，但对方发票账单未到，故按计划成本 19 000 元暂估入账。应于月终根据收料单作如下会计分录：

借：原材料——原料及主要材料　　19 000

　　贷：应付账款——暂估应付账款　　19 000

下月初用红字填制相同的收料凭证并据以登账，将暂估价冲销。待收到发票账单后，据实按正常程序入账。

（3）材料发出的总分类核算

按计划成本计价的材料发出的总分类核算，一般是在月终根据各种发料和退料凭证，按照发出材料的类别和用途分别汇总，据以编制“发料凭证汇总表”，并根据汇总表进行发出材料的总分类核算。

发料凭证汇总表中的计划成本应据各种发料凭证和退料凭证直接分类汇总填列，成本差异应据前述公式计算填列；发出材料的计划成本加上成本差异即为发出材料的实际成本。

4.6.5 存货清查的账务处理

为了保护企业存货的安全完整，做到账实相符，企业应对存货进行定期的清查。企业发生的存货毁损，应当将处置收入扣除账面价值和相关税费后的金额计入当期损益。存货的账面价值是存货成本扣减累计跌价准备后的金额。存货盘亏造成的损失，应当计入当期损益。

为了核算企业在财产清查中查明的各财产物资的盘盈、盘亏和毁损，企业应设置“待处理财产损溢”账户。如图4－38所示：

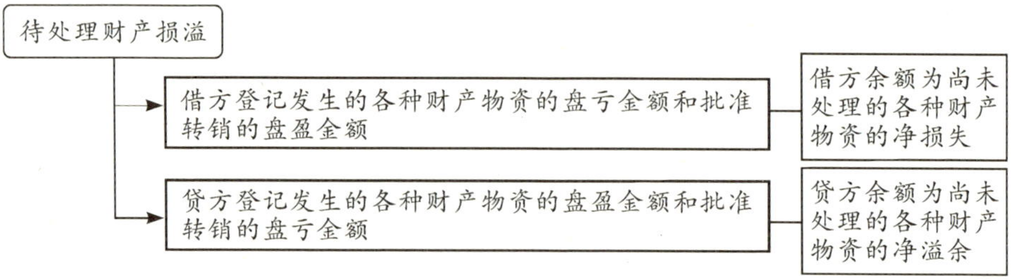

图4－38 “待处理财产损溢”账户的结构及性质

1. 存货盘盈的账务处理

由于盘盈的存货没有账面记录，因此产生了盘盈应该予以补记，按照存货的计划成本或估计价值，借记有关存货账户，贷记“待处理财产损溢”账户；存货盘盈一般是由于收发计量或核算上的差错所造成的，故需相应地冲减管理费用，借记“待处理财产损溢”，贷记“管理费用”账户。在计划成本进行存货日常核算的情况下，盘盈存货按计划成本入账。

例 4－34　存货盘盈的账务处理

雷顿公司进行存货清查时，发现某产品盘盈 100 千克，计划单位成本为 9.5 元，计 950 元。应进行如下账务处理：

借：库存商品　　950

　　贷：待处理财产损溢　　950

经查该项盘盈属于收发计量错误造成。经批准作为冲减费用处理。作如下会计分录：

借：待处理财产损溢　　950

　　贷：管理费用　　950

2. 存货盘亏和毁损的账务处理

存货的盘亏和毁损，先按其账面成本，借记“待处理财产损溢”账户，贷记有关存货账户。经审批后，按发生的原因和相应的处理决定，分别进行转销。如图 4－39 所示：

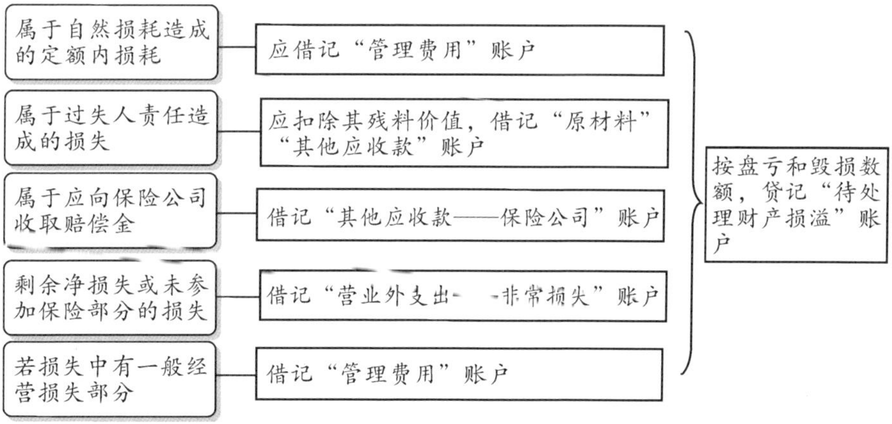

图 4－39　存货盘亏和毁损的账务处理

例 4-35 存货盘亏和毁损的账务处理

雷顿公司进行存货清查时，发现材料短缺 500 千克，其计划单位成本为 36 元，计 18 000 元，材料成本差异率为 ±2%。应进行如下账务处理：

借：待处理财产损溢　　18 360

　　贷：原材料　　18 000

　　　　材料成本差异——原材料　　360

经查，该项短缺分别由多种原因造成，经批准，分别进行转销。

（1）材料短缺中属于责任过失人造成 2 000 元损失，应由其予以赔偿。应进行如下账务处理：

借：其他应收款——过失责任人　　2 000

　　贷：待处理财产损溢　　2 000

（2）材料短缺中，属于定额内合理耗损部分，价值 325 元，应计入费用。应进行如下账务处理：

借：管理费用　　325

　　贷：待处理财产损溢　　325

（3）材料短缺中，属于非常损失部分，价值 16 000 元，其中，收回残料 100 元，保险公司给予赔款 15 900 元，剩余 35 元经批准转为营业外损失。应作如下分录：

借：原材料　　100

　　其他应收款——保险公司　　15 900

　　营业外支出——非常损失　　35

　　贷：待处理财产损溢　　16 035

盘盈或盘亏的存货，如在期末结账前尚未经批准的，应在对外提供财务报告时先按上述规定进行处理，并在会计报表附注中做出说明；如果其后批准处理的金额与已处理的金额不一致，应按其差额调整会计报表相关项目的年初数。

4.7　长期股权投资的账务处理

长期股权投资包括企业持有的对其子公司、合营企业及联营企业的权益性投资以及企业持有的对被投资单位不具有控制、共同控制或重大影响，且在活跃市场中没有报价、公允价值不能可靠计量的权益性投资。

4.7.1　长期股权投资的账务处理方法

如图4－40所示：

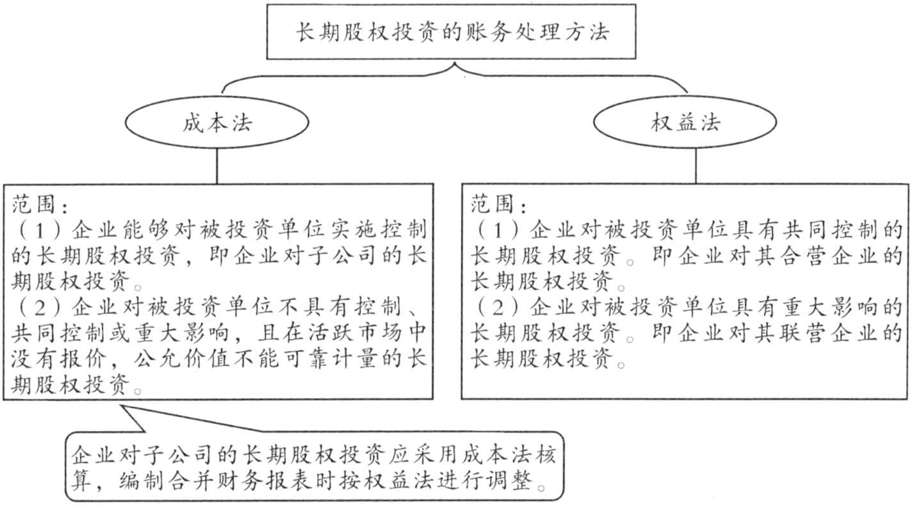

图4－40　长期股权投资的账务处理方法

为了核算企业的长期股权投资，企业应当设置“长期股权投资”“投资收益”等科目。“长期股权投资”科目的性质如图4－41所示：

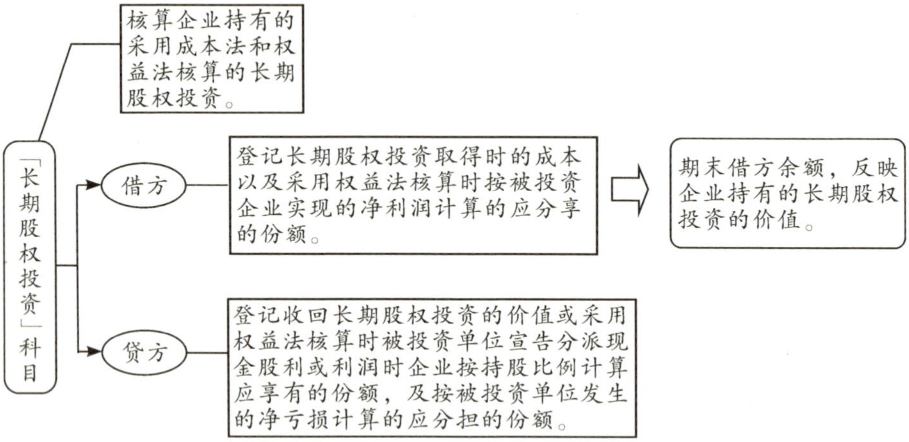

图4－41　“长期股权投资”科目的性质

4.7.2　采用成本法核算的长期股权投资

1．长期股权投资初始投资成本的确定

除企业合并形成的长期股权投资以外，以支付现金取得的长期股权投资，应当按照实际支付的购买价款作为初始投资成本。企业所发生的与取得长期股权投资直接相关的费用、税金及其他必要支出应计入长期股权投资的初始投资成本。

此外，企业取得长期股权投资，实际支付的价款或对价中包含的已宣告但尚未发放的现金股利或利润，作为应收项目处理，不构成长期股权投资的成本。

2．取得长期股权投资

取得长期股权投资时，应按照初始投资成本计价。除企业合并形成的长期股权投资以外，以支付现金、非现金资产等其他方式取得的长期股权投资，应按照上述规定确定的长期股权投资初始投资成本，借记“长期股权投资”科目，贷记“银行存款”等科目。如果实际支付的价款中包含已宣告但尚未发放的现金股利或利润，借记“应收股利”科目，贷记“长期股权投资”科目。

例 4－36　取得长期股权投资的账务处理

雷顿公司 2014 年 1 月 10 日购买 A 股份有限公司发行的股票 50 000 股准备长期持有，从而拥有 A 股份有限公司 5% 的股份。每股买入价为 6 元，另外，雷顿公司购买该股票时发生有关税费 5 000 元，款项已由银行存款支付。该雷顿公司应作如下账务处理：

计算初始投资成本：

股票成交金额　　300 000（50 000 × 6）

加：相关税费　　5 000

初始投资成本　　305 000

编制购入股票的会计分录：

借：长期股权投资　　305 000

　　贷：银行存款　　305 000

3. 长期股权投资持有期间被投资单位宣告发放现金股利或利润

长期股权投资持有期间被投资单位宣告发放现金股利或利润时，企业按应享有的部分确认为投资收益，借记“应收股利”科目，贷记“投资收益”科目。属于被投资单位在取得本企业投资前实现净利润的分配额，应作为投资成本的收回，借记“应收股利”科目，贷记“长期股权投资”科目。

例 4－37　长期股权投资持有期间被投资单位宣告发放现金股利或利润的账务处理

雷顿公司 2014 年 5 月 15 日以银行存款购买 A 股份有限公司的股票 100 000 股作为长期投资，每股买入价为 10 元，每股价格中包含有 0.2 元的已宣告分派的现金股利，另支付相关税费 7 000 元。雷顿公司应作如下账务处理：

计算初始投资成本：

股票成交金额	1 000 000（100 000×10）
加：相关税费	7 000
减：已宣告分派的现金股利	20 000（100 000×0.2）
初始投资成本	987 000

编制购入股票的会计分录：

借：长期股权投资　　987 000

　　应收股利　　20 000

　　贷：银行存款　　1 007 000

假定雷顿公司2014年6月20日收到A股份有限公司分来的购买该股票时已宣告分派的股利20 000元。此时，应作如下账务处理：

借：银行存款　　20 000

　　贷：应收股利　　20 000

在这种情况下，取得长期股权投资时，如果实际支付的价款中包含已宣告但尚未发放的现金股利或利润，应借记“应收股利”科目，不记入“长期股权投资”科目。

例4－38　长期股权投资持有期间被投资单位宣告发放现金股利或利润的账务处理

雷顿公司2014年5月15日以银行存款购买A股份有限公司的股票作为长期投资，如果雷顿公司于2014年6月20日收到A股份有限公司宣告发放2013年度现金股利的通知，应分得现金股利5 000元。雷顿公司应作如下账务处理：

借：应收股利　　5 000

　　贷：长期股权投资　　5 000

在这种情况下，属于被投资单位在取得本企业投资前实现净利润的分配额，应作为投资成本的收回，借记“应收股利”科目，贷记“长期股权投资”科目，而不是确认为投资收益。

如果长期股权投资持有期间被投资单位宣告发放现金股利或利润，且该利润属于投资以后产生的，则应该确认为投资收益。

4. 长期股权投资的处置

处置长期股权投资时，按实际取得的价款与长期股权投资账面价值的差额确认为投资损益，并应同时结转已计提的长期股权投资减值准备。其账务处理是：企业处置长期股权投资时，应按实际收到的金额，借记“银行存款”等科目，按原已计提的减值准备，借记“长期股权投资减值准备”科目，按该项长期股权投资的账面余额，贷记“长期股权投资”科目，按尚未领取的现金股利或利润，贷记“应收股利”科目，按其差额，贷记或借记“投资收益”科目。

例 4－39　处置长期股权投资的账务处理

雷顿公司将其作为长期投资持有的远海股份有限公司 15 000 股股票，以每股 10 元的价格卖出，支付相关税费 1 000 元，取得价款 149 000 元，款项已由银行收妥。该长期股权投资账面价值为 140 000 元，假定没有计提减值准备。雷顿公司应作如下账务处理：

计算投资收益：

取得股票转让价款　149 000

减：投资账面余额　140 000

　　投资收益　9 000

编制出售股票时的会计分录：

借：银行存款　149 000

　　贷：长期股权投资　140 000

　　　　投资收益　9 000

在这种情况下，企业处置长期股权投资，应按实际取得的价款与长期

股权投资账面价值的差额确认为投资损益，并应同时结转已计提的长期股权投资减值准备。

4.7.3　采用权益法核算的长期股权投资

1. 取得长期股权投资

如图4－42所示，取得长期股权投资时，应按下列两种情况进行会计处理。

若长期股权投资的初始投资成本大于投资时应享有被投资单位可辨认净资产公允价值份额	不调整已确认的初始投资成本，借记“长期股权投资——成本”科目，贷记“银行存款”等科目。
若长期股权投资的初始投资成本小于投资时应享有被投资单位可辨认净资产公允价值份额	借记“长期股权投资——成本”科目，贷记“银行存款”等科目，按其差额，贷记“营业外收入”科目。

图4－42　取得长期股权投资的账务处理

例4－40　采用权益法取得长期股权投资的账务处理

雷顿公司2014年1月20日购买东方股份有限公司发行的股票5 000 000股准备长期持有，占东方股份有限公司股份的30%。每股买入价为6元，另外，购买该股票时发生有关税费500 000元，款项已由银行存款支付。2013年12月31日，东方股份有限公司所有者权益的账面价值（与其公允价值不存在差异）为100 000 000元。雷顿公司应作如下账务处理：

计算初始投资成本：

股票成交金额　　30 000 000（5 000 000×6）

加：相关税费　　500 000

　　　　　　　　30 500 000

编制购入股票的会计分录：

借：长期股权投资——成本　　30 500 000

　　贷：银行存款　　30 500 000

在本例中，长期股权投资的初始投资成本 30 500 000 元大于投资时应享有被投资单位可辨认净资产公允价值份额 30 000 000 元（100 000 000 × 30%），其差额 500 000 元不调整已确认的初始投资成本。但是，如果长期股权投资的初始投资成本小于投资时应享有被投资单位可辨认净资产公允价值份额，应借记“长期股权投资——成本”科目，贷记“银行存款”等科目，按其差额，贷记“营业外收入”科目。

2. 持有长期股权投资期间被投资单位实现净利润或发生净亏损

根据被投资单位实现的净利润计算应享有的份额，借记“长期股权投资——损益调整”科目，贷记“投资收益”科目。被投资单位发生净亏损作相反的会计分录，但以本科目的账面价值减记至零为限，借记“投资收益”科目，贷记“长期股权投资——损益调整”科目。

被投资单位以后宣告发放现金股利或利润时，企业计算应分得的部分，借记“应收股利”科目，贷记“长期股权投资——损益调整”科目；收到被投资单位宣告发放的股票股利，不进行账务处理，但应在备查簿中登记。

例 4－41　采用权益法持有长期股权投资期间被投资单位实现净利润或发生净亏损的账务处理

2013 年东方股份有限公司实现净利润 10 000 000 元。雷顿公司按照持股比例确认投资收益 3 000 000 元。2013 年 5 月 15 日，东方股份有限公司已宣告发放现金股利，每 10 股派 3 元。雷顿公司可分派到 1 500 000 元。2014 年 6 月 15 日，雷顿公司收到东方股份有限公司分派的现金股利。雷顿公司应作如下账务处理：

(1) 确认东方股份有限公司实现的投资收益时：

借：长期股权投资——损益调整　　3 000 000

　　贷：投资收益　　3 000 000

（2）东方股份有限公司宣告发放现金股利时：

借：应收股利　　1 500 000

　　贷：长期股权投资——损益调整　　1 500 000

（3）收到东方股份有限公司宣告发放的现金股利时：

借：银行存款　　1 500 000

　　贷：应收股利　　1 500 000

3．持有长期股权投资期间被投资单位所有者权益的其他变动

在持股比例不变的情况下，被投资单位除净损益以外所有者权益的其他变动，企业按持股比例计算应享有的份额，借记或贷记“长期股权投资——其他权益变动”科目，贷记或借记“资本公积——其他资本公积”科目。

例 4－42　采用权益法持有长期股权投资期间被投资单位所有者权益的其他变动的账务处理

2013 年东方股份有限公司可供出售金融资产的公允价值增加了 4 000 000 元。雷顿公司按照持股比例确认相应的资本公积 1 200 000 元。雷顿公司应作如下账务处理：

借：长期股权投资——其他权益变动　　1 200 000

　　贷：资本公积——其他资本公积　　1 200 000

4．长期股权投资的处置

处置长期股权投资时，按实际取得的价款与长期股权投资账面价值的差额确认为投资损益，并应同时结转已计提的长期股权投资减值准备。其账务处理是：企业处置长期股权投资时，应按实际收到的金额，借记“银行存款”等科目，按原已计提的减值准备，借记“长期股权投资减值准备”科目，按该长期股权投资的账面余额，贷记“长期股权投资”科目，按尚未领取的现金股利或利润，贷记“应收股利”科目，按其差额，贷记或借记“投资收益”科目。

同时，还应结转原记入资本公积的相关金额，借记或贷记“资本公积——其他资本公积”科目，贷记或借记“投资收益”科目。

例4－43　处置长期股权投资的账务处理

接上例4－40、例4－41、例4－42，2015年1月20日，雷顿公司出售所持东方股份有限公司的股票5 000 000股，每股出售价为10元，款项已收回。雷顿公司应作如下账务处理：

借：银行存款　　50 000 000
　　贷：长期股权投资——成本　　30 500 000
　　　　　　　　　　——损益调整　　1 500 000
　　　　投资收益　　18 000 000

同时：

借：资本公积——其他资本公积　　1 200 000
　　贷：投资收益　　1 200 000

4.7.4　长期股权投资减值的账务处理

1. 长期股权投资减值金额的确定

如图4－43所示：

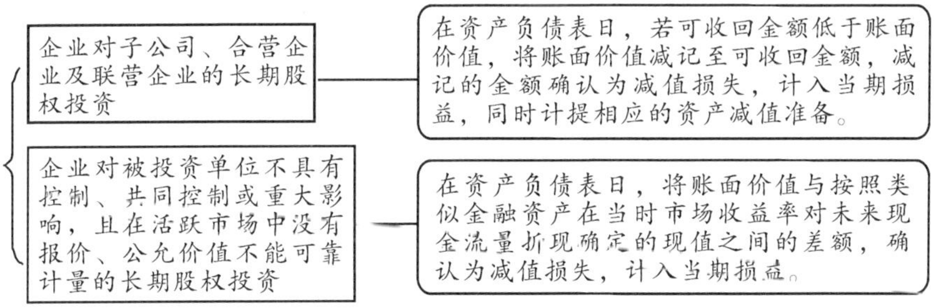

图4－43　长期股权投资减值金额的确定

2. 长期股权投资减值的账务处理

企业计提长期股权投资减值准备，应当设置“长期股权投资减值准备”科目核算。企业按应减记的金额，借记“资产减值损失——计提的长期股权投资减值准备”科目，贷记“长期股权投资减值准备”科目。

长期股权投资减值损失一经确认，在以后会计期间不得转回。

4.8 固定资产的账务处理

如图 4－44 所示，固定资产的特征和确认条件如图 4－44 所示：

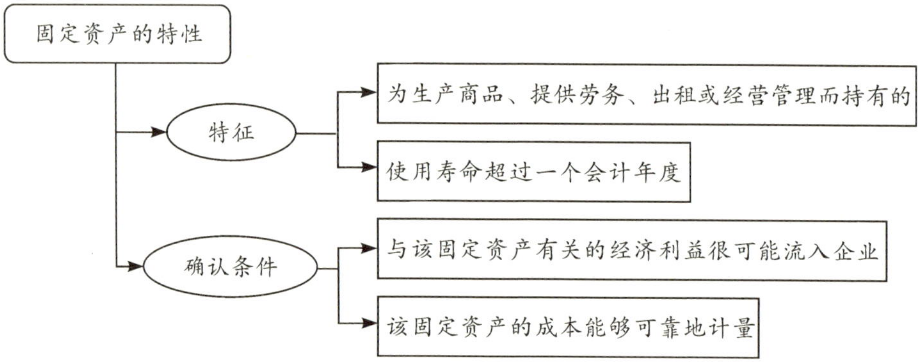

图 4－44 固定资产的特征和确认条件

4.8.1 固定资产的分类

企业的固定资产根据不同的管理需要和核算要求，可以进行不同的分类。如图 4－45 所示，如果按经济用途和使用情况综合分类，企业的固定资产可分为七大类：

- 固定资产的分类
  - 生产经营用固定资产
  - 非生产经营用固定资产
  - (在经营性租赁方式下)租出固定资产
  - 不需用固定资产
  - 未使用固定资产
  - 过去已经估价单独入账的土地
    - 因征地而支付补偿费，应计入与土地有关的房屋、建筑物的价值内，不单独作为土地价值入账；企业取得的土地使用权不能作为固定资产管理。
  - 融资租入的固定资产

图 4－45　固定资产的分类

4.8.2　固定资产的初始计量

固定资产应当按照成本进行初始计量。固定资产的初始计量指确定固定资产的取得成本。固定资产的成本是指企业购建某项固定资产达到预定可使用状态前所发生的一切合理、必要的支出。包括买价、进口关税等税金、包装运输和保险等相关费用，以及为使固定资产达到预定可使用状态前所必要的支出，如应承担的可资本化的借款利息、外币借款折算差额以及应分摊的其他间接费用。

企业新购建固定资产的计价、确定计提折旧的依据等均采用成本计价方法。其优点是具有客观性和可验证性，是固定资产的基本计价标准。在我国会计实务中，固定资产的计价均采用历史成本。

如图 4－46 所示，固定资产取得时的成本应当根据不同情况分别确定：

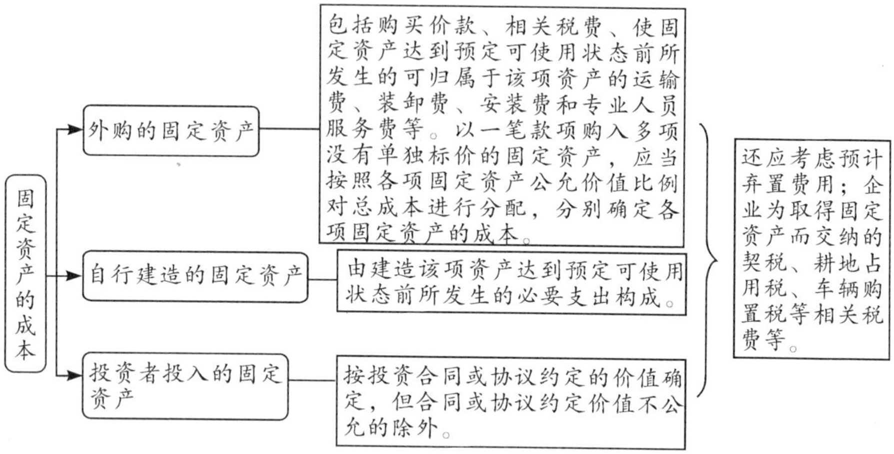

图 4－46　固定资产的初始计量

其中，弃置费用通常是指根据国家法律和行政法规、国际公约等规定，企业承担的环境保护和生态恢复等义务所确定的支出，如核电站核设施等的弃置和恢复环境义务等。企业应根据《企业会计准则第 13 号——或有事项》的规定，按照现值计算确定应计入固定资产成本的金额和相应的预计负债。不属于弃置义务的固定资产报废清理费，应当在发生时作为固定资产处置费用处理。

4.8.3　取得固定资产的账务处理

1. 总分类核算的常用科目

固定资产的总分类核算要设置“固定资产”“累计折旧”“工程物资”“在建工程”和“固定资产清理”等科目。如图 4－47 所示：

总分类核算的常用科目

“固定资产”科目	核算企业全部固定资产的原价。借方登记增加的固定资产的原价，贷方登记减少的固定资产的原价，余额在借方，反映期末实有固定资产的原价。
“累计折旧”科目	核算企业提取的固定资产折旧。贷方登记计提的折旧额，借方登记因固定资产减少而转销的折旧额，余额在贷方，反映期末实有固定资产的累计折旧额。
“工程物资”科目	核算企业固定资产工程所用物资的实际成本。借方登记购入工程物资的实际成本，贷方登记发出工程物资的实际成本，余额在借方，反映期末库存工程物资的实际成本。
“在建工程”科目	核算企业固定资产新建工程、改扩建工程、大修理工程等所发生的实际支出和工程成本的结转。借方登记各项在建工程的实际支出，贷方登记结转的完工工程的实际成本，余额在借方，反映期末尚未完工工程的实际成本。
“固定资产清理”科目	核算企业因出售、报废和毁损等原因转入清理的固定资产价值及清理过程中发生的清理费用和清理收入。借方登记转入清理的固定资产净值和发生的清理费用，贷方登记清理固定资产的变价收入、保险公司或过失人的赔偿款和结转的清理净损失，期末余额若在借方，反映尚未结转的清理净损失，若在贷方，反映尚未结转的清理净收入。

图 4－47　总分类核算的常用科目

2. 购入固定资产的账务处理

（1）购入不需要安装的固定资产

购入不需要安装的固定资产，按实际支付的价款、包装费、运杂费等支出，借记“固定资产”账户，贷记“银行存款”等账户。

例 4－44　购入固定资产的账务处理

雷顿公司 2018 年 6 月购入不需要安装的设备一台，价款 10 000 元，支付的增值税 1 600 元，另支付运输费 300 元，包装费 500 元。款项以银行存款支付。

该固定资产的原价＝10 000＋300＋500＝10 800（元）

编制如下会计分录：

借：固定资产　　　　　　　　　　10 800

应交税费——应交增值税（进项税额）　　1 600

贷：银行存款　　12 400

（2）购入需要安装的固定资产

购入需要安装的固定资产，企业购入的固定资产及发生的安装费等均应通过“在建工程”账户核算，待安装完毕交付使用时，再由“在建工程”转入“固定资产”账户。具体的账务处理如图 4－48 所示：

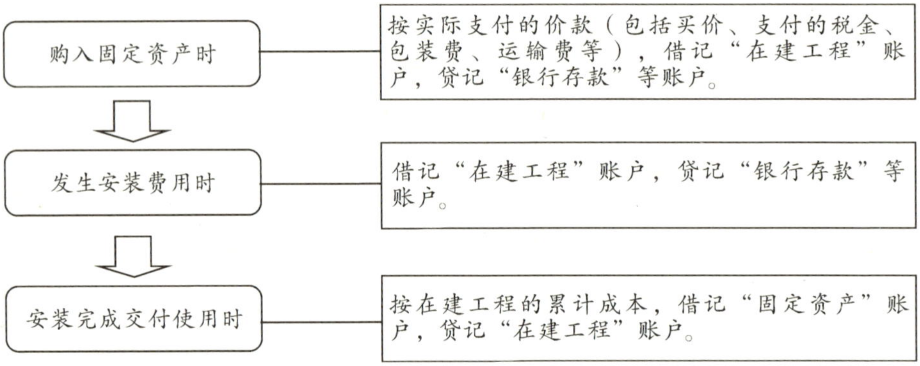

图 4－48　购入需要安装的固定资产的账务处理

例 4－45　购入需要安装的固定资产的账务处理

雷顿公司购入一台需要安装的设备，取得的增值税专用发票上注明的设备买价为 50 000 元，增值税额为 8 000 元，支付的运输费为 1 200 元。设备由供货商安排，支付安装费 4 200 元。进行账务处理如下：

①支付设备价款、运输费：

金额合计＝50 000＋1 200＝51 200（元）

借：在建工程　　51 200

应交税费——应交增值税（进项税额）　　8 000

贷：银行存款　　59 200

②支付安装费：

借：在建工程　　　　　　　　　　　　4 200

　　贷：银行存款　　　　　　　　　　　　4 200

③设备安装完毕交付使用：

确定的固定资产价值为 = 51 200 + 4 200 = 55 400（元）

借：固定资产　　　　　　　　　　　　55 400

　　贷：在建工程　　　　　　　　　　　　55 400

3. 投资者投入固定资产的账务处理

企业对投资者投资转入的机器设备等固定资产，一方面反映本企业固定资产的增加；另一方面要反映投资者投资额的增加。投入的固定资产按投资合同或协议确认的价值，借记“固定资产”账户，贷记“实收资本”或“股本”账户。

例 4 – 46　投资者投入固定资产的账务处理

雷顿公司收到 A 企业作为资本投入的不需要安装的机器设备 1 台。该设备按投资合同或协议确认的净值为 62 000 元。雷顿公司编制如下会计分录：

借：固定资产　　　　　　　　　　　　62 000

　　贷：实收资本——A 企业　　　　　　　　62 000

4.8.4　固定资产折旧的账务处理

折旧是指在固定资产使用寿命内，按照确定的方法对应计折旧额进行系统分摊。企业会计准则规定，企业应当根据固定资产的性质和使用情况，合理确定固定资产的使用寿命和预计净残值。企业确定固定资产使用寿命，应当考虑下列因素，如图 4 – 49 所示：

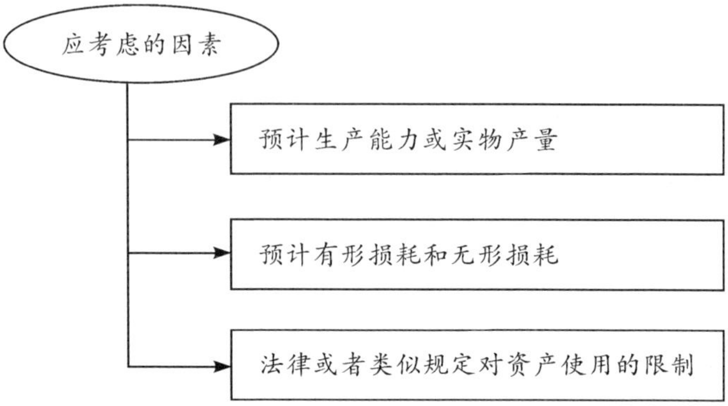

图 4－49　企业确定固定资产使用寿命时应考虑的因素

如图 4－50 所示，学习固定资产折旧的账务处理，还应掌握以下几个概念。

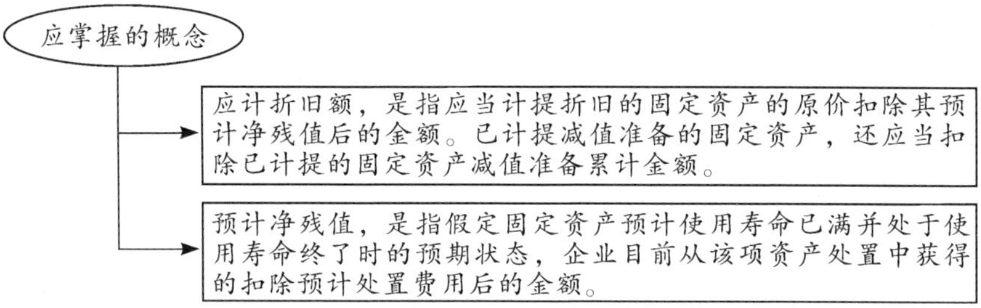

图 4－50　学习固定资产折旧的账务处理时应掌握的概念

1. 固定资产折旧范围

根据《企业会计准则》的规定，除以下情况外，企业应对所有固定资产计提折旧：

（1）已提足折旧仍继续使用的固定资产；

（2）按规定单独估价作为固定资产入账的土地。

如图 4－51 所示，需要注意以下几点：

企业以融资租赁方式租入的固定资产和以经营租赁方式租出的固定资产，应当计提折旧；企业以融资租赁方式租出的固定资产和以经营租赁方式租入的固定资产，不应当计提折旧。

固定资产应当按月计提折旧，当月增加的固定资产，当月不计提折旧，从下月起计提折旧；当月减少的固定资产，当月仍计提折旧，从下月起不计提折旧。

固定资产提足折旧后，不论能否继续使用，均不再计提折旧；提前报废的固定资产，也不再补提折旧。

已达到预定可使用状态但尚未办理竣工决算的固定资产，应当按照估计价值确定其成本，并计提折旧；待办理竣工决算后，再按实际成本调整原来的暂估价值，但不需要调整原已计提的折旧额。

图 4－51　计提折旧时应注意的问题

2. 固定资产折旧的计算方法

固定资产折旧方法可以采用年限平均法、工作量法、双倍余额递减法、年数总和法等。折旧方法一经确定，不得随意变动。如需变更，应当在会计报表附注中予以说明。

(1) 平均年限法

平均年限法是指将固定资产的可折旧价值平均分摊于其可折旧年限内的一种方法。这种方法适用于在各个会计期间使用程度比较均衡的固定资产。其计算公式为：

公式 1：年折旧额＝（固定资产原值－预计净残值）/预计使用年限

公式 2：月折旧额＝年折旧额÷12

例 4－47　固定资产折旧的计算

雷顿公司一台生产用设备原值为 30 000 元，预计清理费为 1 200 元，而预计残值为 3 000 元。使用年限为 4 年。那么用平均年限法怎么算折旧额呢？

年折旧额＝[30 000－(3 000－1 200)]/4＝7 050(元)

月折旧额＝7 050÷12＝587.50（元）

那计算出的折旧额又怎么记账呢？我们先要知道，折旧额是在“累计折旧”科目核算，而累计折旧是作为固定资产的减项。也就是说，用固定资产的原值，减去累计折旧，便是固定资产还剩多少没提折旧（即固定资产净值）。会计上的核算是这样的，每期提折旧时，在“累计折旧”账户的贷方记账。

像上面的例子，提的折旧应记入“制造费用”，因为那是生产用的，所以每期的分录如下：

借：制造费用　　587.50

　　贷：累计折旧　　587.50

（2）工作量法

工作量法又称作业量法，是根据固定资产在使用期间完成的总的工作量平均计算折旧的一种方法。工作量法和平均年限法都是平均计算折旧的方法，都属直线法。其计算公式为：

公式1：单位工作量折旧额 = （固定资产原值 – 预计净残值）/预计总工作量 = 固定资产原值 ×（1 – 预计净残值率）/预计总工作量

公式2：月折旧额 = 单位工作量折旧额 × 当月实际完成工作量

在会计实务中，工作量法广泛应用于以下三种方式：第一种，按照工作小时计算折旧；第二种，按行驶里程计算折旧；第三种，按台班计算折旧。

例4－48　工作量法的运用之一

雷顿公司购置一台专用机床，价值200 000元，预计总工作小时数为300 000小时，预计净残值为2 000元，购置的当年便工作了2 400小时，则有：

每小时折旧额：（200 000 – 2 000）/300 000 = 0.66（元/小时）

当年的折旧额：2 400 × 0.66 = 1 584（元）

工作量法实际上也是直线法。它把产量与成本相联系，也就是把收入与费用相配。于是年末计提折旧时的会计分录如下：

借：制造费用　　1 584

　　贷：累计折旧　　1 584

例 4－49　工作量法的运用之二

雷顿公司有经理用的小汽车一辆，原值为 150 000 元，预计净残值率为 5%，预计总行驶里程为 600 000 千米，当月行驶里程为 3 000 千米，该项固定资产的月折旧额计算如下：

单位里程折旧额＝（150 000－150 000×5%）/600 000

＝0.237 5（元/千米）

本月折旧额＝3 000×0.237 5＝712.5（元）

因为这辆车是企业管理者作为管理用的，所以会计分录如下：

借：管理费用　　712.50

　　贷：累计折旧　　712.50

（3）双倍余额递减法

双倍余额递减法是加速折旧法的一种，是按直线法折旧率的两倍，乘以固定资产在每个会计期间的期初账面净值计算折旧的方法。在计算折旧率时通常不考虑固定资产残值。其计算公式为：

在不考虑预计残值时，

公式 1：年折旧率（双倍直线折旧率）＝（2÷预计使用年限）×100%

公式 2：年折旧额＝期初固定资产账面净值×双倍直线折旧率

由于采用双倍余额递减法在确定折旧率时不考虑固定资产净残值因素，因此，在采用这种方法时，应注意以下两点，如图 4－52 所示：

采用双倍余额递减法时应注意的问题

- 由于每年的折旧额是递减的，因而可能出现某年按双倍余额递减法所提折旧额小于按直线法计提的折旧额。当这一情况在某一折旧年度出现时，应换为按直线法计提折旧。
- 各年计提折旧后，固定资产账面净值不能小于预计净残值。避免这一现象的方法是，在可能出现此现象的那一年转换为直线法，即：将当年年初的固定资产账面净值减去预计净残值，其差额在剩余的使用年限中平均摊销。但在实际工作中，企业一般采用简化的办法，在固定资产预计耐用年限到期前两年转换成直线法。

图4－52　采用双倍余额递减法时应注意的问题

例4－50　双倍余额递减法的运用

雷顿公司购入一部自动化生产线，安装完毕后，固定资产原值为200 000元，预计使用年限为5年，预计净残值收入8 000元。该生产线按双倍余额递减法计算各年的折旧额如下：

双倍直线折旧率＝2/5×100%＝40%

第一年应提折旧＝200 000×40%＝80 000（元）

第二年应提折旧＝（200 000－80 000）×40%＝48 000（元）

第三年应提折旧＝(200 000－80 000－48 000)×40%＝28 800(元)

第四年应提折旧＝（200 000－80 000－48 000－28 800－8 000）/2＝17 600（元）

第五年应提折旧＝（200 000－80 000－48 000－28 800－8 000）/2＝17 600（元）

可以看出折旧率40%是固定不变的。而每一期的期初账面余额是上一期的期末账面余额，每一期的折旧额都是递减的，但累计折旧总额却在增加。等到使用期的最后两年时，固定资产的账面余额即是净残值额。

（4）年数总和法

年数总和法是以固定资产的原值减去预计净残值后的净额为基数，以一个逐年递减的分数为折旧率，计算各年固定资产折旧额的一种折旧方法。

年数总和法的各年折旧率，是以固定资产尚可使用年限作分子，以固定资产使用年限的逐年数字之和作分母。假定固定资产使用年限为 n 年，分母即为 $1+2+3+\cdots+n=n(n+1)\div 2$。计算公式为：

公式1：年折旧率＝尚可使用年限÷预计使用年限的逐年数字总和

公式2：年折旧额＝（固定资产原值－预计净残值）×年折旧率

公式3：月折旧额＝（固定资产原值－预计净残值）×月折旧率

例4－51 3种折旧方法的比较

雷顿公司的一台小型机床，原值为50 000元，预计使用年限为5年，预计净残值为2 000元。分别用这三种方法提折旧，如表4－1所示：

表4－1 折旧计算表

三种折旧计提方法的比较

单位：元

年份	比较项目	直线法	双倍余额递减法	年限综合法
第1年	当年折旧基数	48 000	50 000	48 000
	年折旧率	1/5＝20%	2/5＝40%	5/（1＋2＋3＋4＋5）＝1/3
	折旧额	9 600	20 000	16 000
第2年	当年折旧基数	48 000	30 000	48 000
	年折旧率	1/5＝20%	2/5＝40%	4/（1＋2＋3＋4＋5）＝4/15
	折旧额	9 600	12 000	12 800
第3年	当年折旧基数	48 000	18 000	48 000
	年折旧率	1/5＝20%	2/5＝40%	3/（1＋2＋3＋4＋5）＝1/5
	折旧额	9 600	7 200	9 600

（续表）

年份	比较项目	直线法	双倍余额递减法	年限综合法
第4年	当年折旧基数	48 000	8 800	48 000
	年折旧率	1/5 = 20%	0.5	2/（1 + 2 + 3 + 4 + 5） = 2/15
	折旧额	9 600	4 400	6 400
第5年	当年折旧基数	48 000	8 800	48 000
	年折旧率	1/5 = 20%	0.5	1/（1 + 2 + 3 + 4 + 5） = 1/15
	折旧额	9 600	4 400	3 200

注：双倍余额递减法计算折旧，初期不考虑净残值，在最后两年才涉及净残值，且平摊剩余的。

①直线法折旧，折旧额每年都相等。其余两种方法，双倍余额递减法是折旧率不变，余额递减，相乘后得出递减的折旧额；而年限总和法是用递减的折旧率乘以固定的基数，也得出递减的折旧额。

②双倍余额递减法，在使用的最后两年，用原值减去累计折旧再减去净残值后的额，分别平摊在最后两年，最后两年不涉及折旧率的问题。

③5年后，每种方法的账面都会剩余净残值2 000元。

4.8.5 固定资产的处置

企业在生产经营过程中对不需用或不适用的固定资产，可对外出售，对那些由于技术进步等原因，或由于遭受自然灾害等非常损失发生毁损的固定资产应及时进行清理。因此，固定资产减少的方式主要有出售、调出、报废、毁损、盘亏、投资转出或捐赠转出等。

《企业会计准则》规定：固定资产满足下列条件之一的，应当予以终止确认，如图4－53所示：

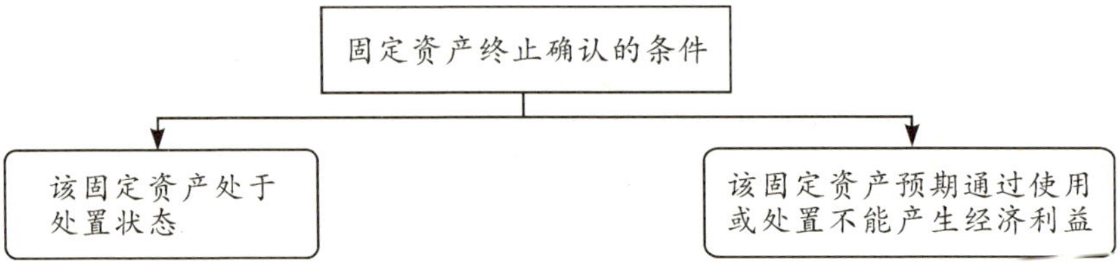

图4－53 固定资产终止确认的条件

企业持有待售的固定资产，应当对其预计净残值进行调整。企业出售、转让、报废固定资产或发生固定资产毁损，应当将处置收入扣除账面价值和相关税费后的金额计入当期损益。固定资产的账面价值是固定资产成本扣减累计折旧和累计减值准备后的金额。固定资产盘亏造成的损失，应当计入当期损益。企业根据准则的规定，将发生的固定资产后续支出计入固定资产成本的，应当终止确认被替换部分的账面价值。

1. 核算的基本程序

企业出售、报废、毁损等原因减少的固定资产，应在“固定资产清理”账户核算。如图 4－54 所示，其核算的基本程序如下：

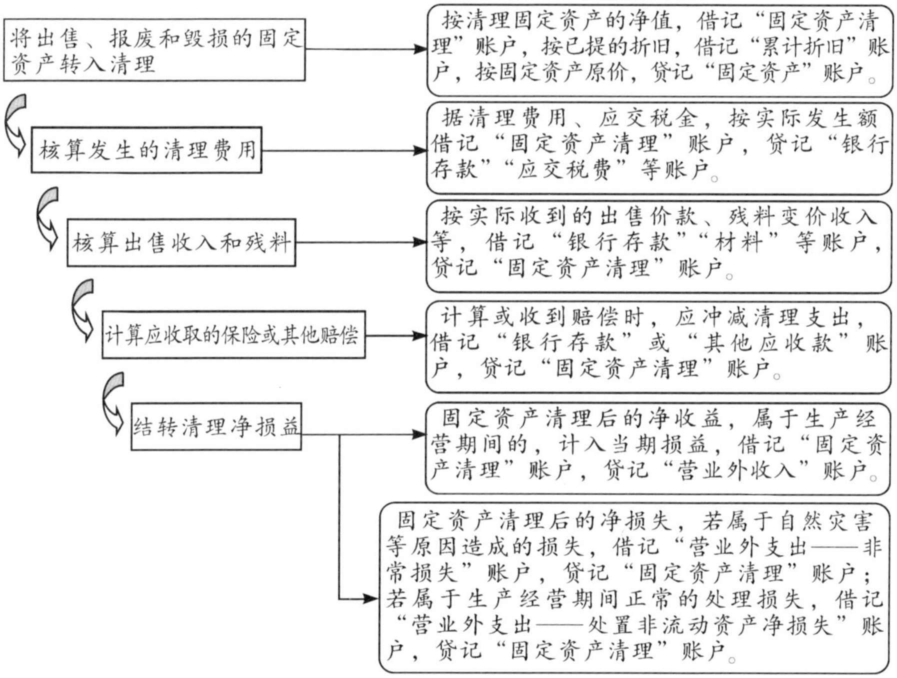

图 4－54 固定资产核算的基本程序

2. 固定资产报废的账务处理

固定资产的报废有的属于正常报废，有的属于非正常报废。正常报废包括：使用磨损报废和由于技术进步而发生的提前报废；非正常报废主要是指自然灾害和责任事故所致。

固定资产正常报废与非正常报废的账务处理基本相同。举例如下：

例 4－52 固定资产报废的账务处理

雷顿公司有旧厂房一幢，原值 450 000 元，已提折旧 435 000 元，因使用期满经批准报废。在清理过程中，以银行存款支付清理费用 12 700 元，拆除的残料一部分作价 15 000 元，由仓库收作维修材料，另一部分变卖收入 6 800 元存入银行，暂不考虑相关税费。进行账务处理如下：

（1）固定资产转入清理时：

借：固定资产清理　　15 000

　　累计折旧　　435 000

　　贷：固定资产　　450 000

（2）支付清理费用：

借：固定资产清理　　12 700

　　贷：银行存款　　12 700

（3）材料入库并收到变价收入：

借：原材料　　15 000

　　银行存款　　6 800

　　贷：固定资产清理　　21 800

（4）结转固定资产清理净损益：

借：营业外支出——处置非流动资产净损失　　5 900

　　贷：固定资产清理　　5 900

例 4－53 固定资产报废的账务处理

雷顿公司有运输卡车一辆，原价 150 000 元，已提折旧 50 000 元，在一次交通事故中报废，收回过失人赔偿款 80 000 元，卡车残料变卖收入

5 000 元，暂不考虑相关税费。进行账务处理如下：

（1）将报废卡车转销：

借：固定资产清理　　100 000

　　累计折旧　　50 000

　　贷：固定资产　　150 000

（2）收到过失人赔款及残料变卖收入：

借：银行存款　　85 000

　　贷：固定资产清理　　85 000

（3）结转固定资产净损益：

借：营业外支出　　15 000

　　贷：固定资产清理　　15 000

3. 固定资产出售的账务处理

企业因调整经营方针或因考虑技术进步等因素，决定将不需用的固定资产出售给其他企业。

例 4 – 54　固定资产出售的账务处理

雷顿公司出售一座建筑物，原价 2 000 000 元，已使用 6 年，计提折旧 300 000 元，支付清理费用 10 000 元，出售收入为 1 900 000 元，假设不考虑相关税务因素，暂不考虑相关税费。进行账务处理如下：

（1）固定资产转入清理：

借：固定资产清理　　1 700 000

　　累计折旧　　300 000

　　贷：固定资产　　2 000 000

（2）支付清理费用：

借：固定资产清理　　10 000

　　贷：银行存款　　10 000

（3）收到价款：

借：银行存款　　1 900 000

　　贷：固定资产清理　　1 900 000

（4）结转固定资产清理后的净收益：

借：固定资产清理　　190 000

　　贷：营业外收入——处置非流动资产净收益　　190 000

4.8.6 固定资产的后续支出

固定资产的后续支出，是指企业的固定资产投入使用后，为了适应新技术发展的需要，或者为了维护或提高固定资产的使用效能，而对现有固定资产进行维护、改建、扩建或者改良等所发生的各项必要支出。

根据企业会计准则的规定，企业发生固定资产后续支出时，需要对支出的性质进行分析，确定这些支出应该资本化还是费用化，并分别采用不同的方法进行核算。固定资产的更新改造等后续支出，满足准则规定确认条件（与该固定资产有关的经济利益很可能流入企业；该固定资产的成本能够可靠地计量）的，应当计入固定资产成本，如有被替换的部分，应扣除其账面价值；不满足本准则第四条规定确认条件的固定资产修理费用等，应当在发生时计入当期损益。

1. 技术改造工程支出

企业通过对厂房进行改建、扩建而使其更加坚固耐用，延长了厂房等固定资产的使用寿命；企业通过对设备的改建，提高了其单位时间内产品的产出数量，提高了机器设备等固定资产的生产能力；企业通过对车床的改良，大大提高了其生产产品的精确度，实现了企业产品的更新换代；企业通过对生产线的改良，促使其大大降低了产品的成本，提高了企业产品的价格竞争力等，通常都表明后续支出提高了固定资产原定的创利能力。企业根据会计准则的规定，将发生的固定资产后续支出计入固定资产成本的，应当终止确认被替换部分的账面价值。

当应资本化的固定资产发生后续支出时，企业应按照如图 4－55 所示的顺序进行处理：

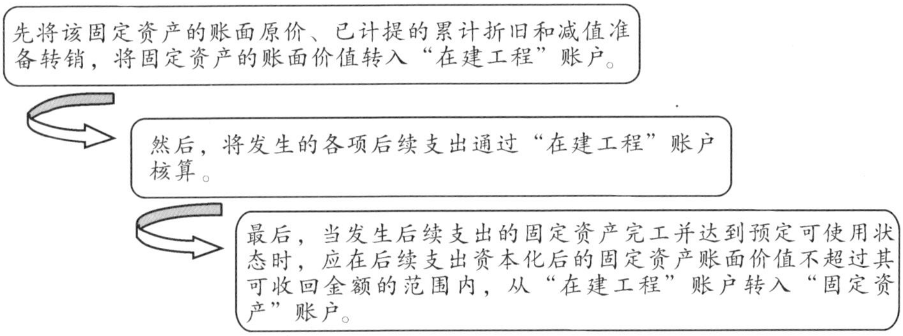

图 4－55　应资本化的固定资产发生后续支出时的处理顺序

例 4－55　固定资产技术改造或改良支出的账务处理

2014 年 9 月 1 日，雷顿公司所拥有的一条生产线，其账面原价为 860 000元，累计已提折旧为 500 000 元，账面价值为 360 000 元；由于生产的产品适销对路，现有生产线的生产能力已难以满足企业生产发展的需要，经过可行性研究，企业决定对现有生产线进行扩建，以提高其生产能力；扩建工程从 2014 年 9 月 1 日起至 11 月 30 日止，历时 3 个月，共发生支出 400 000 元，全部以银行存款支付；该生产线扩建工程达到预定可使用状态后，预计其使用寿命将延长 5 年（为简化计算过程，假设扩建过程中无其他相关税费），该生产线已交付使用。

本例中，由于对生产线的扩建支出，提高了生产线的生产能力并延长了其使用寿命，因此，此项后续支出应予以资本化，即增加固定资产的账面价值。其账务处理方法如下：

（1）2014 年 9 月 1 日生产线转入扩建时，进行账务处理如下：

借：在建工程　　　　360 000

　　累计折旧　　　　500 000

贷：固定资产　　860 000

（2）2014 年 9 月 1 日至 11 月 30 日，发生各项后续支出时，进行账务处理如下：

借：在建工程　　400 000

贷：银行存款　　400 000

（3）2014 年 11 月 30 日，生产线扩建工程达到预定可使用状态并交付使用时，进行账务处理如下：

借：固定资产　　760 000

贷：在建工程　　760 000

2. 维护和修理支出的账务处理

固定资产的大修理、中小修理等维护性支出，通常在发生时直接计入当期损益。一般情况下，固定资产投入使用之后，由于固定资产磨损、各组成部分的耐用程度不同，可能导致固定资产的局部损坏，为了维护固定资产的正常运转和使用，充分发挥其使用效能，企业就需要对固定资产进行必要的维护。

企业发生的固定资产维护支出只是确保固定资产处于正常工作状态，它并不导致固定资产性能的改变和固定资产未来经济利益的增加。因此，企业应在固定资产维护支出发生时，根据固定资产的使用地点和用途，一次性直接计入当期的有关费用。即借记“制造费用”“销售费用”“管理费用”“其他业务支出”等账户，贷记“银行存款”等账户。

例 4－56　应费用化的固定资产后续支出的账务处理

雷顿公司委托外单位对行政管理部门办公用的计算机进行维修，以银行存款支付维修费 5 000 元。本例中，由于对计算机的维修，仅仅是为了维护固定资产的正常使用而发生的，因此，雷顿公司应在该项固定资产后续支出发生时确认为当期费用。进行账务处理如下：

借：管理费用　　　　　　　　　　　　　　　　5 000

　　贷：银行存款　　　　　　　　　　　　　　　　5 000

4.9　无形资产相关业务的账务处理

4.9.1　无形资产的概念和特征

无形资产是指企业拥有或者控制的没有实物形态的可辨认的非货币性资产。无形资产具有三个主要特征，如图 4－56 所示：

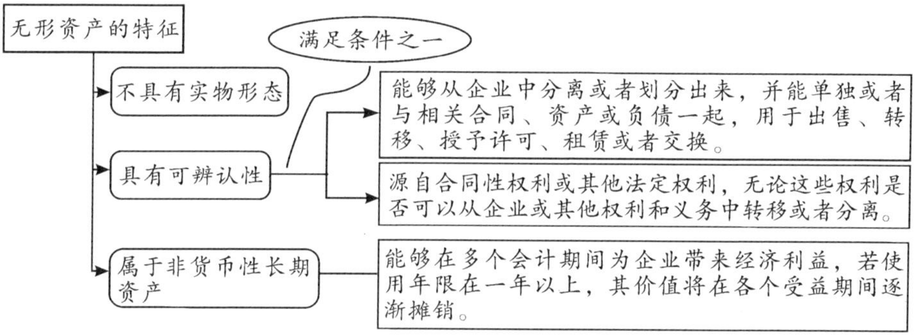

图 4－56　无形资产的特征

4.9.2　无形资产的确认

如图 4－57 所示，无形资产同时满足以下条件时才能予以确认：

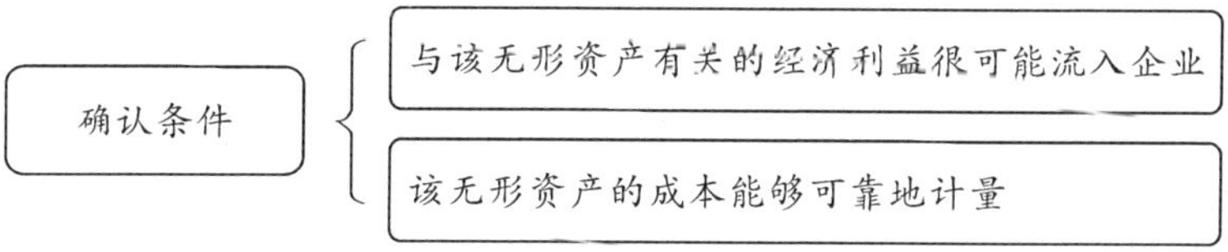

图 4－57　无形资产的确认条件

4.9.3　无形资产的构成

无形资产主要包括专利权、非专利技术、商标权、著作权、土地使用权、特许权等。如图 4－58 所示：

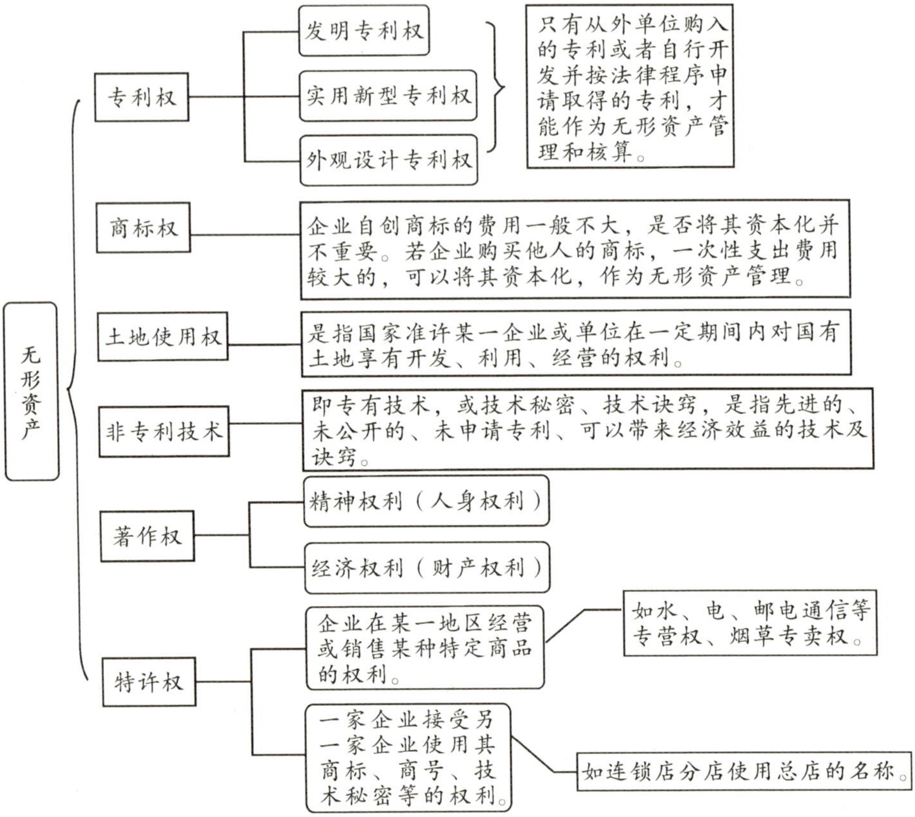

图 4－58　无形资产的构成

4.9.4　无形资产的账务处理

1. 无形资产业务的常用科目

为了核算无形资产的取得、摊销和处置等情况，企业应当设置“无形资产”“累计摊销”等科目。科目的性质如图 4－59 所示：

“无形资产”科目	核算企业持有的无形资产成本，借方登记取得无形资产的成本，贷方登记出售无形资产转出的无形资产账面余额，期末借方余额，反映企业无形资产的成本。
“累计摊销”科目	核算企业对使用寿命有限的无形资产计提的累计摊销，贷方登记企业计提的无形资产摊销，借方登记处置无形资产转出的累计摊销，期末贷方余额，反映企业无形资产的累计摊销额。
“无形资产减值准备”科目	核算企业无形资产发生的减值。

图 4－59　无形资产业务的常用科目的性质

2. 取得无形资产的账务处理

无形资产应当按照成本进行初始计量。企业取得无形资产的主要方式有外购、自行研究开发等。取得的方式不同，其账务处理也有所差别。

（1）外购无形资产

外购无形资产的成本包括购买价款、相关税费以及直接归属于使该项资产达到预定用途所发生的其他支出。

例 4－57　取得无形资产的账务处理

雷顿公司购入一项非专利技术，支付的买价和有关费用合计 900 000 元，以银行存款支付。雷顿公司应作如下账务处理：

借：无形资产——非专利技术品　　　　900 000

　　贷：银行存款　　　　900 000

（2）自行研究开发无形资产

企业内部研究开发项目所发生的支出应区分研究阶段支出和开发阶段支出，企业自行开发无形资产发生的研发支出，不满足资本化条件的，借记“研发支出——费用化支出”科目，满足资本化条件的，借记“研发支出——资本化支出”科目，贷记“原材料”“银行存款”“应付职工薪酬”等科目。研究开发项目达到预定用途形成无形资产的，应按“研发支出——资本化支出”科目的余额，借记“无形资产”科目，贷记“研发支出——资本化支出”科目。期（月）末，应将“研发支出——费用化支出”科目归集的金额转入“管理费用”科目，借记“管理费用”科目，贷记“研发支出——费用化支出”科目。

例 4－58　自行研究开发无形资产的账务处理

雷顿公司自行研究开发一项技术，截至 2013 年 12 月 31 日，发生研发支出合计 2 000 000 元，经测试该项研发活动完成了研究阶段，从 2014 年 1 月 1 日开始进入开发阶段。

2014 年发生研发支出 300 000 元，假定符合《企业会计准则第 6 号——无形资产》规定的开发支出资本化的条件。2014 年 6 月 30 日，该项研发活动结束，最终开发出一项非专利技术。雷顿公司应作如下账务处理：

（1）2013 年发生的研发支出：

借：研发支出——费用化支出　　2 000 000

　　贷：银行存款等　　2 000 000

（2）2013 年 12 月 31 日，发生的研发支出全部属于研究阶段的支出：

借：管理费用　　2 000 000

　　贷：研发支出——费用化支出　　2 000 000

（3）2014 年，发生开发支出并满足资本化确认条件：

借：研发支出——资本化支出　　300 000

　　贷：银行存款等　　300 000

（4）2014 年 6 月 30 日，该技术研发完成并形成无形资产：

借：无形资产　　300 000

　　贷：研发支出——资本化支出　　300 000

3. 无形资产的摊销

企业应当于取得无形资产时分析判断其使用寿命。使用寿命有限的无形资产应进行摊销。使用寿命不确定的无形资产不应摊销。使用寿命有限的无形资产，其残值应当视为零。对于使用寿命有限的无形资产应当自可供使用（即其达到预定用途）当月起开始摊销，处置当月不再摊销。

无形资产摊销方法包括直线法、生产总量法等。企业选择的无形资产的摊销方法，应当反映与该项无形资产有关的经济利益的预期实现方式。无法可靠确定预期实现方式的，应当采用直线法摊销。

企业应当按月对无形资产进行摊销。无形资产的摊销额一般应当计入当期损益，企业自用的无形资产，其摊销金额计入管理费用；出租的无形资产，其摊销金额计入其他业务成本。某项无形资产包含的经济利益通过所生产的产品被其他资产实现的，其摊销金额应当计入相关资产成本。

例 4－59　无形资产摊销的账务处理

雷顿公司购买了一项特许权，成本为 4 800 000 元，合同规定受益年限为 10 年，雷顿公司每月应摊销 40 000 元（4 800 000 ÷ 10 ÷ 12）。每月摊销时，雷顿公司应作如下账务处理：

借：管理费用　　40 000

　　贷：累计摊销　　40 000

例 4－60　无形资产摊销的账务处理

2014 年 1 月 1 日，雷顿公司将其自行开发完成的非专利技术出租给丁公司，该非专利技术成本为 3 600 000 元，双方约定的租赁期限为 10 年，雷顿公司每月应摊销 30 000 元（3 600 000 ÷ 10 ÷ 12）。每月摊销时，雷顿公司应作如下账务处理：

借：其他业务成本　　30 000

　　贷：累计摊销　　30 000

4. 无形资产的处置

企业处置无形资产，应当将取得的价款扣除该无形资产账面价值以及出售相关税费后的差额记入营业外收入或营业外支出。

例 4-61 无形资产处置的账务处理

雷顿公司将其购买的一项专利权转让给 C 公司，该专利权的成本为 600 000元，已摊销 220 000 元，应交增值税销项税额 30 000 元，实际取得的转让价款为 500 000 元，款项已存入银行。雷顿公司应作如下账务处理：

借：银行存款	500 000	
累计摊销	220 000	
贷：无形资产		600 000
应交税费		30 000
营业外收入——非流动资产处置利得		90 000

5. 无形资产的减值

无形资产在资产负债表日存在可能发生减值的迹象时，其可收回金额低于账面价值的，企业应当将该无形资产的账面价值减记至可收回金额，减记的金额确认为减值损失，计入当期损益，同时计提相应的资产减值准备，按应减记的金额，借记“资产减值损失——计提的无形资产减值准备”科目，贷记“无形资产减值准备”科目。无形资产减值损失一经确认，在以后会计期间不得转回。

例 4-62 无形资产减值的账务处理

2014 年 12 月 31 日，市场上某项技术生产的产品销售势头较好，已对雷顿公司产品的销售产生重大不利影响。雷顿公司外购的类似专利技术的账面价值为 800 000 元，剩余摊销年限为 4 年，经减值测试，该专利技术的可收回金额为 750 000 元。

由于该专利权在资产负债表日的账面价值为 800 000 元，可收回金额为 750 000 元，可收回金额低于其账面价值，应按其差额 50 000 元（800 000 – 750 000）计提减值准备。雷顿公司应作如下账务处理：

借：资产减值损失——计提的无形资产减值准备　　50 000

　　贷：无形资产减值准备　　50 000

4.9.5　其他资产业务的账务处理

其他资产是指除货币资金、交易性金融资产、应收及预付款项、存货、长期股权投资、固定资产、无形资产等以外的资产，如长期待摊费用等。

长期待摊费用是指企业已经发生但应由本期和以后各期负担的分摊期限在一年以上的各项费用，如以经营租赁方式租入的固定资产发生的改良支出等。

例 4 – 63　长期待摊费用的账务处理

2019 年 4 月 1 日，雷顿公司对其以经营租赁方式新租入的办公楼进行装修，发生以下有关支出：须用生产用材料 500 000 元，购进该批原材料时支付的增值税进项税额为 80 000 元；辅助生产车间为该装修工程提供的劳务支出为 180 000 元；有关人员工资等职工薪酬 435 000 元。2019 年 12 月 1 日，该办公楼装修完工，达到预定可使用状态并交付使用，并按租赁期 10 年开始进行摊销。假定不考虑其他因素，雷顿公司应作如下账务处理：

（1）装修领用原材料时：

借：长期待摊费用　　580 000

　　贷：原材料　　500 000

　　　　应交税费——应交增值税（进项税额转出）　　80 000

（2）辅助生产车间为装修工程提供劳务时：

借：长期待摊费用 180 000

　　贷：生产成本——辅助生产成本 180 000

（3）确认工程人员职工薪酬时：

借：长期待摊费用 435 000

　　贷：应付职工薪酬 435 000

（4）2019 年 12 月摊销装修支出时：

借：管理费用 9 958

　　贷：长期待摊费用 9 958

本章实操要点及易错点

掌握存货的计价方法；掌握短期投资和长期股权投资的账务处理；掌握固定资产和无形资产的账务处理。

第 5 章 负债类业务的账务处理

本章导读

负债是指企业过去的交易或者事项形成的、预期会导致经济利益流出企业的现时义务。按照负债的流动性，可以划分为长期负债和流动负债。

长期负债是指偿还期在 1 年或者超过 1 年的 1 个营业周期以上的负债，包括：长期借款、应付债券、长期应付款项等。流动负债是指将在 1 年（含 1 年）或超过 1 年的 1 个营业周期内偿还的债务，包括短期借款、应付票据、应付账款、预收账款、应付工资、应付福利费、应付股利、应交税金、其他暂收应付款项、预提费用和 1 年内到期的长期借款等。

在本章中，我们主要解决以下问题：

（1）流动负债业务如何进行账务处理？

（2）长期负债业务如何进行账务处理？

（3）应付职工薪酬如何进行账务处理？

（4）应交税费业务如何进行账务处理？

5.1 应付账款的账务处理

5.1.1 应付账款的确认与计量

应付账款是指因购买材料、商品或接受劳务供应等而发生的债务。这种负债通常是由于交易双方在商品购销和提供劳务等活动中由于取得物资或接受劳务与支付价款在时间上不一致而产生的。

应付账款入账时间的确定，应以所购买物资的所有权转移或接受劳务已发生为标志。但在实际商品购销活动中，可分为以下两种情况进行处理，如图 5－1 所示：

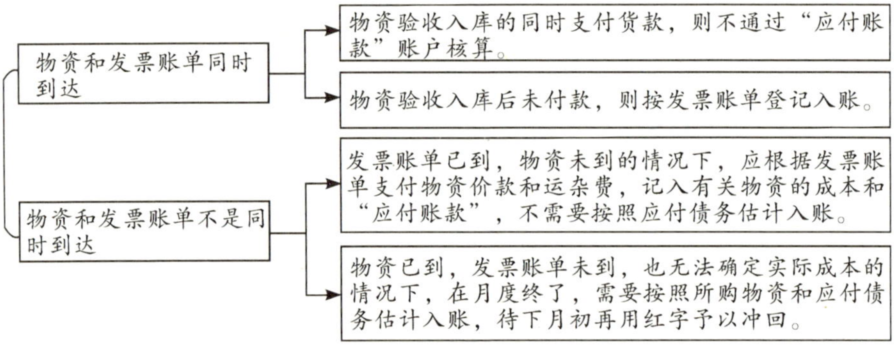

图 5－1　应付账款的确认与计量

应付账款一般按应付金额入账，而不按到期应付金额的现值入账。如果购入的资产在形成一笔应付账款时是带有现金折扣的，应付账款入账金额按发票上记载的应付金额的总值（即不扣除折扣）确定。在这种方法下，应按发票上记载的全部应付金额，借记有关账户，贷记“应付账款”账户；现金折扣实际获得时，冲减财务费用。应付账款一般在较短期限内支付，但有时应付账款由于债权单位撤销或其他原因而无法支付，无法支付的应付款项直接转入营业外收入。

5.1.2　应付账款的账务处理

为了总括反映和监督企业因购买材料、商品和接受劳务供应等产生的债务及其偿还情况，企业应设置“应付账款”账户。该账户的结构及性质如图 5－2 所示：

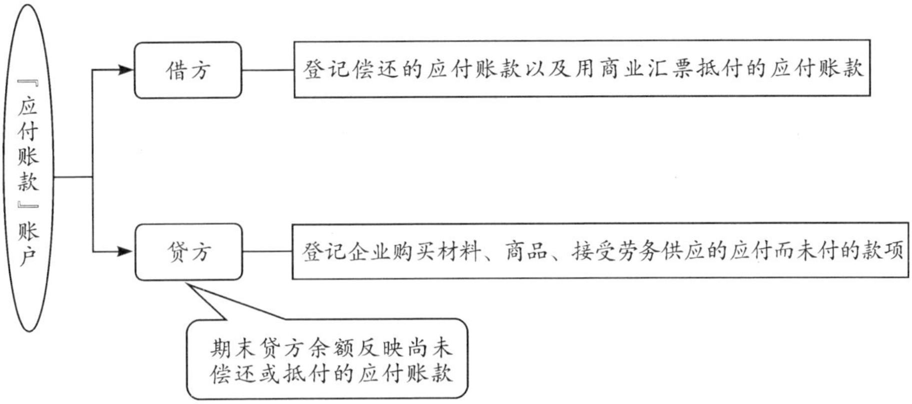

图 5－2　“应付账款”账户的结构及性质

企业购入材料、商品等时，若货款尚未支付，根据有关凭证（发票账单、随货同行发票上记载的实际价款或暂估价值），借记“材料采购”“在途物资”等账户，按可抵扣的增值税额，借记“应交税费——应交增值税（进项税额）”等账户，按应付的价款，贷记“应付账款”账户。企业接受供应单位提供劳务而发生的应付未付款项，根据供应单位的发票账单，借记“生产成本”“管理费用”等账户，贷记“应付账款”账户。

企业开出承兑商业汇票抵付应付账款，借记“应付账款”账户，贷记“应付票据”账户。企业偿付应付款时，借记“应付账款”账户，贷记“银行存款”账户。企业将应付账款划转出去或者确实无法支付的应付账款，应按其账面余额，借记“应付账款”账户，贷记“营业外收入——其他”账户。

例 5－1 应付账款的账务处理

雷顿公司向 A 公司购入材料一批，价款 50 000 元，增值税税率 16%，付款条件为“2/10，n/30”（即在 10 天内付款可以享受 2% 的现金折扣，10～30 天付款不享受现金折扣）。材料已验收入库，货款暂欠。雷顿公司应作如下账务处理：

（1）借：原材料　50 000

　　应交税费——应交增值税（进项税额）　8 000

　　贷：应付账款——A 公司　58 000

（2）若 10 天内付款：

借：应付账款——A 公司　58 000

　贷：银行存款　57 340

　　财务费用　1 160

5.2 应付票据的账务处理

5.2.1 应付票据的概念

应付票据是由出票人出票，委托付款人在指定日期无条件支付确定的金额给收款人或者持票人的票据。应付票据也是委托付款人允诺在一定时期内支付一定款额的书面证明。其与应付账款的异同点如图 5－3 所示：

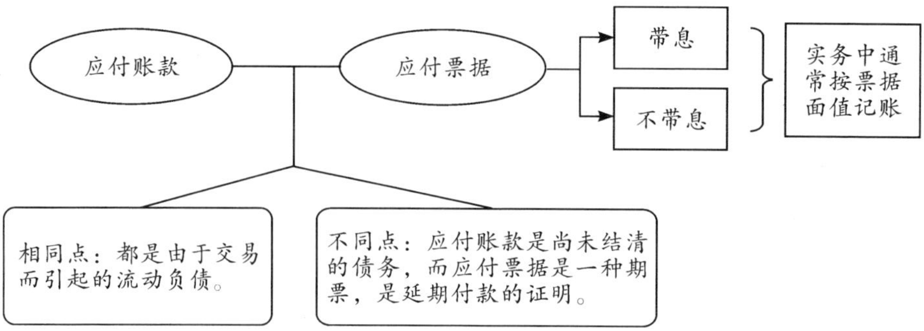

图 5－3 应付账款与应付票据的异同点

5.2.2　应付票据的账务处理

为了反映企业购买材料、商品和接受劳务供应等而开出、承兑商业汇票的情况，企业应设置“应付票据”账户。该账户贷方登记开出的商业汇票面值和应计利息，借方登记支付票据的款项，期末贷方余额反映企业开出的尚未到期的应付票据本息。其账务处理如图 5 -4 所示：

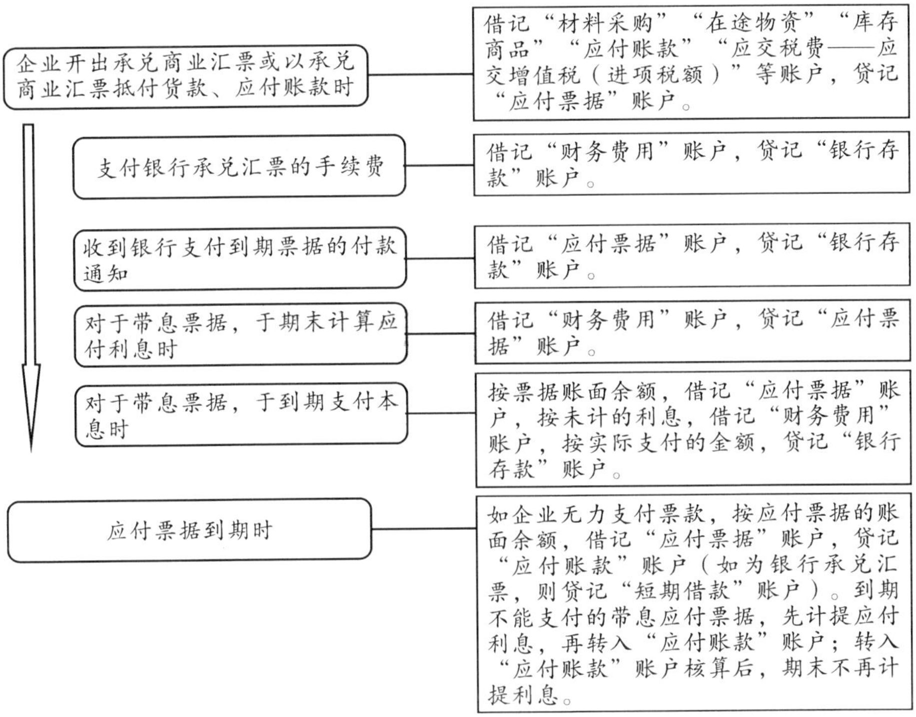

图 5 -4　应付票据的账务处理

此外，企业应当设置“应付票据备查簿”，详细登记每一张应付票据的种类、号数、签发日期、到期日、票面金额、票面利率、合同交易号、收款人姓名或单位名称，以及付款日期和金额等资料。应付票据到期结清时，应当在备查簿内逐笔注销。

例5－2 应付票据的账务处理

雷顿公司（系一般纳税企业）2019年2月1日购入一批价格为300 000元的商品（尚未验收入库），收到增值税专用发票一张，注明增值税额48 000元；同时出具了一张期限为3个月的带息商业汇票，年利率为4%。根据上述资料，该公司应作如下账务处理：

（1）2019年2月1日购入商品时：

借：在途物资　　300 000

　　应交税费——应交增值税（进项税额）　　48 000

　　贷：应付票据　　348 000

（2）2019年3月31日，计算2个月的应付利息2 320元（348 000×4%×2÷12）：

借：财务费用　　2 320

　　贷：应付票据　　2 320

（3）2019年5月1日到期付款时：

借：应付票据　　350 320

　　财务费用　　1 160

　　贷：银行存款　　351 480

（4）2019年5月1日到期无力付款时：

借：财务费用　　1 160

　　贷：应付票据　　1 160

同时将该商业汇票的账面余额结转，如为商业承兑汇票时：

借：应付票据　　350 320

　　贷：应付账款　　350 320

如为银行承兑汇票时：

借：应付票据　　350 320

　　贷：短期借款　　350 320

应付票据结转后，不再计提应付利息。

5.3 其他应付款的账务处理

5.3.1 其他应付款的概念

其他应付款是指与企业购销业务没有直接关系的应付、暂付款项，包括应付租入包装物的租金、经营租入固定资产的应付租金、出租或出借包装物收取的押金、应付及暂收其他单位的款项、应付职工统筹退休金等。

为此应设置“其他应付款”账户进行核算。该账户的贷方登记发生的各种应付、暂收款项，借方登记偿还或转销的各种应付暂收款项，余额在贷方，表示应付未付款项。本账户应按应付、暂收款项的类别设置明细账户。

5.3.2 其他应付款的账务处理

企业发生各种应付、暂收款项时，借记“银行存款”“管理费用”等账户，贷记“其他应收款”账户；支付或退回有关款项时，借记“其他应付款”账户，贷记“银行存款”等账户。

例 5－3　其他应付款的账务处理

雷顿公司将一台设备出租给 B 企业，租期 3 个月，收取押金 1 500 元，存入银行。进行账务处理如下：

（1）收到押金时：

借：银行存款　　1 500

　　贷：其他应付款——B 企业　　1 500

（2）3 个月后，B 企业退还该设备后，退还其押金：

借：其他应付款——B 企业　　1 500

　　贷：银行存款　　1 500

（3）假设3个月后，B企业对设备保管不善，按租约规定，扣押金的50%作为罚款，其余押金退还B企业，则进行账务处理如下：

借：其他应付款——B企业　　1 500

　　贷：其他业务收入　　750

　　　　银行存款　　750

5.4 应付职工薪酬的账务处理

职工薪酬是指企业为获得职工提供的服务而给予各种形式的报酬以及其他相关支出。换言之，职工薪酬就是企业在职工在职期间和离职后提供的全部货币性薪酬和非货币性福利，包括提供给职工本人的薪酬，以及提供给职工配偶、子女或其他被赡养人的福利等。

5.4.1 企业职工薪酬的确认与计量原则

1. 劳动关系补偿的确认与计量

企业在职工为其提供服务的会计期间，除解除劳动关系补偿（也称辞退福利）全计入当期费用以外，其他职工薪酬均应根据职工提供服务的受益对象，将应确认的职工薪酬（包括货币性薪酬和非货币性福利）计入相关资产成本或当期费用，同时确认为应付职工薪酬负债。如图5－5所示：

- 由生产产品、提供劳务负担的职工薪酬，计入产品成本或劳务成本
- 由在建工程、无形资产负担的职工薪酬，计入建造固定资产或无形资产成本
- 其他职工薪酬，计入当期损益

图5－5　劳动关系补偿的确认与计量

2. 企业为职工缴纳的社会保险的确认与计量

企业为职工缴纳的医疗保险费、养老保险费、失业保险费、工伤保险费、生育保险费等社会保险费和住房公积金，应当在职工为其提供服务的会计期间，根据工资总额的一定比例计算，并按照上述“劳动关系补偿的确认与计量”的办法处理。

在企业应付给职工的各种薪酬中，国家有规定计提基础和计提比例的，应当按照国家规定的标准计提。比如，应向社会保险经办机构等缴纳的医疗保险费、养老保险费（包括根据企业年金计划向企业年金基金相关管理人缴纳的补充养老保险费）、失业保险费、工伤保险费、生育保险费等社会保险费，应向住房公积金管理机构缴存的住房公积金，以及工会经费和职工教育经费等。

国家没有规定计提基础和计提比例的，如职工福利费等，企业应当根据历史经验数据和实际情况，合理预计当期的应付职工薪酬。当期实际发生金额大于预计金额的，应当补提应付职工薪酬；当期实际发生金额小于预计金额的，应当冲回多提的应付职工薪酬。在资产负债表日至财务报告批准报出日之间的期间，如有确凿证据表明需要调整资产负债表日原确认的应付职工薪酬的，应当按照《企业会计准则第 29 号——资产负债表日后事项》处理。

对于在职工提供服务的会计期末以后 1 年以上到期的应付职工薪酬，企业应当选择合理的折现率，以应付职工薪酬折现后金额，计入相关资产成本或当期费用；应付职工薪酬金额与其折现后金额相差不大的，也可以未折现金额计入相关资产成本或当期费用。

3. 非货币性福利的确认与计量

对于非货币性福利的确认与计量，如图5－6所示：

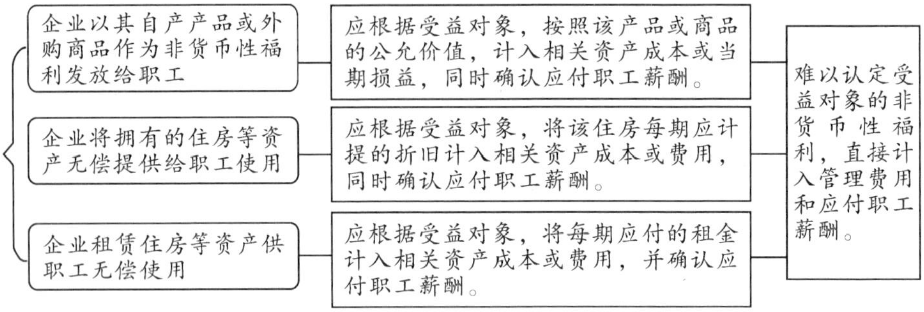

图5－6　非货币性福利的确认与计量

5.4.2　应付职工薪酬的账务处理

企业应设置“应付职工薪酬”账户，核算企业根据有关规定应付给职工的各种薪酬，贷方登记本月实际发生的应付职工薪酬总额，即应付职工薪酬的分配数，借方登记本月实际支付的各种应付职工薪酬，期末贷方余额反映企业尚未支付的应付职工薪酬。该账户应当按照“工资”“职工福利”“社会保险费”“住房公积金”“工会经费”“职工教育经费”“非货币性福利”“辞退福利”“股份支付”等应付职工薪酬项目进行明细核算。

1. 企业支付应付职工薪酬时的处理

如图5－7所示，企业支付应付职工薪酬时应进行如下处理：

企业按有关规定向职工支付工资、奖金、津贴等	借记“应付职工薪酬”账户，贷记“银行存款”“库存现金”等账户。
企业从应付职工薪酬中扣还的各种款项（代垫的家属药费、个人所得税等）	借记“应付职工薪酬”账户，贷记“其他应收款”“应交税费——应交个人所得税”等账户。
企业向职工支付职工福利费	借记“应付职工薪酬”账户，贷记“银行存款”“库存现金”等账户。
企业支付工会经费和职工教育经费用于工会运作和职工培训	借记“应付职工薪酬”账户，贷记“银行存款”等账户。
企业按照国家有关规定缴纳社会保险费和住房公积金	借记“应付职工薪酬”账户，贷记“银行存款”账户。
企业因解除与职工的劳动关系向职工给予的补偿	借记“应付职工薪酬”账户，贷记“银行存款”“库存现金”等账户。
在行权日，企业以现金与职工结算股份支付	借记“应付职工薪酬”账户，贷记“银行存款”“库存现金”等账户。

图 5－7　企业支付应付职工薪酬时的处理

2. 企业分配职工薪酬的账务处理

企业应当根据职工提供服务的受益对象，对发生的职工薪酬分配的账务进行处理。其中，生产部门的职工薪酬，借记“生产成本”“制造费用”“劳务成本”账户，贷记“应付职工薪酬”账户。管理部门的职工薪酬，借记“管理费用”账户，贷记“应付职工薪酬”账户。销售部门的职工薪酬，借记“销售费用”账户，贷记“应付职工薪酬”账户。

应由在建工程、研发支出负担的职工薪酬，借记“在建工程”“研发支出”账户，贷记“应付职工薪酬”账户。因解除与职工的劳动关系给予的补偿，借记“管理费用”账户，贷记“应付职工薪酬”账户。在等待期内每个资产负债表日，根据股份支付准则确定的金额，借记“管理费用”等账户，贷记“应付职工薪酬”账户。在可行权日之后，根据股份支付准则确定的金额，借记或贷记“公允价值变动损益”账户，贷记或借记“应付职工薪酬”账户。

外商投资企业按规定从净利润中提取的职工奖励及福利基金，也在“应付职工薪酬”账户核算。外商投资企业按规定从净利润中提取的职工奖励及福利基金，借记“利润分配——提取的职工奖励及福利基金”账户，贷记“应付职工薪酬”账户。

例 5－4　企业分配职工薪酬的账务处理

雷顿公司本月应付职工薪酬总额为 205 000 元，其中，车间生产工人工资 150 000 元，车间管理人员工资 20 000 元，厂部行政管理人员工资 15 000 元，从事专项工程人员工资 10 000 元，离退休人员工资 5 000 元，生产工人其他福利 5 000 元。该公司月末应进行如下的账务处理：

借：生产成本	155 000	
制造费用	20 000	
管理费用	20 000	
在建工程	10 000	
贷：应付职工薪酬		205 000

该公司以银行存款实际发放时，应编制如下会计分录：

借：应付职工薪酬	205 000	
贷：银行存款		205 000

3. 非货币性福利的账务处理

企业以其自产产品发给职工作为职工薪酬的，借记“管理费用”“生产成本”“制造费用”等账户，贷记“应付职工薪酬”账户。企业以其自产产品发放给职工的，借记“应付职工薪酬”账户，贷记“主营业务收入”账户，同时，还应结转产成品的成本。涉及增值税销项税额的，还应进行相应的处理。

无偿向职工提供住房等资产使用的，按应计提的折旧额，借记“管理费用”等账户，贷记“应付职工薪酬”账户；同时，借记“应付职工薪酬”账户，贷记“累计折旧”账户。租赁住房等资产供职工无偿使用的，每期应支付的租金，借记“管理费用”等账户，贷记“应付职工薪酬”账户。

企业支付租赁住房等资产供职工无偿使用所发生的租金，借记“应付职工薪酬”账户，贷记“银行存款”等账户。

例 5-5　非货币性福利的账务处理

雷顿公司共有职工 200 名，2019 年 2 月，公司以其生产的每台成本为 1 000 元的电视机作为福利发放给公司每个职工。该型号电视机的售价为每台 1 400 元，适用增值税税率为 16%。假定公司职工中 170 名为直接参加生产的人员，30 名为总部管理人员。该公司此项职工福利应作如下账务处理：

电视机的增值税销项税额 = 170 × 1 400 × 16% + 30 × 1 400 × 16%

= 38 080 + 6 720 = 44 800（元）

借：生产成本　　276 080（170 × 1 400 + 38 080）

　　管理费用　　48 720（30 × 1 400 + 6 720）

　　贷：应付职工薪酬　　324 800

借：应付职工薪酬　　324 800

　　贷：主营业务收入　　280 000

　　　　应交税费——应交增值税（销项税额）　　44 800

借：主营业务成本　　200 000

　　贷：库存商品　　200 000

5.5　短期借款的账务处理

企业的借款通常按其流动性或偿还时间的长短，划分为短期借款和长期借款。短期借款是指企业向银行或其他金融机构借入的期限在 1 年（含 1 年）以下的各种借款。

短期借款一般是补充企业生产经营的流动资金，是企业的一项流动负债。借款到期时，除偿还本金外，还需按期支付利息。利息作为财务费用计入损益核算，如果利息分期（季、半年）支付或到期一次支付且数额较大，可采用预提的方法分期计入损益；如果利息按月支付，或者虽然分期（季、半年）支付或到期一次支付但数额较小，可不用预提的方法，而在实际支付利息时直接计入当期损益。

5.5.1 账户的设置

短期借款的账务处理设置“短期借款”账户，贷方登记借入的短期借款，借方登记归还的短期借款，期末余额在贷方，反映尚未归还的短期借款。该账户按债权人设置明细账，并按借款的种类进行明细分类核算。

企业借入各种短期借款时，应借记“银行存款”账户，贷记“短期借款”账户；归还借款时，借记“短期借款”账户，贷记“银行存款”账户。

5.5.2 利息的处理

短期借款的利息，通过“财务费用”“应付利息”等账户核算。短期借款利息一律计入财务费用，预提利息时，借记“财务费用”账户，贷记“应付利息”账户；支付已预提的利息时，借记“预提费用”账户，贷记“银行存款”账户；利息直接支付、不预提的，于付款时借记“财务费用”账户，贷记“银行存款”账户。

例 5－6　短期借款利息的账务处理

高强股份有限公司于2014年1月1日取得银行借款20 000元，期限半年，年利率5%。利息直接支付，不预提。账务处理如下：

借：银行存款　　　　　　　　　　　　　　　　20 000

　　贷：短期借款　　　　　　　　　　　　　　　　20 000

高强股份有限公司于 2014 年 7 月 1 日将借款还本付息。账务处理如下：

借：短期借款　　　　　　　　　　　　　　　　20 000

　　财务费用　　　　　　　　　500（20 000 ×5% ×0.5）

　　贷：银行存款　　　　　　　　　　　　　　　　20 500

例 5－7　短期借款利息的账务处理

雷顿公司于 2014 年 1 月 1 日取得银行借款 100 000 元，期限 9 个月，年利率 6%，该借款到期后按期如数偿还，利息分月预提，按季支付。

（1）1 月 1 日取得借款时，进行账务处理如下：

借：银行存款　　　　　　　　　　　　　　　　100 000

　　贷：短期借款　　　　　　　　　　　　　　　　100 000

（2）1 月末计提当月借款利息时，进行账务处理如下：

借：财务费用　　　　　　　　　　　　　　　　500

　　贷：应付利息　　　　　　　　500（100 000 ×6% ÷12）

（2 月末预提当月利息的处理相同。）

（3）3 月末支付本季度借款利息时，进行账务处理如下：

借：应付利息　　　　　　　　　　　　　　　　1 500

　　贷：银行存款　　　　　　　　　　　　　　　　1 500

（第二、三季度的账务处理同上。）

（4）10 月 1 日到期偿还本金时，进行账务处理如下：

借：短期借款　　　　　　　　　　　　　　　　100 000

　　贷：银行存款　　　　　　　　　　　　　　　　100 000

5.6 应交税费的账务处理

企业根据税法规定应交纳的各种税费包括：增值税、消费税、城市维护建设税、资源税、所得税、土地增值税、房产税、车船使用税、土地使用税、教育费附加、矿产资源补偿费、印花税、耕地占用税等。

企业应通过“应交税费”科目，总括反映各种税费的交纳情况，并按照应交税费项目进行明细核算。该科目的结构与性质如图 5－8 所示：

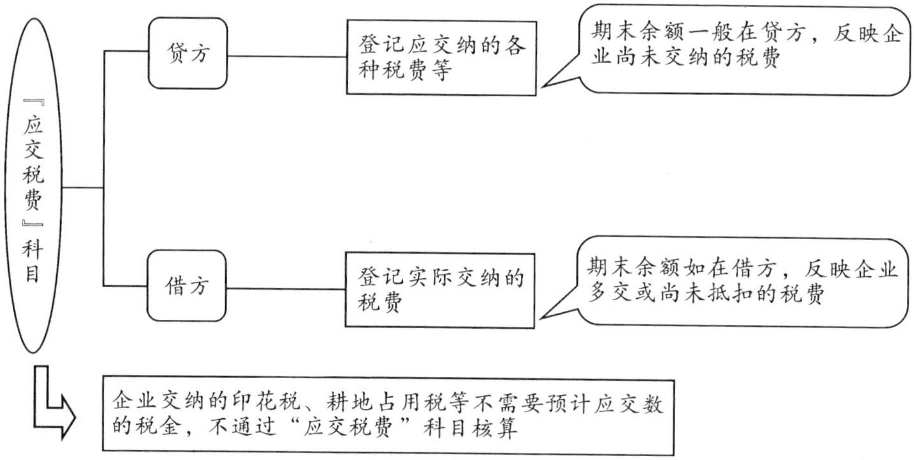

图 5－8　“应交税费”科目的结构与性质

5.6.1　应交增值税

1. 增值税概述

增值税是指对我国境内销售货物、进口货物，或提供加工、修理修配劳务的增值额征收的一种流转税。增值税的纳税人是在我国境内销售货物、进口货物，或提供加工、修理修配劳务的单位和个人。按照纳税人的经营规模及会计核算的健全程度，增值税纳税人分为一般纳税人和小规模纳税人。一般纳税人应纳增值税额，根据当期销项税额减去当期进项税额计算确定；小规模纳税人应纳增值税额，按照销售额和规定的征收率计算确定。

按照《增值税暂行条例》规定，企业购入货物或接受应税劳务支付的增值税（即进项税额），可从销售货物或提供劳务按规定收取的增值税（即销项税额）中抵扣。如图 5 –9 所示，准予从销项税额中抵扣的进项税额通常包括以下两个方面：

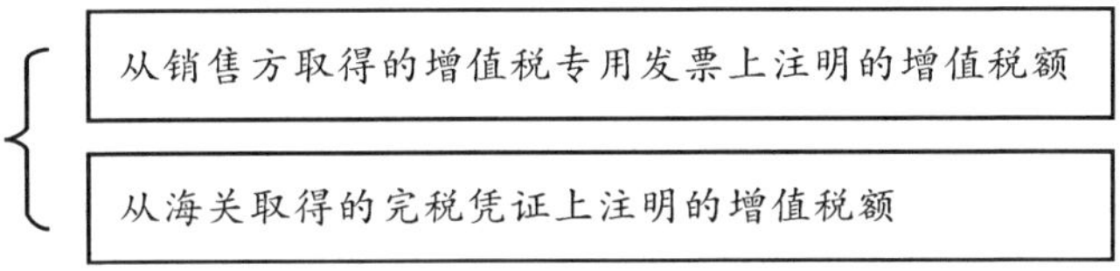

图 5 –9　准予从销项税额中抵扣的进项税额

2. 一般纳税企业的核算

为了核算企业应交增值税的发生、抵扣、交纳、退税及转出等情况，应在“应交税费”科目下设置“应交增值税”明细科目，并在“应交增值税”明细账内设置“进项税额”“已交税金”“销项税额”“出口退税”“进项税额转出”等专栏。

（1）采购物资和接受应税劳务

企业从国内采购物资或接受应税劳务等，根据增值税专用发票上记载的应计入采购成本或应计入加工、修理修配等物资成本的金额，借记“材料采购”“在途物资”“原材料”“库存商品”或“生产成本”“制造费用”“委托加工物资”“管理费用”等科目，根据增值税专用发票上注明的可抵扣的增值税税额，借记“应交税费——应交增值税（进项税额）”科目，按照应付或实际支付的总额，贷记“应付账款”“应付票据”“银行存款”等科目。购入货物发生的退货，作相反的会计分录。

例5-8 采购物资和接受应税劳务时，应交增值税的账务处理

雷顿公司购入原材料一批，增值税专用发票上注明货款60 000元，增值税额9 600元，货物尚未到达，货款和进项税款已用银行存款支付。该企业采用计划成本对原材料进行核算。雷顿公司的有关账务处理如下：

借：材料采购　　60 000

　　应交税费——应交增值税（进项税额）　　9 600

　　贷：银行存款　　69 600

按照《增值税暂行条例》，企业购入免征增值税货物，一般不能够抵扣增值税销项税额。但是对于购入的免税农产品，可以按照买价和规定的扣除率计算进项税额，并准予从企业的销项税额中抵扣。企业购入免税农产品，按照买价和规定的扣除率计算进项税额，借记“应交税费——应交增值税（进项税额）”科目，买价扣除按规定计算的进项税额后的差额，借记“材料采购”“原材料”“库存商品”等科目，按照应付或实际支付的价款，贷记“应付账款”“银行存款”等科目。

例5-9 采购物资和接受应税劳务时，应交增值税的账务处理

雷顿公司购入免税农产品一批，价款100 000元，规定的扣除率为10%，货物尚未到达，货款已用银行存款支付。雷顿公司的有关账务处理如下：

借：材料采购　　90 000

　　应交税费——应交增值税（进项税额）　　10 000

　　贷：银行存款　　100 000

进项税额＝购买价款×扣除率＝100 000×10%＝10 000（元）

企业购进固定资产所支付的不可抵扣的增值税额，应计入固定资产的成本；企业购进的货物用于非应税项目，其所支付的增值税额应计入购入货物的成本。

例 5 – 10　采购物资和接受应税劳务时，应交增值税的账务处理

雷顿公司购入不需要安装设备一台，价款及运输保险等费用合计 300 000 元，增值税专用发票上注明的增值税额 51 000 元，款项尚未支付。雷顿公司的有关账务处理如下：

借：固定资产　　351 000

　　贷：应付账款　　351 000

本例中，企业购进固定资产所支付的增值税额 51 000 元，应计入固定资产的成本。

例 5 – 11　采购物资和接受应税劳务时，应交增值税的账务处理

雷顿公司购入基建工程所用物资一批，价款及运输保险等费用合计 5 000 元，增值税专用发票上注明的增值税额 850 元，物资已验收入库，款项尚未支付。雷顿公司的有关账务处理如下：

借：工程物资　　5 850

　　贷：应付账款　　5 850

本例中，企业购进的货物用于非应税项目所支付的增值税额 850 元，应计入购入货物的成本。

例 5 – 12　采购物资和接受应税劳务时，应交增值税的账务处理

雷顿公司生产车间委托外单位修理机器设备，对方开来的专用发票上注明修理费用 10 000 元，增值税额 1 600 元，款项已用银行存款支付。雷顿公司的有关账务处理如下：

借：制造费用　　10 000

　　应交税费——应交增值税（进项税额）　　1 600

　　贷：银行存款　　11 600

（2）进项税额转出

企业购进的货物发生非常损失，以及将购进货物改变用途（如用于非应税项目、集体福利或个人消费等），其进项税额应通过“应交税费——应交增值税（进项税额转出）”科目转入有关科目，借记“待处理财产损溢”“在建工程”“应付职工薪酬”等科目，贷记“应交税费——应交增值税（进项税额转出）”科目；属于转作待处理财产损失的进项税额，应与遭受非常损失的购进货物、在产品或库存商品的成本一并处理。

购进货物改变用途通常是指购进的货物在没有经过任何加工的情况下，对内改变用途的行为，如在建工程领用原材料、企业下属医务室等福利部门领用原材料等。

例 5－13　增值税进项税额转出的账务处理

雷顿公司库存材料因意外火灾毁损一批，有关增值税专用发票确认的成本为 10 000 元，增值税额 1 600 元。雷顿公司的有关账务处理如下：

借：待处理财产损溢——待处理流动资产损溢　　11 600
　　贷：原材料　　10 000
　　　　应交税费——应交增值税（进项税额转出）　　1 600

例 5－14　增值税进项税额转出的账务处理

雷顿公司因火灾毁损库存商品一批，其实际成本 80 000 元，经确认损失外购材料的增值税 12 800 元。雷顿公司的有关账务处理如下：

借：待处理财产损溢——待处理流动资产损溢　　92 800
　　贷：库存商品　　80 000
　　　　应交税费——应交增值税（进项税额转出）　　12 800

例 5－15　增值税进项税额转出的账务处理

雷顿公司建造厂房领用生产用原材料 50 000 元，原材料购入时支付的增值税为 8 000 元。雷顿公司的有关账务处理如下：

借：在建工程　　58 000
　贷：原材料　　50 000
　　应交税费——应交增值税（进项税额转出）　　8 000

例 5－16　增值税进项税额转出的账务处理

雷顿公司所属的职工医院维修领用原材料 5 000 元，其购入时支付的增值税为 800 元。雷顿公司的有关账务处理如下：

借：应付职工薪酬——职工福利　　5 800
　贷：原材料　　5 000
　　应交税费——应交增值税（进项税额转出）　　800

（3）销售物资或者提供应税劳务

企业销售货物或者提供应税劳务，按照营业收入和应收取的增值税税额，借记“应收账款”“应收票据”“银行存款”等科目，按专用发票上注明的增值税税额，贷记“应交税费——应交增值税（销项税额）”科目，按照实现的营业收入，贷记“主营业务收入”“其他业务收入”等科目。发生的销售退回，作相反的会计分录。

例 5－17　销售物资或者提供应税劳务的账务处理

雷顿公司销售产品一批，价款 500 000 元，按规定应收取增值税额 80 000元，提货单和增值税专用发票已交给买方，款项尚未收到。雷顿公司的有关账务处理如下：

借：应收账款　　580 000
　贷：主营业务收入　　500 000
　　应交税费——应交增值税（销项税额）　　80 000

例 5－18　销售物资或者提供应税劳务的账务处理

雷顿公司为外单位代加工电脑桌 400 个，每个收取加工费 100 元，适用的增值税税率为16%，加工完成，款项已收到并存入银行。雷顿公司的有关的账务处理如下：

借：银行存款　　46 400

　　贷：主营业务收入　　40 000

　　　　应交税费——应交增值税（销项税额）　　6 400

此外，企业将自产、委托加工或购买的货物分配给股东，应当参照企业销售物资或者提供应税劳务进行账务处理。

（4）视同销售行为

企业的有些交易和事项从会计角度看不属于销售行为，不能确认销售收入，但是按照税法规定，应视同对外销售处理，计算应交增值税。视同销售需要交纳增值税的事项如企业将自产或委托加工的货物用于非应税项目、集体福利或个人消费，将自产、委托加工或购买的货物作为投资、分配给股东或投资者、无偿赠送他人等。在这些情况下，企业应当借记“在建工程”“长期股权投资”“营业外支出”等科目，贷记“应交税费——应交增值税（销项税额）”科目等。

例5－19　销售物资或者提供应税劳务的账务处理

雷顿公司将自己生产的产品用于自行建造职工俱乐部。该批产品的成本为200 000元，计税价格为300 000元。增值税税率为16%。雷顿公司的有关的账务处理如下：

借：在建工程　　248 000

　　贷：库存商品　　200 000

　　　　应交税费——应交增值税（销项税额）　　48 000

企业在建工程领用自己生产的产品的销项税额＝300 000×16%＝48 000（元）

（5）出口退税

企业出口产品按规定退税的，按应收的出口退税额，借记“其他应收款”科目，贷记“应交税费——应交增值税（出口退税）”科目。

（6）交纳增值税

企业交纳的增值税，借记“应交税费——应交增值税（已交税金）”科目，贷记“银行存款”科目。“应交税费——应交增值税”科目的贷方余额，表示企业应交纳的增值税。

例 5-20　交纳增值税的账务处理

雷顿公司以银行存款交纳本月增值税 100 000 元。该企业的有关账务处理如下：

借：应交税费——应交增值税（已交税金）　　100 000

　　贷：银行存款　　100 000

例 5-21　交纳增值税的账务处理

雷顿公司本月发生销项税额合计 84 770 元，进项税额转出 24 578 元，进项税额 20 440 元，已交增值税 60 000 元。

该企业本月“应交税费——应交增值税”科目的余额为：

84 770 + 24 578 - 20 440 - 60 000 = 28 908（元）

该金额在贷方，表示企业尚未交纳增值税 28 908 元。

3. 小规模纳税企业的核算

小规模纳税企业应当按照不含税销售额和规定的增值税征收率计算交纳增值税，销售货物或提供应税劳务时只能开具普通发票，不能开具增值税专用发票。小规模纳税企业不享有进项税额的抵扣权，其购进货物或接受应税劳务支付的增值税直接计入有关货物或劳务的成本。因此，小规模纳税企业只需在“应交税费”科目下设置“应交增值税”明细科目，不需要在“应交增值税”明细科目中设置专栏。“应交税费——应交增值税”科目贷方登记应交纳的增值税，借方登记已交纳的增值税；期末贷方余额为尚未交纳的增值税，借方余额为多交纳的增值税。

小规模纳税企业购进货物和接受应税劳务时支付的增值税，直接计入有关货物和劳务的成本，借记“材料采购”“在途物资”等科目，贷记“应交税费——应交增值税”科目。

例 5－22　小规模纳税企业增值税的账务处理

某小规模纳税企业购入材料一批，取得的专用发票中注明货款 10 000 元，增值税 1 600 元，款项以银行存款支付，材料已验收入库（该企业按实际成本计价核算）。该企业的有关账务处理如下：

借：原材料　　11 600

　　贷：银行存款　　11 600

本例中，小规模纳税企业购进货物时支付的增值税 1 600 元，直接计入有关货物和劳务的成本。

例 5－23　小规模纳税企业增值税的账务处理

某小规模纳税企业销售产品一批，所开出的普通发票中注明的货款（含税）为 20 600 元，增值税征收率为 3%，款项已存入银行。该企业的有关账务处理如下：

借：银行存款　　20 600

　　贷：主营业务收入　　20 000

　　　　应交税费——应交增值税　　600

不含税销售额＝含税销售额÷(1＋征收率)＝20 600÷(1＋3%)＝20 000(元)

应纳增值税＝不含税销售额×征收率＝20 000×3%＝600（元）

该小规模纳税企业月末以银行存款上交增值税 600 元。有关账务处理如下：

借：应交税费——应交增值税　　600

　　贷：银行存款　　600

此外，企业购入材料不能取得增值税专用发票的，比照小规模纳税企业进行处理，发生的增值税计入材料采购成本，借记“材料采购”“在途物资”等科目，贷记“应交税费——应交增值税”科目。

5.6.2　应交消费税

消费税是指在我国境内生产、委托加工和进口应税消费品的单位和个人，按其流转额交纳的一种税。消费税有从价定率和从量定额两种征收方法。如图 5－10 所示：

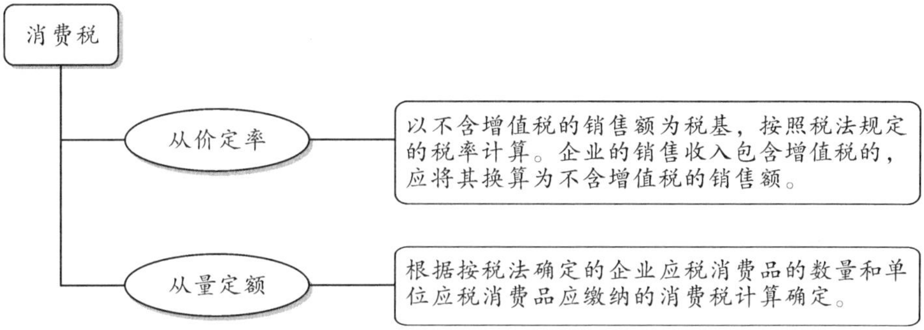

图 5－10　消费税的两种征收方法

企业应在“应交税费”科目下设置“应交消费税”明细科目，核算应交消费税的发生、交纳情况。该科目贷方登记应交纳的消费税，借方登记已交纳的消费税；期末贷方余额为尚未交纳的消费税，借方余额为多交纳的消费税。

1. 销售应税消费品

企业销售应税消费品应交的消费税，应借记“营业税金及附加”科目，贷记“应交税费——应交消费税”科目。

例 5－24　销售应税消费品时消费税的账务处理

雷顿公司销售所生产的化妆品，价款 2 000 000 元（不含增值税），适用的消费税税率为 30%。该企业的有关账务处理如下：

借：营业税金及附加　　600 000

　　贷：应交税费——应交消费税　　600 000

应交消费税额 = 2 000 000 × 30% = 600 000（元）

2．自产自用应税消费品

企业将生产的应税消费品用于在建工程等非生产机构时，按规定应交纳的消费税，借记“在建工程”等科目，贷记“应交税费——应交消费税”科目。

例 5－25　自产自用应税消费品的账务处理

雷顿公司在建工程领用自产柴油账面价值 50 000 元，市场价值 60 000 元，增值税销项税额为 9 600 元，应纳消费税 6 000 元。该企业的有关账务处理如下：

借：在建工程　　65 600

　　贷：库存商品　　50 000

　　　　应交税费——应交增值税（销项税额）　　9 600

　　　　　　　　——应交消费税　　6 000

本例中，企业将生产的应税消费品用于在建工程等非生产机构时，按规定应交纳的消费税 6 000 元应记入“在建工程”科目。

例 5－26　自产自用应税消费品的账务处理

雷顿公司下设的职工食堂享受企业提供的补贴，本月领用自产产品一批，该产品的账面价值 40 000 元，市场价格 60 000 元（不含增值税），适用的消费税税率为 10%，增值税税率为 16%。该企业的有关账务处理如下：

借：应付职工薪酬——职工福利　　55 600

　　贷：库存商品　　40 000

　　　　应交税费——应交增值税（销项税额）　　9 600

　　　　　　　　——应交消费税　　6 000

应计入“应付职工薪酬——职工福利”科目的金额 = 40 000 + 60 000 × 16% + 60 000 × 10% = 55 600（元）。

3. 委托加工应税消费品

企业如有应交消费税的委托加工物资，一般应由受托方代收代交税款，受托方按照应交税款金额，借记“应收账款”“银行存款”等科目，贷记“应交税费——应交消费税”科目。受托加工或翻新改制金银首饰，按照规定由受托方交纳消费税。

委托加工物资收回后，直接用于销售的，应将受托方代收代交的消费税计入委托加工物资的成本，借记“委托加工物资”等科目，贷记“应付账款”“银行存款”等科目；委托加工物资收回后用于连续生产的，按规定准予抵扣的，应按已由受托方代收代交的消费税，借记“应交税费——应交消费税”科目，贷记“应付账款”“银行存款”等科目。

例 5－27　委托加工应税消费品的账务处理

雷顿公司委托 A 企业代为加工一批应交消费税的材料（非金银首饰）。雷顿公司的材料成本为 1 000 000 元，加工费为 200 000 元，由 A 企业代收代交的消费税为 80 000 元（不考虑增值税）。材料已经加工完成，并由雷顿公司收回验收入库，加工费尚未支付。雷顿公司采用实际成本法进行原材料的核算。

（1）如果雷顿公司收回的委托加工物资用于继续生产应税消费品，雷顿公司的有关账务处理如下：

借：委托加工物资	1 000 000	
贷：原材料		1 000 000
借：委托加工物资	200 000	
应交税费——应交消费税	80 000	
贷：应付账款		280 000

借：原材料　　　　　　　　　　　　1 200 000
　　贷：委托加工物资　　　　　　　　　1 200 000

（2）如果雷顿公司收回的委托加工物资直接用于对外销售，雷顿公司的有关账务处理如下：

借：委托加工物资　　　　　　　　　1 000 000
　　贷：原材料　　　　　　　　　　　　1 000 000
借：委托加工物资　　　　　　　　　280 000
　　贷：应付账款　　　　　　　　　　　280 000
借：原材料　　　　　　　　　　　　1 280 000
　　贷：委托加工物资　　　　　　　　　1 280 000

（3）A 企业对应收取的受托加工代收代交消费税的账务处理如下：

借：应收账款　　　　　　　　　　　80 000
　　贷：应交税费——应交消费税　　　　80 000

4. 进口应税消费品

企业进口应税物资在进口环节应交的消费税，计入该项物资的成本，借记“材料采购”“固定资产”等科目，贷记“银行存款”科目。

例 5－28　进口应税消费品时，消费税的账务处理

雷顿公司从国外进口一批需要交纳消费税的商品，商品价值2 000 000元，进口环节需要交纳的消费税为 400 000 元（不考虑增值税），采购的商品已经验收入库，货款尚未支付，税款已经用银行存款支付。雷顿公司的有关账务处理如下：

借：库存商品　　　　　　　　　　　2 400 000
　　贷：应付账款　　　　　　　　　　　2 000 000
　　　　银行存款　　　　　　　　　　　400 000

本例中，企业进口应税物资在进口环节应交的消费税 400 000 元，应计入该项物资的成本。

5.6.3　其他应交税费

其他应交税费是指除上述应交税费以外的应交税费，包括应交资源税、应交城市维护建设税、应交土地增值税、应交所得税、应交房产税、应交土地使用税、应交车船使用税、应交教育费附加、应交矿产资源补偿费、应交个人所得税等。企业应当在“应交税费”科目下设置相应的明细科目进行核算，贷方登记应交纳的有关税费，借方登记已交纳的有关税费，期末贷方余额表示尚未交纳的有关税费。

1. 应交资源税

资源税是对在我国境内开采矿产品或者生产盐的单位和个人征收的税。资源税按照应税产品的课税数量和规定的单位税额计算。开采或生产应税产品对外销售的，以销售数量为课税数量；开采或生产应税产品自用的，以自用数量为课税数量。

对外销售应税产品应交纳的资源税应记入“税金及附加”科目，借记“税金及附加”科目，贷记“应交税费——应交资源税”科目；自产自用应税产品应交纳的资源税应记入“生产成本”“制造费用”等科目，借记“生产成本”“制造费用”等科目，贷记“应交税费——应交资源税”科目。

例 5－29　应交资源税的账务处理

雷顿公司对外销售某种资源税应税矿产品 2 000 吨，每吨应交资源税 5 元。该企业的有关账务处理如下：

借：税金及附加　　10 000

　　贷：应交税费——应交资源税　　10 000

企业对外销售应税产品而应交的资源税 = 2 000 × 5 = 10 000（元）

例 5－30　应交资源税的账务处理

雷顿公司将自产的资源税应税矿产品 500 吨用于企业的产品生产，每吨应交资源税 5 元。该企业的有关的账务处理如下：

借：生产成本　　2 500

　　贷：应交税费——应交资源税　　2 500

企业自产自用应税矿产品而应交纳的资源税 ＝500 ×5 ＝2 500（元）

2. 应交城市维护建设税

城市维护建设税是以增值税、消费税为计税依据征收的一种税。其纳税人为交纳增值税、消费税的单位和个人，税率因纳税人所在地不同从 1% 到 7% 不等。公式为：

应纳税额 =（应交增值税 + 应交消费税）×适用税率

企业应交的城市维护建设税，借记“税金及附加”等科目，贷记“应交税费——应交城市维护建设税”科目。

例 5－31　应交城市维护建设税的账务处理

雷顿公司本期实际应上交增值税 400 000 元，消费税 241 000 元。该企业适用的城市维护建设税税率为 7%。该企业的有关账务处理如下：

（1）计算应交的城市维护建设税：

借：税金及附加　　44 870

　　贷：应交税费——应交城市维护建设税　　44 870

应交的城市维护建设税 =（400 000 +241 000）×7% =44 870（元）

（2）用银行存款上交城市维护建设税时：

借：应交税费——应交城市维护建设税　　44 870

　　贷：银行存款　　44 870

3. 应交教育费附加

教育费附加是为了发展教育事业而向企业征收的附加费用，企业按应交流转税的一定比例计算交纳。企业应交的教育费附加，借记“税金及附加”等科目，贷记“应交税费——应交教育费附加”科目。

例 5－32　应交教育费附加的账务处理

雷顿公司按税法规定计算，2018 年度第 1 季度应交纳教育费附加 300 000元。款项已经用银行存款支付。该企业的有关账务处理如下：

借：税金及附加　　300 000

　　贷：应交税费——应交教育费附加　　300 000

借：应交税费——应交教育费附加　　300 000

　　贷：银行存款　　300 000

4. 应交土地增值税

土地增值税是指在我国境内有偿转让土地使用权及地上建筑物和其他附着物产权的单位和个人，就其土地增值额征收的一种税。如图 5－11 所示：

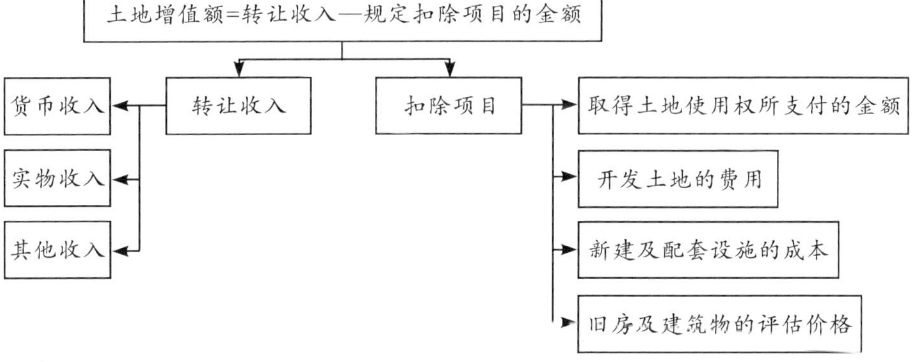

图 5－11　土地增值额的计算

企业应交的土地增值税视情况记入不同科目：企业转让的土地使用权连同地上建筑物及其附着物一并在“固定资产”等科目核算的，转让时应交的土地增值税，借记“固定资产清理”科目，贷记“应交税费——应交土地增值税”科目；土地使用权在“无形资产”科目核算的，按实际收到的金额，借记“银行存款”科目，按应交的土地增值税，贷记“应交税费——应交土地增值税”科目，同时冲销土地使用权的账面价值，贷记“无形资产”科目，按其差额，借记“营业外支出”科目或贷记“营业外收入”科目。

例 5－33　应交土地增值税的账务处理

雷顿公司对外转让一栋厂房，根据税法规定计算的应交土地增值税为27 000元。有关账务处理如下：

（1）计算应交纳的土地增值税：

借：固定资产清理　　27 000

　　贷：应交税费——应交土地增值税　　27 000

（2）企业用银行存款交纳应交土地增值税税款

借：应交税费——应交土地增值税　　27 000

　　贷：银行存款　　27 000

5. 应交房产税、土地使用税、车船使用税和矿产资源补偿费

对应交房产税、土地使用税、车船使用税和矿产资源补偿费的处理如图5－12所示：

房产税是国家对在城市、县城、建制县和工矿区征收的由产权所有人交纳的一种税。房产税依照房产原值一次减除10%至30%后的余额计算交纳。没有房产原值作为依据的，由房产所在地税务机关参考同类房产核定；房产出租的，以房产租金收入为房产税的计税依据。

土地使用税是国家为了合理利用城镇土地，调节土地级差收入，提高土地使用效益，加强土地管理而开征的一种税，以纳税人实际占用的土地面积为计税依据，依照规定税额计算征收。

车船使用税由拥有并且使用车船的单位和个人交纳。车船使用税按照适用税额计算交纳。

矿产资源补偿费是对在我国领域和管辖海域开采矿产资源而征收的费用。矿产资源补偿费按照矿产品销售收入的一定比例计征，由采矿人交纳。

企业应交的房产税、土地使用税、车船使用税、矿产资源补偿费，记入“管理费用”科目，借记“管理费用”科目，贷记“应交税费——应交房产税（或应交土地使用税、应交车船使用税、应交矿产资源补偿费）”科目。

图 5－12　对应交房产税、土地使用税、车船使用税和矿产资源补偿费的处理

6. 应交个人所得税

企业按规定计算的代扣代交的职工个人所得税，借记“应付职工薪酬”科目，贷记“应交税费——应交个人所得税”科目；企业交纳个人所得税时，借记“应交税费——应交个人所得税”科目；贷记“银行存款”等科目。

例 5－34　应交个人所得税的账务处理

雷顿公司结算本月应付职工资总额 200 000 元，代扣职工个人所得税共计 2 000 元，实发工资 198 000 元。该企业与应交个人所得税有关的会计分录如下：

借：应付职工薪酬——工资　　200 000

　　贷：应交税费——应交个人所得税　　2 000

　　　　银行存款　　198 000

本例中，企业按规定计算的代扣代交的职工个人所得税 2 000 元，应记入“应付职工薪酬”科目。

5.7 长期借款的账务处理

长期借款是企业向银行或其他金融机构借入的偿还期在1年以上（不含1年）的各种借款。长期借款一般用于固定资产的购建、改扩建工程、大修理工程以及流动资产的正常需要等方面，是企业的一项长期负债。长期借款关系到企业未来的生产经营规模和经济效益，使用合理可以使企业扩大经营规模和范围，增强生产能力，增强获利能力；但如果决策失误，借款项目未能达到预期的目标，会使企业陷入困境，到期无力偿还本息，因此，必须强化管理。如图5－13所示，企业贷款时须办理如下手续：

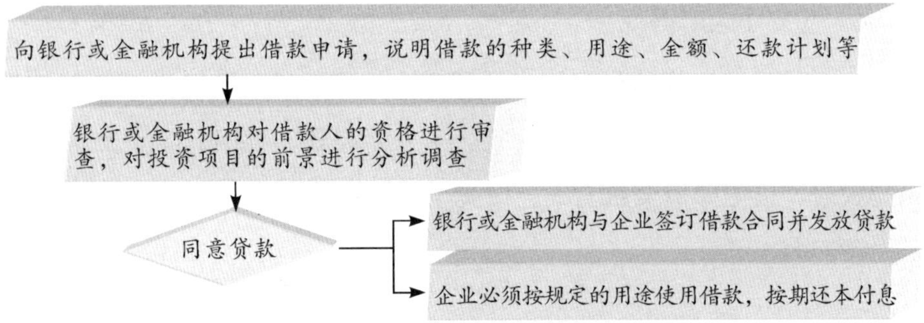

图5－13 企业贷款时的手续

5.7.1 长期借款的账户设置

长期借款的账务处理设置“长期借款”账户，长期借款的借入、应计利息、汇兑损益和偿还本息等业务的账务处理都通过该账户进行。该账户贷方登记借入长期借款的本金、利息和汇兑损失；借方登记长期借款的汇兑收益和归还的本息；贷方余额反映尚未偿还的长期借款的本息。该账户按借款单位和种类设置明细账，进行明细分类核算。

5.7.2　借款费用的处理

长期借款产生的借款费用，我国的企业会计准则规定了不同的处理方法，如图 5－14 所示：

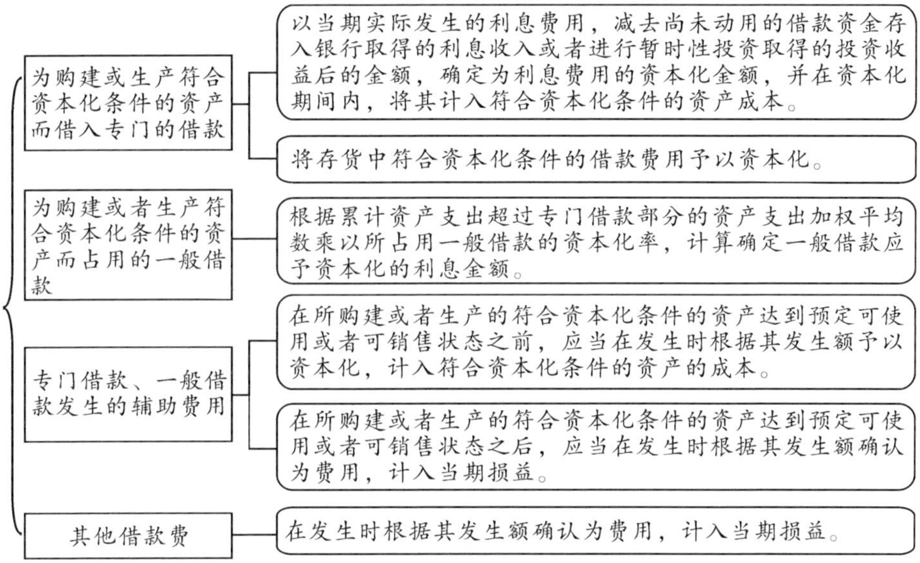

图 5－14　借款费用的处理

5.7.3　账务处理

对长期借款的账务处理，如图 5－15 所示：

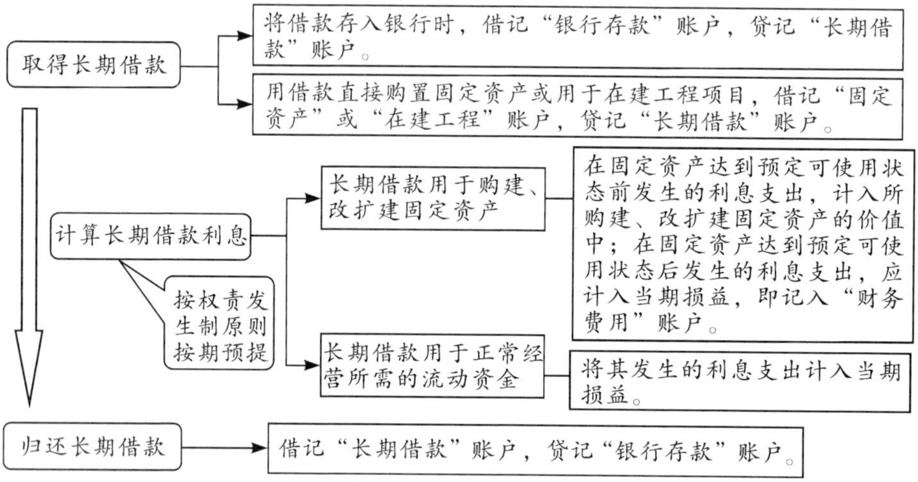

图 5－15　长期借款的账务处理

本章实操要点及易错点

掌握应付账款、应付票据、应付职工薪酬、短期借款、长期借款的账务处理；会计算票据利息、长短期借款费用及其账务处理；掌握各税种税费的计算及其账务处理。

第6章 所有者权益类业务的账务处理

本章导读

所有者权益来源于所有者投入的资本、直接计入所有者权益的利得和损失、留存收益等。直接计入所有者权益的利得和损失，是指不应计入当期损益、会导致所有者权益发生增减变动的、与所有者投入资本或者向所有者分配利润无关的利得或者损失。

所有者权益可分为实收资本（或股本）、资本公积、盈余公积和未分配利润等部分。其中，盈余公积和未分配利润统称为留存收益。本章主要介绍实收资本、资本公积、留存收益的概念和核算方法。

在本章中，我们主要解决以下问题：

（1）什么是实收资本？如何进行账务处理？

（2）什么是资本公积？如何进行账务处理？

（3）什么是盈余公积？如何进行账务处理？

（4）利润是怎样形成的？利润计算、分配中如何进行账务处理？

6.1 所有者权益概述

所有者权益是指企业投资者对企业净资产的所有权，包括企业投资者对企业的投入资本以及形成的资本公积、盈余公积和未分配利润等。在资产负债表上，作为所有者权益列示的金额，是指全部资产扣除全部负债后的余额。正因为如此，有人说所有者权益是个平衡数。股份有限公司的所有者权益又称为股东权益。

6.1.1 所有者权益的含义

我国2006年《企业会计准则——基本准则》第26条规定："所有者权益是指企业资产扣除负债后由所有者享有的剩余权益。公司的所有者权益又称为股东权益。"第27条规定："所有者权益的来源包括所有者投入的资本、直接计入所有者权益的利得和损失、留存收益等。"

6.1.2 所有者权益和负债的联系与区别

如图6－1所示，所有者权益和负债有如下的联系与区别：

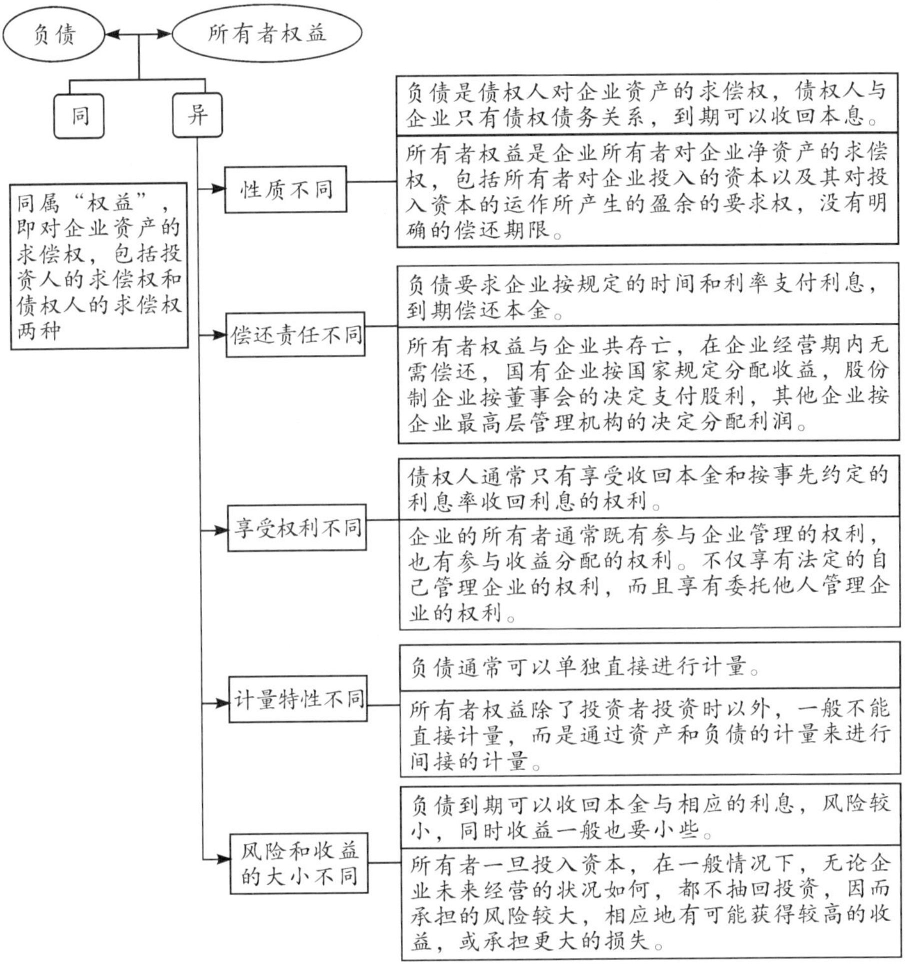

图 6－1　所有者权益和负债的联系与区别

6.2　实收资本的账务处理

我国有关法律规定，投资者设立企业首先必须投入资本。《企业法人登记管理条例》规定，企业申请开业，必须具备国家规定的与其生产经营和服务规模相适应的资金。为了反映和监督投资者投入资本的增减变动情况，企业必须按照国家统一的会计制度的规定进行实收资本的核算，真实地反映所有者投入企业资本的状况，维护所有者各方在企业的权益。除股份有限公司以外，其他各类企业应通过“实收资本”科目核算，股份有限公司应通过“股本”科目核算。

企业收到所有者投入企业的资本后，应根据有关原始凭证（如投资清单、银行通知单等），分别按不同的出资方式进行账务处理。

6.2.1 接受现金资产投资

1. 股份有限公司以外的企业接受现金资产投资

实收资本的构成比例即投资者的出资比例或股东的股份比例，是确定所有者在企业所有者权益中所占的份额和参与企业财务经营决策的基础，也是企业进行利润分配或股利分配的依据，同时还是企业清算时确定所有者对净资产的要求权的依据。

例 6－1 接受现金资产投资的账务处理

甲、乙、丙共同投资设立 A 有限责任公司，注册资本为 2 000 000 元，甲、乙、丙持股比例分别为 60%、25% 和 15%。按照章程规定，甲、乙、丙投入资本分别为 1 200 000 元、500 000 元和 300 000 元。A 公司已如期收到各投资者一次交足的款项。A 有限责任公司在进行账务处理时，应进行账务处理如下：

借：银行存款　　2 000 000
　贷：实收资本——甲　　1 200 000
　　　　　　　——乙　　500 000
　　　　　　　——丙　　300 000

2. 股份有限公司接受现金资产投资

股份有限公司发行股票时，既可以按面值发行股票，也可以溢价发行（我国目前不准许折价发行）。股份有限公司在核定的股本总额及核定的股份总额的范围内发行股票时，应在实际收到现金资产时进行账务处理。

例 6－2 股份有限公司接受现金资产投资的账务处理

利兴股份有限公司发行普通股 10 000 000 股，每股面值 1 元，每股发行价格 5 元。假定股票发行成功，股款 50 000 000 元已全部收到，不考虑发行过程中的税费等因素。根据上述资料，利兴股份有限公司应作如下账务处理：

应记入“资本公积”科目的金额＝50 000 000－10 000 000＝40 000 000（元）

进行账务处理如下：

借：银行存款　　50 000 000

　　贷：股本　　10 000 000

　　　　资本公积——股本溢价　　40 000 000

本例中，该公司发行股票实际收到的款项为 50 000 000 元，应借记“银行存款”科目；实际发行的股票面值为 10 000 000 元，应贷记“股本”科目，按其差额，借记“资本公积——股本溢价”科目。

6.2.2 接受非现金资产投资

我国《公司法》规定，股东可以用货币出资，也可以用实物、知识产权、土地使用权等能够用货币估价并依法转让的非货币财产作价出资；但是，法律、行政法规规定不得作为出资的财产除外。对作为出资的非货币财产应当评估作价，核实财产，不得高估或者低估作价。法律、行政法规对评估作价有规定的，从其规定。全体股东的货币出资金额不得低于有限责任公司注册资本的 30%。不论以何种方式出资，投资者如在投资过程中违反投资合约，不按规定如期交足出资额，企业可以依法追究投资者的违约责任。

企业接受非现金资产投资时，应按投资合同或协议约定价值，确定非现金资产价值（但投资合同或协议约定价值不公允的除外）和在注册资本中应享有的份额。

1. 接受投入固定资产

企业接受投资者作价投入的房屋、建筑物、机器设备等固定资产，应按投资合同或协议约定价值确定固定资产价值（但投资合同或协议约定价值不公允的除外）和在注册资本中应享有的份额。

例6-3 接受投入固定资产的账务处理

雷顿有限责任公司于设立时收到A公司作为资本投入的不需要安装的机器设备一台，合同约定该机器设备的价值为2 000 000元，增值税进项税额为340 000元（假设不允许抵扣）。合同约定的固定资产价值与公允价值相符，不考虑其他因素，雷顿有限责任公司进行账务处理时，应进行账务处理如下：

借：固定资产　　2 340 000

　　贷：实收资本——A公司　　2 340 000

本例中，该项固定资产合同约定的价值与公允价值相符，并且雷顿公司接受的固定资产投资产生的相关增值税进项税额不允许抵扣，因此，固定资产应按合同约定价值与增值税进项税额的合计金额2 340 000元入账。雷顿公司接受A公司投入的固定资产按合同约定全额作为实收资本，因此，可按2 340 000元的金额贷记“实收资本”科目。

2. 接受投入材料物资

企业接受投资者作价投入的材料物资，应按投资合同或协议约定价值确定材料物资价值（但投资合同或协议约定价值不公允的除外）和在注册资本中应享有的份额。

例6-4 接受投入材料物资的账务处理

雷顿有限责任公司于设立时收到B公司作为资本投入的原材料一批，

该批原材料投资合同或协议约定价值（不含可抵扣的增值税进项税额部分）为 100 000 元，增值税进项税额为 16 000 元。B 公司已开具了增值税专用发票。

假设合同约定的价值与公允价值相符，该进项税额允许抵扣，不考虑其他因素，雷顿有限责任公司在进行账务处理时，应编制如下分录：

借：原材料　　100 000

　　应交税费——应交增值税（进项税额）　　16 000

　　贷：实收资本——B 公司　　116 000

本例中，原材料的合同约定价值与公允价值相符，因此，可按照 100 000元的金额借记“原材料”科目；同时，该进项税额允许抵扣，因此，增值税专用发票上注明的增值税税额 16 000 元，应借记“应交税费——应交增值税（进项税额）”科目。雷顿公司接受的 B 公司投入的原材料按合同约定全额作为实收资本，因此可按 116 000 元的金额贷记“实收资本”科目。

3. 接受投入无形资产

企业收到以无形资产方式投入的资本，应按投资合同或协议约定价值确定无形资产价值（但投资合同或协议约定价值不公允的除外）和在注册资本中应享有的份额。

例 6－5　接受投入无形资产的账务处理

雷顿有限责任公司于设立时收到 A 公司作为资本投入的非专利技术一项，该非专利技术投资合同约定价值为 60 000 元，同时收到 B 公司作为资本投入的土地使用权一项，投资合同约定价值为 80 000 元。假设雷顿公司接受该非专利技术和土地使用权符合国家注册资本管理的有关规定，可按合同约定作实收资本入账，合同约定的价值与公允价值相符，不考虑其他因素。雷顿有限责任公司在进行账务处理时，应编制如下分录：

借：无形资产——非专利技术　　60 000
　　　　　　——土地使用权　　80 000
　贷：实收资本——A 公司　　60 000
　　　　　　　——B 公司　　80 000

本例中，非专利技术与土地使用权的合同约定价值与公允价值相符，因此，可分别按照 60 000 元和 80 000 元的金额借记“无形资产”科目。A、B 公司投入的非专利技术和土地使用权按合同约定金额作为实收资本，因此可分别按 60 000 元和 80 000 元的金额贷记“实收资本”科目。

6.2.3　实收资本（或股本）的增减变动

一般情况下，企业的实收资本应相对固定不变，但在某些特定情况下，实收资本也可能发生增减变化。我国企业法人登记管理条例中规定，除国家另有规定外，企业的注册资金应当与实收资本相一致，当实收资本比原注册资金增加或减少的幅度超过 20% 时，应持资金信用证明或者验资证明，向原登记主管机关申请变更登记。如擅自改变注册资本或抽逃资金，要受到工商行政管理部门的处罚。

1. 实收资本（或股本）的增加

如图 6－2 所示，一般企业增加资本主要有三个途径：

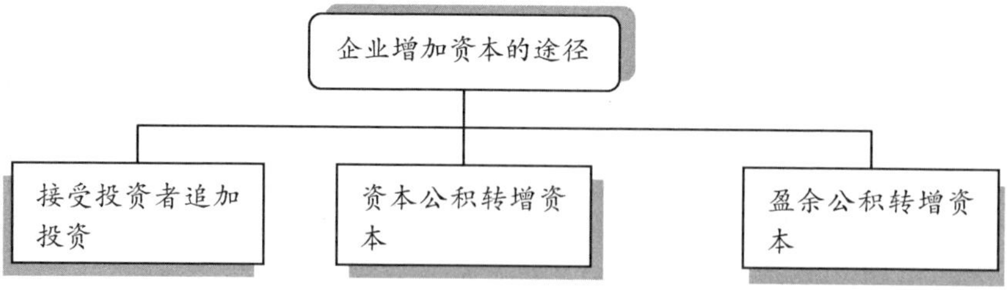

图 6－2　企业增加资本的途径

需要注意的是，由于资本公积和盈余公积均属于所有者权益，用其转增资本时，如果是独资企业则比较简单，直接结转即可。如果是股份公司或有限责任公司，应该按照原投资者出资比例相应增加各投资者的出资额。

例 6－6 实收资本增加的账务处理

甲、乙、丙三人共同投资设立 A 有限责任公司，原注册资本为 4 000 000元，甲、乙、丙分别出资 500 000 元、2 000 000 元和 1 500 000 元。

（1）为扩大经营规模，经批准，A 公司注册资本扩大为 5 000 000 元，甲、乙、丙按照原出资比例分别追加投资 125 000 元、500 000 元和 375 000 元。A 公司如期收到甲、乙、丙追加的现金投资。A 公司应编制会计分录如下：

借：银行存款　　1 000 000

　　贷：实收资本——甲　　125 000

　　　　　　　　——乙　　500 000

　　　　　　　　——丙　　375 000

本例中，甲、乙、丙按原出资比例追加实收资本，因此，A 公司应分别按照 125 000 元、500 000 元和 375 000 元的金额贷记“实收资本”科目中甲、乙、丙明细分类账。

（2）因扩大经营规模需要，经批准，A 公司按原出资比例将资本公积 1 000 000 元转增资本。A 公司应编制会计分录如下：

借：资本公积　　1 000 000

　　贷：实收资本——甲　　125 000

　　　　　　　　——乙　　500 000

　　　　　　　　——丙　　375 000

本例中，资本公积 1 000 000 元按原出资比例转增实收资本，因此，A 公司应分别按照 125 000 元、500 000 元和 375 000 元的金额贷记“实收资本”科目中甲、乙、丙明细分类账。

（3）因扩大经营规模需要，经批准，A 公司按原出资比例将盈余公积 1 000 000 元转增资本。A 公司应编制会计分录如下：

借：盈余公积　　1 000 000

　　贷：实收资本——甲　　125 000

　　　　　　　　——乙　　500 000

　　　　　　　　——丙　　375 000

本例中，盈余公积1 000 000元按原出资比例转增实收资本，因此，A公司应分别按照125 000元、500 000元和375 000元的金额贷记“实收资本”科目中甲、乙、丙明细分类账。

2. 实收资本（或股本）的减少

企业减少实收资本应按法定程序报经批准，股份有限公司采用收购本公司股票方式减资的，按股票面值和注销股数计算的股票面值总额冲减股本，按注销库存股的账面余额与所冲减股本的差额冲减股本溢价，股本溢价不足冲减的，再冲减盈余公积直至未分配利润。如果购回股票支付的价款低于面值总额的，所注销库存股的账面余额与所冲减股本的差额作为增加股本溢价处理。

例6－7　实收资本减少的账务处理

A公司2008年12月31日的股本为100 000 000股，面值为1元，资本公积（股本溢价）30 000 000元，盈余公积40 000 000元。经股东大会批准，A公司以现金回购本公司股票20 000 000股并注销。

（1）假定A公司按每股2元回购股票，不考虑其他因素，A公司的账务处理如下：

① 回购本公司股票时：

借：库存股　　40 000 000

　　贷：银行存款　　40 000 000

库存股成本＝20 000 000×2＝40 000 000（元）

② 注销本公司股票时：

借：股本　　20 000 000

资本公积——股本溢价　　20 000 000

贷：库存股　　40 000 000

应冲减的资本公积 = 20 000 000 × 2 − 20 000 000 × 1 = 20 000 000（元）

（2）假定 A 公司按每股 3 元回购股票，其他条件不变，A 公司的账务处理如下：

①回购本公司股票时：

借：库存股　　60 000 000

贷：银行存款　　60 000 000

库存股成本 = 20 000 000 × 3 = 60 000 000（元）

②注销本公司股票时：

借：股本　　20 000 000

资本公积——股本溢价　　30 000 000

盈余公积　　10 000 000

贷：库存股　　60 000 000

应冲减的资本公积 = 20 000 000 × 3 − 20 000 000 × 1 = 40 000 000（元）

由于应冲减的资本公积大于公司现有的资本公积，所以只能冲减资本公积 30 000 000 元，剩余的 10 000 000 元应冲减盈余公积。

（3）假定 A 公司按每股 0.9 元回购股票，其他条件不变，A 公司的账务处理如下：

①回购本公司股票时：

借：库存股　　18 000 000

贷：银行存款　　18 000 000

库存股成本 = 20 000 000 × 0.9 = 18 000 000（元）

②注销本公司股票时：

借：股本　　20 000 000

贷：库存股　　18 000 000

资本公积——股本溢价　　2 000 000

应增加的资本公积 = 20 000 000 × 1 − 20 000 000 × 0.9 = 2 000 000（元）

由于折价回购，股本与库存股成本的差额 2 000 000 元应作为增加资本公积处理。

6.3 资本公积

资本公积是企业收到投资者的超出其在企业注册资本（或股本）中所占份额的投资，以及直接计入所有者权益的利得和损失等。如图 6－3 所示，包括以下内容：

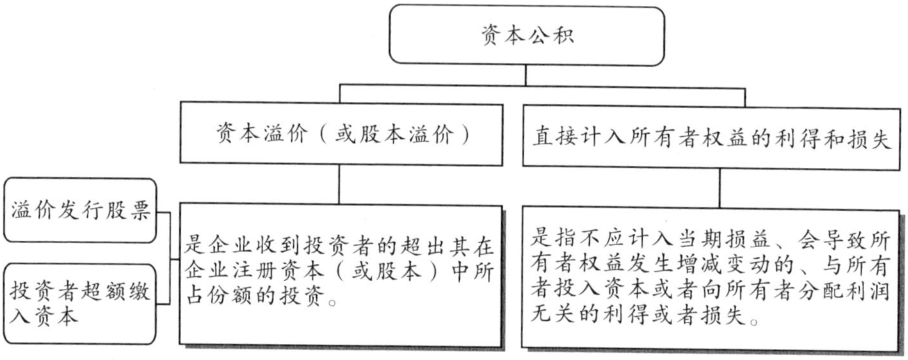

图 6－3　资本公积的内容

资本公积的核算包括资本溢价（或股本溢价）的核算、其他资本公积的核算和资本公积转增资本的核算等内容。

6.3.1　资本溢价（或股本溢价）的核算

1. 资本溢价

除股份有限公司外的其他类型的企业，在企业创立时，投资者认缴的出资额与注册资本一致，一般不会产生资本溢价。但在企业重组或有新的投资者加入时，常常会出现资本溢价。因为在企业进行正常生产经营后，其资本利润率通常要高于企业初创阶段。另外，企业有内部积累，新投资者加入企业后，对这些积累也要分享，所以新加入的投资者往往要付出大于原投资者的出资额，才能取得与原投资者相同的出资比例。投资者多缴的部分就形成了资本溢价。

例 6－8　产生资本溢价时的账务处理

A 有限责任公司由两位投资者共投资 200 000 元设立，每人各出资 100 000 元。一年后，为扩大经营规模，经批准，A 有限责任公司注册资本增加到 300 000 元，并引入第三位投资者加入。按照投资协议，新投资者需缴入现金 110 000 元，同时享有该公司三分之一的股份。A 有限责任公司已收到该现金投资。假定不考虑其他因素，A 有限责任公司的会计分录如下：

借：银行存款　　110 000

　　贷：实收资本　　100 000

　　　　资本公积——资本溢价　　10 000

本例中，A 有限责任公司收到第三位投资者的现金投资 110 000 元中，100 000 元属于第三位投资者在注册资本中所享有的份额，应记入“实收资本”科目，10 000 元属于资本溢价，应记入“资本公积——资本溢价”科目。

2．股本溢价

股份有限公司是以发行股票的方式筹集股本的，股票可按面值发行，也可按溢价发行，我国目前不准折价发行。与其他类型的企业不同，股份有限公司在成立时可能会溢价发行股票，因而在成立之初，就可能会产生股本溢价。股本溢价的数额等于股份有限公司发行股票时实际收到的款额超过股票面值总额的部分。

在按面值发行股票的情况下，企业发行股票取得的收入，应全部作为股本处理；在溢价发行股票的情况下，企业发行股票取得的收入，等于股票面值部分作为股本处理，超出股票面值的溢价收入应作为股本溢价处理。

发行股票相关的手续费、佣金等交易费用，如果是溢价发行股票的，应从溢价中抵扣，冲减资本公积（股本溢价）；无溢价发行股票或溢价金额不足以抵扣的，应将不足抵扣的部分冲减盈余公积和未分配利润。

例6－9 产生股本溢价时的账务处理

B股份有限公司首次公开发行了普通股50 000 000股，每股面值1元，每股发行价格为4元。B公司以银行存款支付发行手续费、咨询费等费用共计6 000 000元。假定发行收入已全部收到，发行费用已全部支付，不考虑其他因素，B公司的账务处理如下：

（1）收到发行收入时：

借：银行存款　　200 000 000

　　贷：股本　　50 000 000

　　　　资本公积——股本溢价　　150 000 000

应增加的资本公积＝50 000 000×（4－1）＝150 000 000（元）

本例中，B股份有限公司溢价发行普通股，发行收入中等于股票面值的部分50 000 000元应记入“股本”科目，发行收入超出股票面值的部分150 000 000元记入“资本公积——股本溢价”科目。

（2）支付发行费用时：

借：资本公积——股本溢价　　6 000 000

　　贷：银行存款　　6 000 000

本例中，B股份有限公司的股本溢价150 000 000元高于发行中发生的交易费用6 000 000元，因此，交易费用可从股本溢价中扣除，作为冲减资本公积处理。

6.3.2 其他资本公积的核算

其他资本公积是指除资本溢价（或股本溢价）项目以外所形成的资

本公积，其中主要是直接计入所有者权益的利得和损失。本书以因被投资单位所有者权益的其他变动产生的利得或损失为例，介绍相关的其他资本公积的核算。

企业对某被投资单位的长期股权投资采用权益法核算的，在持股比例不变的情况下，对因被投资单位除净损益以外的所有者权益的其他变动，如果是利得，则应按持股比例计算其应享有被投资企业所有者权益的增加数额；如果是损失，则作相反的分录。在处置长期股权投资时，应转销与该笔投资相关的其他资本公积。

例6－10　其他资本公积的账务处理

C有限责任公司于2014年1月1日向F公司投资8 000 000元，拥有该公司20%的股份，并对该公司有重大影响，因而对F公司长期股权投资采用权益法核算。2014年12月31日，F公司净损益之外的所有者权益增加了1 000 000元。假定除此以外，F公司的所有者权益没有变化，C有限责任公司的持股比例没有变化，F公司资产的账面价值与公允价值一致，不考虑其他因素。C有限责任公司的会计分录如下：

借：长期股权投资——F公司　　　　200 000

　　贷：资本公积——其他资本公积　　　　200 000

C有限责任公司增加的资本公积＝1 000 000×20%＝200 000（元）

本例中，C有限责任公司对F公司的长期股权投资采用权益法核算，持股比例未发生变化，F公司发生了除净损益之外的所有者权益的其他变动，C有限责任公司应按其持股比例计算应享有的F公司权益的数额200 000元，作为增加其他资本公积处理。

6.3.3　资本公积转增资本的核算

经股东大会或类似机构决议，用资本公积转增资本时，应冲减资本公积，同时按照转增前的实收资本（或股本）的结构或比例，将转增的金额记入“实收资本”（或“股本”）科目下各所有者的明细分类账。

6.4 留存收益

如图6-4所示，留存收益由以下两部分构成：

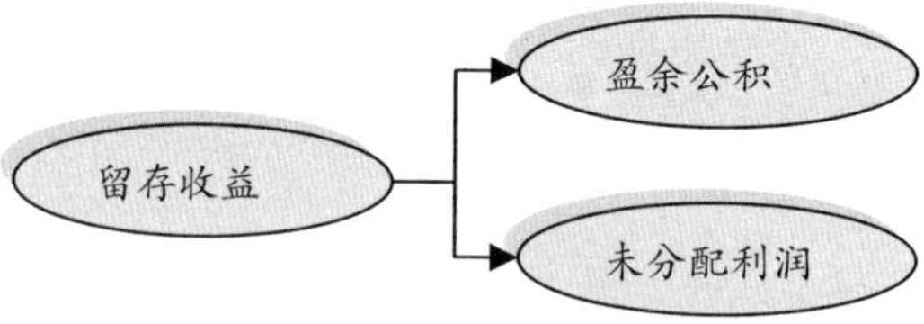

图6-4 留存收益的构成

6.4.1 利润分配

利润分配是指企业根据国家有关规定和企业章程、投资者协议等，对企业当年可供分配的利润所进行的分配。

可供分配的利润=当年实现的净利润+年初未分配利润（或-年初未弥补亏损）+其他转入利润

如图6-5所示，分配的顺序依次如下：

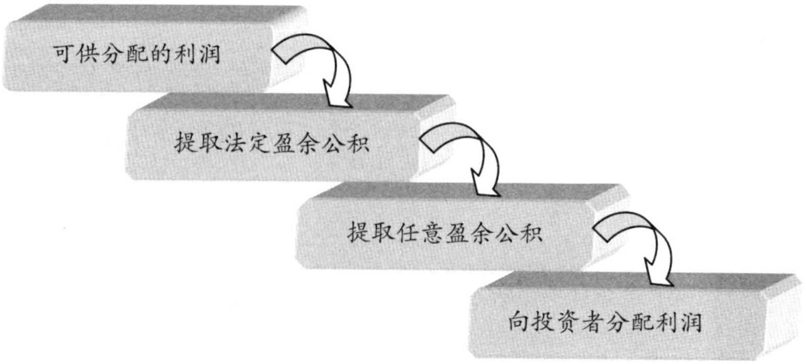

图6-5 利润分配的顺序

未分配利润是经过弥补亏损、提取法定盈余公积、提取任意盈余公积和向投资者分配利润等利润分配之后剩余的利润，它是企业留待以后年度进行分配的历年结存的利润。相对于所有者权益的其他部分来说，企业对于未分配利润的使用有较大的自主权。

企业应通过“利润分配”科目，核算企业利润的分配（或亏损的弥补）和历年分配（或弥补）后的未分配利润（或未弥补亏损）。该科目应分别通过“提取法定盈余公积”“提取任意盈余公积”“应付现金股利或利润”“盈余公积补亏”“未分配利润”等进行明细核算。企业未分配利润通过“利润分配——未分配利润”明细科目进行核算。年度终了，企业应将全年实现的净利润或发生的净亏损，自“本年利润”科目转入“利润分配——未分配利润”科目，并将“利润分配”科目所属其他明细科目的余额，转入“未分配利润”明细科目。结转后，“利润分配——未分配利润”科目如为贷方余额，表示累积未分配的利润数额；如为借方余额，则表示累积未弥补的亏损数额。

例 6－11　资本公积转增资本的账务处理

D 股份有限公司年初未分配利润为 0，本年实现净利润 2 000 000 元，本年提取法定盈余公积 200 000 元，宣告发放现金股利 800 000 元。假定不考虑其他因素，D 股份有限公司账务处理如下：

（1）结转本年利润：

借：本年利润　　2 000 000

　　贷：利润分配——未分配利润　　2 000 000

如企业当年发生亏损，则应借记“利润分配——未分配利润”科目，贷记“本年利润”科目。

（2）提取法定盈余公积、宣告发放现金股利：

借：利润分配——提取法定盈余公积　　200 000

　　　　　　——应付现金股利　　800 000

贷：盈余公积　　200 000

　　应付股利　　800 000

同时，

借：利润分配——未分配利润　　1 000 000

　　贷：利润分配——提取法定盈余公积　　200 000

　　　　　　　——应付现金股利　　800 000

结转后，如果“未分配利润”明细科目的余额在贷方，表示累计未分配的利润；如果余额在借方，则表示累积未弥补的亏损。本例中，“利润分配——未分配利润”明细科目的余额在贷方，此贷方余额 1 000 000 元（本年利润 2 000 000 – 提取法定盈余公积 200 000 – 支付现金股利 800 000）即为 D 股份有限公司本年末的累计未分配利润。

6.4.2　盈余公积

盈余公积是指企业按规定从净利润中提取的企业积累资金。如图6 – 6 所示，盈余公积包括以下内容：

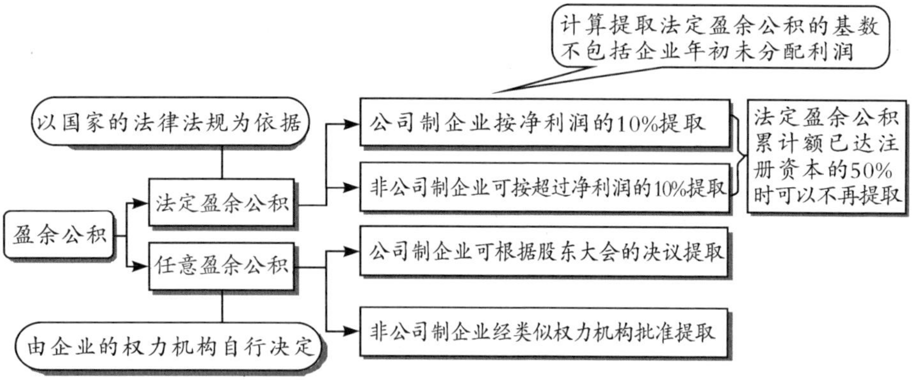

图 6 – 6　盈余公积的内容

企业提取的盈余公积经批准可用于弥补亏损、转增资本、发放现金股利或利润等。

例 6－12　提取盈余公积的账务处理

E 股份有限公司本年实现净利润为 5 000 000 元，年初未分配利润为 0。经股东大会批准，E 股份有限公司按当年净利润的 10% 提取法定盈余公积。假定不考虑其他因素，E 股份有限公司的会计分录如下：

借：利润分配——提取法定盈余公积　　500 000

　　贷：盈余公积——法定盈余公积　　500 000

本年提取盈余公积金额 = 5 000 000 × 10% = 500 000（元）

例 6－13　盈余公积补亏的账务处理

经股东大会批准，F 股份有限公司用以前年度提取的盈余公积弥补当年亏损，当年弥补亏损的数额为 600 000 元。假定不考虑其他因素，F 股份有限公司的会计分录如下：

借：盈余公积　　600 000

　　贷：利润分配——盈余公积补亏　　600 000

例 6－14　盈余公积转增资本的账务处理

因扩大经营规模需要，经股东大会批准，G 股份有限公司将盈余公积 400 000 元转增股本。假定不考虑其他因素，G 股份有限公司的会计分录如下：

借：盈余公积　　400 000

　　贷：股本　　400 000

例 6－15　用盈余公积发放现金股利或利润的账务处理

H 股份有限公司 2013 年 12 月 31 日普通股股本为 50 000 000 股，每股面值 1 元，可供投资者分配的利润为 5 000 000 元，盈余公积 20 000 000 元。2014 年 3 月 20 日，股东大会批准了 2013 年度利润分配方案，以 2013 年 12 月 31 日为登记日，按每股 0.2 元发放现金股利。H 股份有限公司共需要分派10 000 000元现金股利，其中动用可供投资者分配的利润5 000 000元、盈余公积5 000 000元。假定不考虑其他因素，H股份有限公司账务处理如下：

（1）宣告分派股利时：

借：利润分配——应付现金股利　　5 000 000

　　盈余公积　　5 000 000

　　贷：应付股利　　10 000 000

（2）支付股利时：

借：应付股利　　10 000 000

　　贷：银行存款　　10 000 000

本例中，H股份有限公司经股东大会批准，以未分配利润和盈余公积发放现金股利，属于以未分配利润发放现金股利的部分5 000 000元应记入“利润分配——应付现金股利”科目，属于以盈余公积发放现金股利的部分5 000 000元应记入“盈余公积”科目。

本章实操要点及易错点

掌握所有者权益各项目的账务处理，重点是利润分配的账务处理。

第7章 收入、费用和利润业务的账务处理

本章导读

企业运转的过程，可以精练地概括为：支出费用、获得收入、产生利润。

在本章中，我们主要解决以下问题：

（1）如何确认营业收入？

（2）如何对营业收入进行账务处理？

（3）成本、费用是什么？有什么区别？

（4）如何对产品的成本进行账务处理？

（5）如何对费用进行账务处理？

（6）利润是什么？利润由哪些部分构成？

（7）如何对利润进行账务处理？

（8）如何对企业所得税进行账务处理？

7.1 收入的账务处理

7.1.1 收入的特点与分类

《企业会计准则第14号——收入》规定：收入是指企业在日常活动中形成的、会导致所有者权益增加的、与所有者投入资本无关的经济利益的总流入。包括销售商品收入、提供劳务收入和让渡资产使用权收入。企业代第三方收取的款项，应当作为负债处理，不应当确认为收入。

1. 收入的特点

收入的特点如图7－1所示：

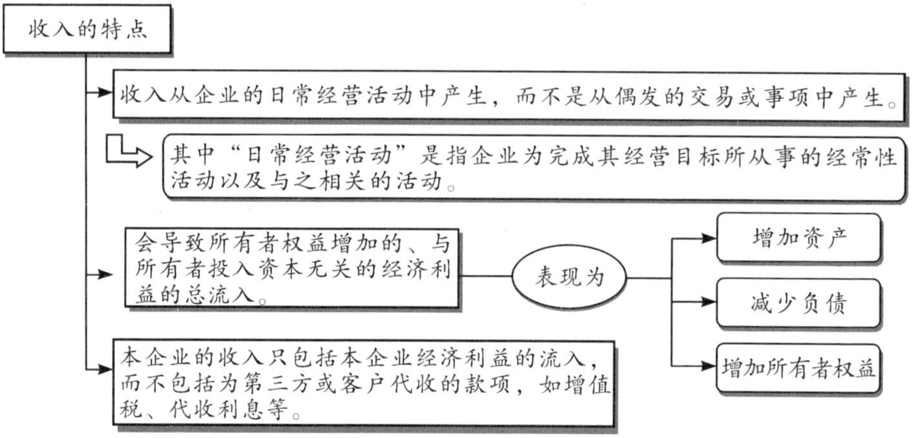

图7－1　收入的特点

2. 收入的分类

如图7－2所示，企业的收入分为销售商品的收入、提供劳务的收入和让渡资产使用权收入。

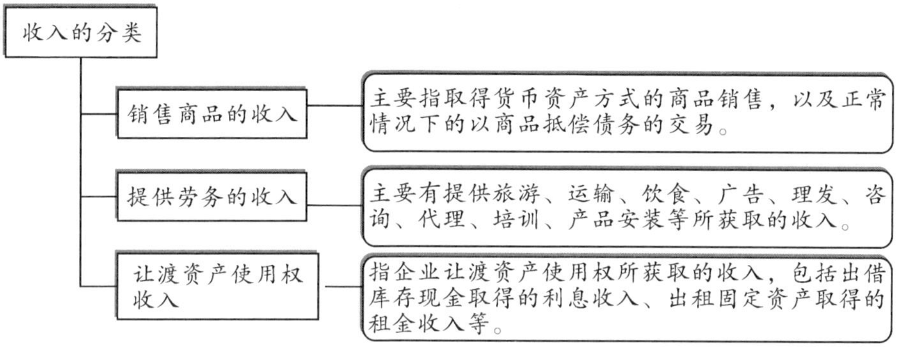

图 7－2　收入的分类

7.1.2　收入的确认与计量

1．商品销售收入的确认与计量

如图 7－3 所示，销售商品收入同时满足下列条件的，才能予以确认：

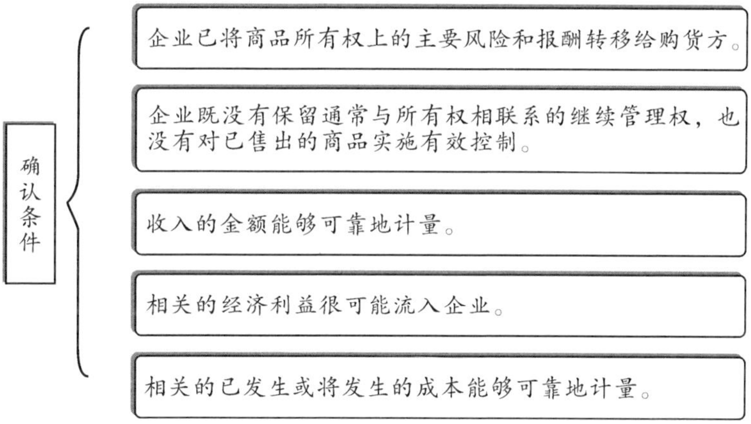

图 7－3　商品销售收入的确认条件

2．劳务收入的确认与计量

企业对外提供劳务的内容很多，完成劳务的时间不等，有的劳务一次就能完成，且一般均为库存现金交易，如饮食、理发、照相等；有的劳务需要花费一段较长的时间才能完成，如安装、旅游、培训、远洋运输等。如图7－4所示，企业应根据劳务完成时间的不同，分下列情况确认和计量劳务收入：

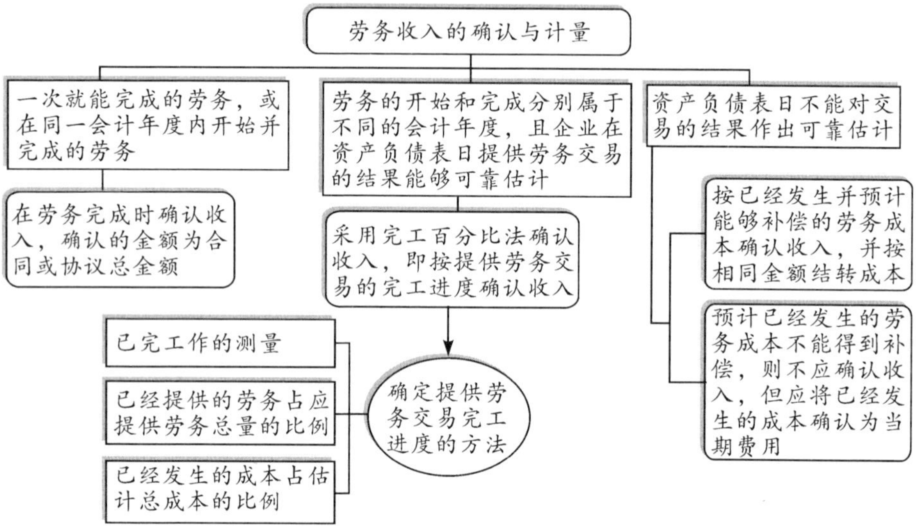

图7－4　劳务收入的确认与计量

企业应当按照从接受劳务方已收或应收的合同或协议价款确定提供劳务收入总额，但已收或应收的合同或协议价款不公允的除外。

企业应当在资产负债表日按照提供劳务收入总额乘以完工进度扣除以前会计期间累计已确认提供劳务收入后的金额，确认当期提供劳务收入；同时，按照提供劳务估计总成本乘以完工进度扣除以前会计期间累计已确认劳务成本后的金额，结转当期劳务成本。

企业与其他企业签订的合同或协议包括销售商品和提供劳务时，销售商品部分和提供劳务部分能够区分且能够单独计量的，应当将销售商品的部分作为销售商品处理，将提供劳务的部分作为提供劳务处理。销售商品部分和提供劳务部分不能够区分，或虽能区分但不能够单独计量的，应当将销售商品部分和提供劳务部分全部作为销售商品处理。

3. 让渡资产使用权收入的确认与计量

让渡资产使用权收入包括利息收入、使用费收入等。如图 7－5 所示，让渡资产使用权收入同时满足下列两个条件的，才能予以确认：

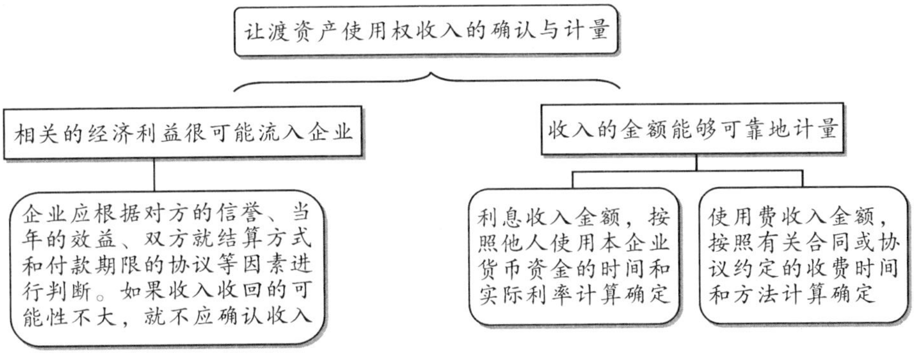

图 7－5　让渡资产使用权收入的确认条件

7.1.3　账户设置

为核算和监督企业销售业务情况，应设置如图 7－6 所示的账户：

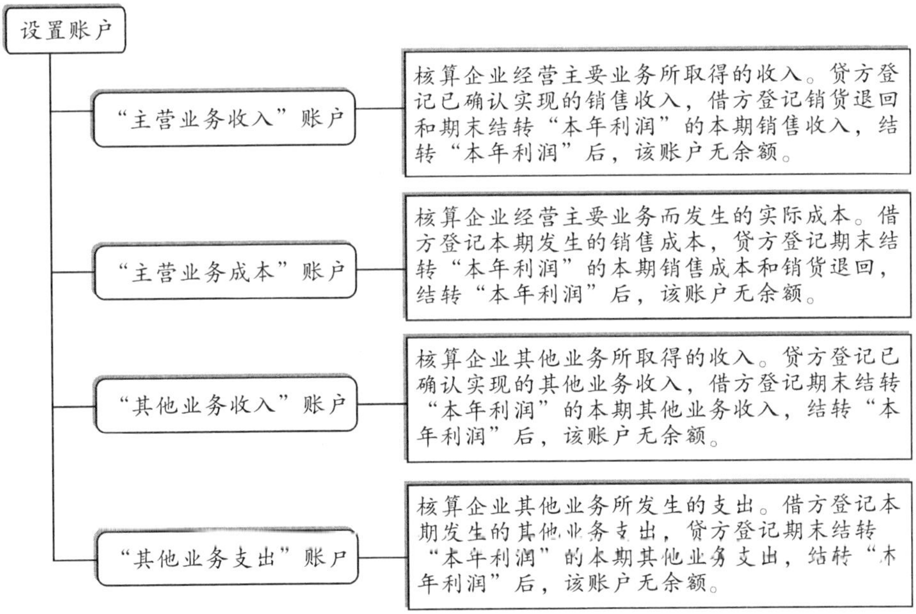

图 7－6　账户的设置

7.1.4 销售商品收入的账务处理

1. 销售收入的账务处理

商品销售收入在确认时，应按确定的收入金额与应收取的增值税，借记“应收账款”“应收票据”“银行存款”等账户，按应收取的增值税，贷记“应交税费——应交增值税（销项税额）”账户，按确定的收入金额，贷记“主营业务收入”账户。

例 7－1 销售收入的账务处理

雷顿公司 2019 年 2 月 16 日销售一批商品，增值税专用发票上注明商品售价 100 000 元，增值税 16 000 元，款项尚未收到，但已符合收入的确认条件，确认为收入。该批商品的成本为 70 000 元。进行账务处理如下：

（1）确认收入：

借：应收账款　　116 000

　　贷：主营业务收入　　100 000

　　　　应交税费——应交增值税（销项税额）　　16 000

（2）结转销售成本：

借：主营业务成本　　70 000

　　贷：库存商品　　70 000

2. 现金折扣的账务处理

现金折扣是企业采用赊销方式销售商品时，为鼓励购货方在一定的借用期限内尽快付款而给予的优惠条件，即购货方可从应付货款总额中扣除一定比例的金额。

例 7－2 现金折扣的账务处理

雷顿公司在 2019 年 3 月 1 日销售一批商品，增值税发票上注明商品售价20 000元，增值税额3 200元。企业在合同中规定的现金折扣条件为：2/10，1/20，n/30（假定计算折扣时不考虑增值税）。

（1）3月1日销售实现时，应按总售价确认收入：

借：应收账款　　23 200

　　贷：主营业务收入　　20 000

　　　　应交税费——应交增值税（销项税额）　　3 200

（2）不同付款时间下，取得货款时的账务处理：

①买方10天以内付款。3月8日买方付清货款，按售价20 000元的2%享受400元的现金折扣，实际付款22 800元（即23 200－400）。

借：银行存款　　22 800

　　财务费用　　400

　　贷：应收账款　　23 200

②买方10天以后、20天以内付款。3月19日买方付清货款，应享受的现金折扣为200元，实际付款23 000元。

借：银行存款　　23 000

　　财务费用　　200

　　贷：应收账款　　23 200

③买方在20天以后、30天以内付款。买方在3月30日付款，则应按全额收款。

借：银行存款　　23 200

　　贷：应收账款　　23 200

3. 销售折让的账务处理

销售折让是指企业因售出产品质量不合格等原因而在售价上给予的减让。对于企业在销售收入确认之后发生的销售折让应在实际发生时，冲减发生当期的收入。发生销售折让时，如按规定允许扣减当期销项税额的，应同时用红字冲减“应交税费——应交增值税”账户的“销项税额”专栏。

例7-3 销售折让的账务处理

雷顿公司销售一批商品，增值税发票上的商品售价300 000元，增值税额48 000元，货到后买方发现商品质量不合格，要求在价格上给予3%的折让。其账务处理如下：

（1）销售实现时：

借：应收账款　　348 000

　　贷：主营业务收入　　300 000

　　　　应交税费——应交增值税（销项税额）　　48 000

（2）发生销售折让时：

借：主营业务收入　　9 000

　　应交税费——应交增值税（销项税额）　　1 440

　　贷：应收账款　　10 440

（3）实际收到款项时：

借：银行存款　　337 560

　　贷：应收账款　　337 560

4. 销售退回的账务处理

销售退回是指企业售出的商品，由于质量、品种不符合要求等原因而发生的退货。销售退回如果发生在企业确认收入之前，处理就比较简单，只需将已记入发出商品账户的商品成本转回“库存商品”账户；如果企业已经确认收入，又发生销售退回的，不论是当年销售的还是以前年度销售的（除属于资产负债表日后事项外），均应冲减退回当月的销售收入，同时冲减退回当月的销售成本。企业发生销售退回时，如按规定允许扣减当期销项税额的，应同时用红字冲减“应交税费——应交增值税”账户的“销项税额”专栏。

例7-4 销售退回的账务处理

雷顿公司2018年12月26日销售商品一批，售价500 000元，增值税额80 000元，成本330 000元。2019年2月8日，该批商品因质量严重不合格被退回，货款已退回购货方。进行账务处理如下：

借：主营业务收入　　500 000

　　应交税费——应交增值税（销项税额）　　80 000

　　贷：银行存款　　580 000

同时，

借：库存商品　　330 000

　　贷：主营业务成本　　330 000

企业采用递延方式分期收款、实质上具有融资性质的销售商品或提供劳务满足收入确认条件的，按应收合同或协议价款，借记“长期应收款”账户，按应收合同或协议价款的公允价值，贷记“主营业务收入”，按专用发票上注明的增值税额，贷记“应交税费——应交增值税（销项税额）”账户，按其差额，贷记“未实现融资收益”账户。

7.1.5　其他业务收入的账务处理

其他业务收入是企业除主营业务以外的其他销售或经营其他业务所取得的收入。如材料销售、技术转让、代购代销等收入。其他业务收入的确认原则与主营业务收入确认原则相同。

企业取得的其他业务收入在“其他业务收入”账户核算，并按其他业务的种类设置明细账进行明细核算。其他业务收入是根据《企业会计准则第14号——收入》确认的除主营业务以外的其他经营活动实现的收入，包括出租固定资产、出租无形资产、出租包装物和商品、销售材料等实现的收入。企业租赁（出租）固定资产取得的租赁收入，在“租赁收入”账户核算，不在“其他业务收入”账户核算。

对于提供劳务实现的收入在确认时，应按确定的收入金额，借记“应收账款”“银行存款”等账户，贷记“主营业务收入”等账户。

企业发生的其他业务各项支出在“其他业务支出”账户核算，并按其他业务的种类设置明细账进行明细核算；该账户核算销售材料、提供非工业性劳务等而发生的相关的成本、费用，以及相关税金及附加等。企业除主营业务活动以外的其他经营活动所发生的支出，包括销售材料的成本、出租固定资产的累计折旧、出租无形资产的累计摊销、出租包装物的成本或摊销额、采用成本模式计量的投资房地产的累计折旧或累计摊销等。

例7-5　其他业务收入的账务处理

雷顿公司收到转让无形资产使用权所取得的收入80 000元，存入银行；当期该无形资产的摊销费2 000元。其账务处理如下：

（1）收到款项时：

借：银行存款　　80 000

　　贷：其他业务收入　　80 000

（2）月末摊销无形资产时：

借：其他业务支出　　2 000

　　贷：累计摊销　　2 000

7.2　费用的账务处理

7.2.1　费用的特征和分类

费用是会计核算中十分重要的会计要素。它的概念与特征，如图7-7所示：

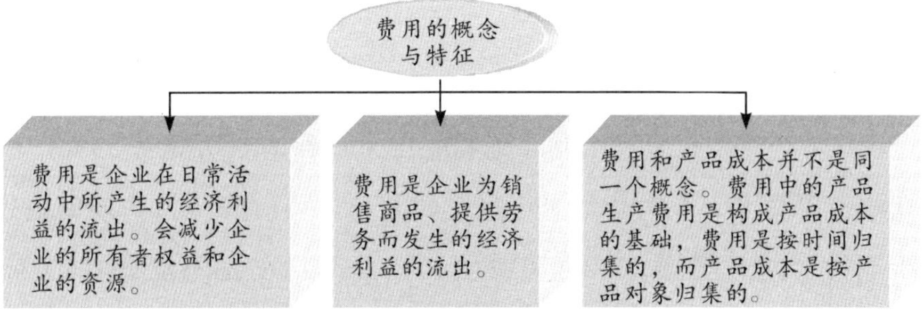

图7-7　费用的概念与特征

为了正确地进行成本和费用的账务处理，必须对各种费用进行合理分类。费用按经济用途进行分类，可分为产品生产费用和期间费用。如图7-8所示：

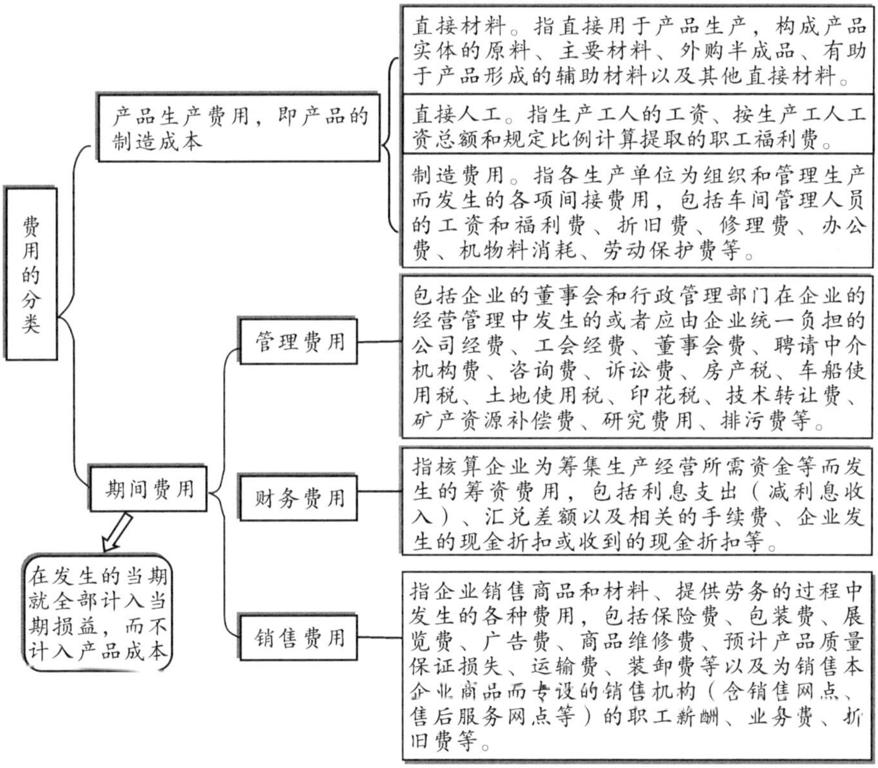

图7-8　费用的分类

7.2.2 费用的确认

企业应当按照权责发生制原则和配比原则确认当期费用。对于应属本期的各项费用，不论其是否实际支付款项，均应确认为本期的费用；对于不属本期的费用，即使款项已经在本期付出也不应确认为本期费用。

如图 7－9 所示，在实际工作中，确认费用的方法主要有以下几种：

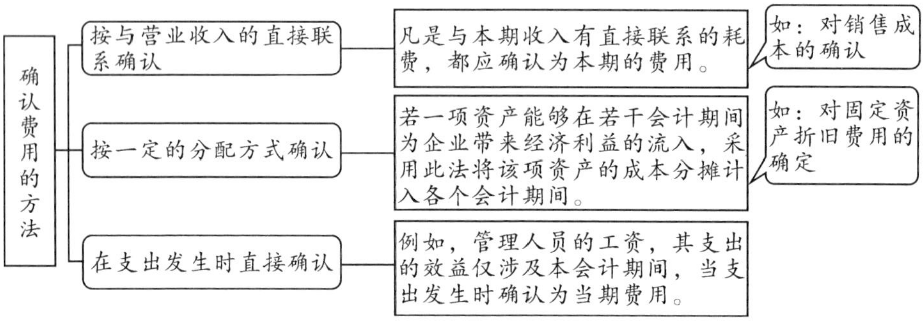

图 7－9 确认费用的方法

7.2.3 期间费用的账务处理

1. 账户设置

如图 7－10 所示，为核算和监督企业的期间费用的发生，应设置如下账户：

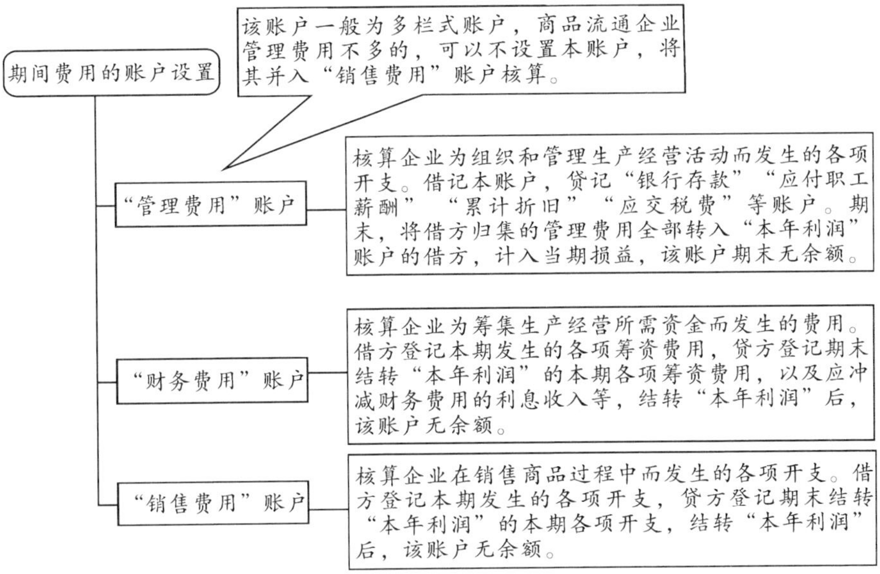

图7－10　期间费用的账务设置

2. 期间费用的账务处理

期间费用大部分容易确定其发生的期间，而难以判别其所归属的产品，因而在发生的当期从损益中扣除。

(1) 管理费用的账务处理

管理费用发生时，借记“管理费用”账户，贷记“库存现金”“银行存款”“材料”“应付职工薪酬”“累计摊销”“累计折旧”“应交税费”“坏账准备”等账户。

例7－6　管理费用的账务处理

雷顿公司用库存现金支付业务招待费600元。进行账务处理如下：

借：管理费用　　600

　　贷：库存现金　　600

例7－7　管理费用的账务处理

雷顿公司计提本月办公用房的折旧费2 600元。进行账务处理如下：

借：管理费用　　2 600

　　贷：累计折旧　　2 600

（2）财务费用的账务处理

财务费用发生时，借记“财务费用”账户，贷记“银行存款”“应付利息”等账户，企业发生利息收入、汇兑收益时，借记“银行存款”等账户，贷记“财务费用”账户。

例 7－8　财务费用的账务处理

雷顿公司支付金融机构手续费 500 元。进行账务处理如下：

借：财务费用　　500

　　贷：银行存款　　500

（3）销售费用的账务处理

销售费用发生时，借记“销售费用”账户，贷记“库存现金”“银行存款”“应付职工薪酬”等账户。

例 7－9　销售费用的账务处理

雷顿公司用库存现金支付商品检验费 400 元。进行账务处理如下：

借：销售费用　　400

　　贷：库存现金　　400

7.3　政府补助

7.3.1　政府补助的概念和特征

政府补助是指企业从政府无偿取得货币性资产或非货币性资产，但不包括政府作为企业所有者投入的资本。其中，“政府”包括各级人民政府以及政府组成部门（如财政、卫生部门）、政府直属机构（如税务、环保部门）等。联合国、世界银行等国际类似组织，也视同为政府。

如图 7－11 所示，政府补助具有以下特征：

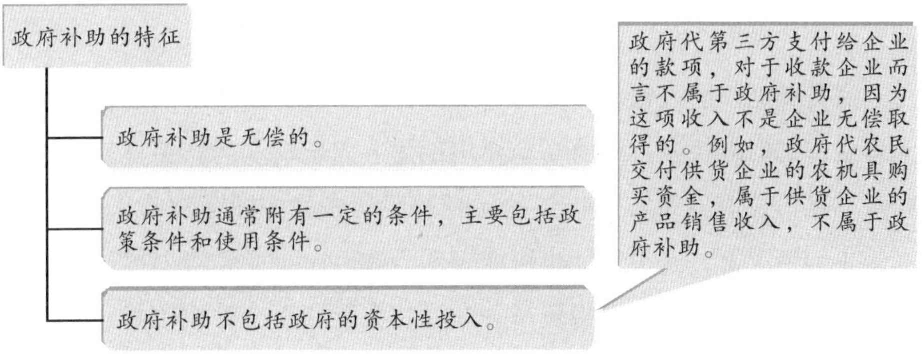

图 7－11　政府补助的特征

7.3.2　政府补助的主要形式

政府补助通常为货币性资产形式，最常见的就是通过银行转账的方式；但由于历史原因也存在无偿划拨非货币性资产的情况，随着市场经济的逐步完善，这种情况已经趋于消失。如图 7－12 所示，政府补助的主要形式有：

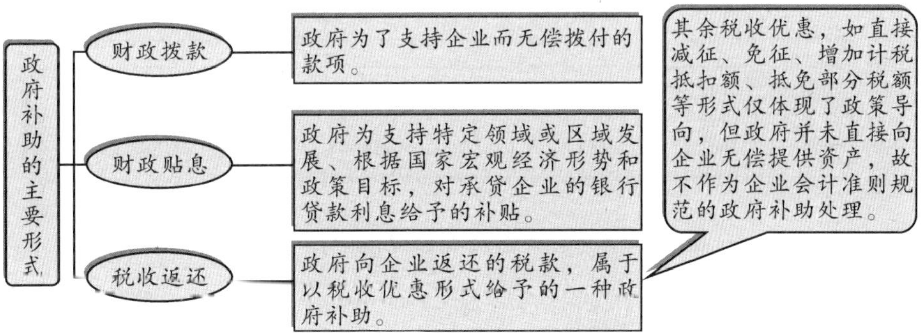

图 7－12　政府补助的主要形式

7.3.3 与资产相关的政府补助

与资产相关的政府补助，是指企业取得的、用于购建或以其他方式形成长期资产的政府补助。

这类补助一般以银行转账的方式拨付，如政府拨付的用于企业购买无形资产的财政拨款、政府对企业用于建造固定资产的相关贷款给予的财政贴息等，应当在实际收到款项时按照到账的实际金额确认和计量。在很少的情况下，这类补助也可能表现为政府向企业无偿划拨长期非货币性资产，应当在实际取得资产并办妥相关受让手续时按照其公允价值确认和计量，公允价值不能可靠取得的，按照名义金额（即1人民币元）计量。

根据配比原则，企业取得与资产相关的政府补助，不能全额确认为当期收益，应当随着相关资产的使用逐渐计入以后各期的收益。也就是说，与资产相关的政府补助应当确认为递延收益，然后自相关资产可供使用时起，在该项资产使用寿命内平均分配，计入当期营业外收入。如图7－13所示，需要对递延收益分配说明两点：

递延收益分配的起点是“相关资产可供使用时”，对于应计提折旧或摊销的长期资产，即为资产开始折旧或摊销的时点。

递延收益分配的终点是“资产使用寿命结束或资产被处置时（孰早）”。相关资产在使用寿命结束前被处置（出售、转让、报废等），尚未分配的递延收益余额应当一次性转入资产处置当期的收益，不再予以递延。

图7－13 关于递延收益分配的两个问题

例7－10 递延收益的账务处理

2006年1月1日，政府拨付A企业500万元财政拨款（同日到账），要求用于购买大型科研设备 1 台；并规定若有结余，留归企业自行支配。2007 年 2 月 1 日，A 公司购入大型设备（假设不需安装），实际成本为 480 万元，使用寿命为 10 年。2014 年 2 月 1 日，A 公司出售了这台设备，暂不考虑相关税费。A 公司的账务处理如下：

（1）2006 年 1 月 1 日实际收到财政拨款，确认政府补助：

借：银行存款　　5 000 000

　　贷：递延收益　　5 000 000

（2）2007 年 2 月 1 日购入设备：

①结余的处理。结余需要上交或部分上交的，按需上交的金额冲减“递延收益”；不需上交的结余，计入当期营业外收入：

借：递延收益　　200 000

　　贷：营业外收入　　200 000

②分配递延收益。自 2007 年 2 月起，每个资产负债表日：

借：递延收益　　40 000

　　贷：营业外收入　　40 000

（3）2014 年 2 月 1 日出售设备，转销递延收益余额：

借：递延收益　　1 500 000（5 000 000 ÷ 10 × 3）

　　贷：营业外收入　　1 500 000

例 7－11　递延收益的账务处理

2013 年 1 月 1 日，雷顿公司为建造一项环保工程向银行贷款 500 万元，期限 2 年，年利率为 6%。当年 12 月 31 日，雷顿公司向当地政府提出财政贴息申请。经审核，当地政府批准按照实际贷款额 500 万元给予雷顿公司年利率 3% 的财政贴息，共计 30 万元，分两次支付。2014 年 1 月 15 日，第一笔财政贴息资金 12 万元到账。2014 年 7 月 1 日，工程完工，第二笔财政贴息资金 18 万元到账，该工程预计使用寿命 10 年。雷顿公司的账务处理如下：

（1）2014 年 1 月 15 日实际收到财政贴息，确认政府补助：

借：银行存款　　　　120 000

　　贷：递延收益　　　　120 000

（2）2014 年 7 月 1 日实际收到财政贴息，确认政府补助：

借：银行存款　　　　180 000

　　贷：递延收益　　　　180 000

（3）2014 年 7 月 1 日工程完工，开始分配递延收益，自 2014 年 7 月 1 日起，每个资产负债表日：

借：递延收益　　　　2 500（300 000 ÷ 10 ÷ 12）

　　贷：营业外收入　　　　2 500

7.3.4　与收益相关的政府补助

与收益相关的政府补助，是指除与资产相关的政府补助之外的政府补助。

这类补助通常以银行转账的方式拨付，应当在实际收到款项时按照到账的实际金额确认和计量。比如，按照有关规定对企业先征后返的增值税，企业应当在实际收到返还的增值税税款时将其确认为收益，而不应当在确认应付增值税时确认应收税收返还款。只有存在确凿证据表明该项补助是按照固定的定额标准拨付的，才可以在这项补助成为应收款时予以确认并按照应收的金额计量。例如，按储备量和补助定额计算和拨付给企业的储备粮存储费用补贴，可以按照实际储备量和补贴定额计算应收政府补助款。

与收益相关的政府补助应当在其补偿的相关费用或损失发生的期间计入当期损益，具体情况如图 7－14 所示：

用于补偿企业以后期间费用或损失的，在取得时先确认为递延收益，然后在确认相关费用的期间计入当期营业外收入。

用于补偿企业已发生费用或损失的，取得时直接计入当期营业外收入。

不容易分清是用于补偿已发生费用，还是用于补偿以后将发生的费用时，应根据重要性原则，将与收益相关的政府补助直接计入当期营业外收入，对于金额较大的补助，可以分期计入营业外收入。

图 7－14　与收益相关的政府补助的账务处理

例 7－12　与收益相关的政府补助的账务处理

雷顿公司生产一种先进的模具产品，按照国家相关规定，该企业的这种产品适用增值税先征后返政策，即先按规定征收增值税，然后按实际缴纳的增值税税额返还 70%。2014 年 1 月，该企业实际缴纳增值税税额 120 万元。2014 年 2 月，该企业实际收到返还的增值税税额 84 万元。雷顿公司实际收到返还的增值税税额的会计分录如下：

借：银行存款　　840 000

　　贷：营业外收入　　840 000

例 7－13　与收益相关的政府补助的账务处理

A 企业为一家储备粮企业，2014 年实际粮食储备量 1 亿斤。根据国家有关规定，财政部门按照企业的实际储备量给予每斤 0.039 元的粮食保管费补贴，于每个季度初支付。A 企业的账务处理如下：

（1）2014 年 1 月，A 企业收到财政拨付的补贴款时：

借：银行存款　　3 900 000

　　贷：递延收益　　3 900 000

（2）2014 年 1 月，将补偿 1 月份保管费的补贴计入当期收益：

借：递延收益　　1 300 000

　　贷：营业外收入　　1 300 000

（2014 年 2 月和 3 月的会计分录同上。）

例 7－14　与收益相关的政府补助的账务处理

按照相关规定，粮食储备企业需要根据有关主管部门每季度下达的轮换计划出售陈粮，同时购入新粮。为弥补粮食储备企业发生的轮换费用，财政部门按照轮换计划中规定的轮换量支付给企业 0.02 元/斤的轮换费补贴。假设按照轮换计划，B 企业需要在 2014 年第一季度轮换储备粮 1.2 亿斤，款项尚未收到。B 企业的账务处理如下：

（1）2014 年 1 月按照轮换量 1.2 亿斤和国家规定的补贴定额 0.02 元/斤，计算和确认其他应收款 240 万元：

借：其他应收款　　2 400 000

　　贷：递延收益　　2 400 000

（2）2014 年 1 月，将补偿 1 月份保管费的补贴计入当期收益：

借：递延收益　　800 000

　　贷：营业外收入　　800 000

（2014 年 2 月和 3 月的会计分录同上。）

例 7－15　与收益相关的政府补助的账务处理

2014 年 3 月，D 粮食企业为购买储备粮从国家农业发展银行贷款 2 000万元，同期银行贷款利率为 6%。自 2014 年 4 月开始，财政部门于每季度初，按照 D 企业的实际贷款额和贷款利率拨付 D 企业贷款利息，D 企业收到财政部门拨付的利息后再支付给银行。D 企业的账务处理如下：

（1）2014 年 4 月，实际收到财政贴息 30 万元时：

借：银行存款　　300 000

　　贷：递延收益　　300 000

（2）将补偿 2014 年 4 月份利息费用的补贴计入当期收益：

借：递延收益　　100 000

　　贷：营业外收入　　100 000

（2014 年 5 月和 6 月的会计分录同上。）

7.3.5　与资产和收益均相关的政府补助

政府补助的对象常常是综合性项目，可能既包括设备等长期资产的购置，也包括人工费、购买服务费、管理费等费用化支出的补偿，这种政府补助与资产和收益均相关。

以研发补贴为例，大部分研发补贴的对象是符合政策规定的特定研发项目，企业取得补贴后可用于购置该研发项目所需的设备，或者购买试剂、支付劳务费等。例如，集成电路产业研究与开发专项资金的补贴内容包括：（1）人工费，含集成电路人才培养、引进和奖励费；（2）专用仪器及设备费；（3）专门用于研发活动的咨询和等效服务费用；（4）因研发活动而直接发生的如材料、供应品等日常费用；（5）因研发活动而直接发生的间接支出；（6）为管理研发资金而发生的必要费用。

企业取得这类政府补助时，需要将其分解为与资产相关的部分和与收益相关的部分，分别进行账务处理。在实务中，政府常常只补贴整个项目开支的一部分，企业可能确实难以区分某项政府补助中哪些与资产相关、哪些与收益相关，或者对其进行划分不符合重要性原则或成本效益原则。这种情况下，企业可以将整项政府补助归类为与收益相关的政府补助，视情况不同计入当期损益，或者在项目期内分期确认为当期收益。

例 7－16　与资产和收益均相关的政府补助的账务处理

A 公司 2011 年 12 月申请某国家级研发补贴。申报书中的有关内容如下：本公司于 2011 年 1 月启动数字印刷技术开发项目，预计总投资 360 万元、为期 3 年，已投入资金 120 万元。项目还需新增投资 240 万元（其中，购置固定资产 80 万元、场地租赁费 40 万元、人员费 100 万元、市场营销 20 万元），计划自筹资金 120 万元，申请财政拨款 120 万元。

2012 年 1 月 1 日，主管部门批准了 A 公司的申报，签订的补贴协议规定：批准 A 公司补贴申请，共补贴款项 120 万元，分两次拨付。合同签订日拨付60万元，结项验收时支付60万元（如果不能通过验收，则不支付第二笔款项）。A公司的账务处理如下：

（1）2012年1月1日，实际收到拨款60万元：

借：银行存款　　　　600 000

　　贷：递延收益　　　　600 000

（2）自2012年1月1日至2014年1月1日，每个资产负债表日，分配递延收益（假设按年分配）：

借：递延收益　　　　300 000

　　贷：营业外收入　　　　300 000

（3）2014年项目完工，假设通过验收，于5月1日实际收到拨付60万元：

借：银行存款　　　　600 000

　　贷：营业外收入　　　　600 000

例7－17　与资产和收益均相关的政府补助的账务处理

按照有关规定，2012年9月雷顿公司为其自主创新的某高新技术项目申报政府财政贴息，申报材料中表明该项目已于2012年3月启动，预计共需投入资金2 000万元，项目期2.5年，已投入资金600万元。项目尚需新增投资1 400万元，其中计划贷款800万元，已与银行签订贷款协议，协议规定贷款年利率6%，贷款期2年。

经审核，2012年11月政府批准拨付雷顿公司贴息资金70万元，分别在2013年10月和2014年10月支付30万元和40万元。雷顿公司的账务处理如下：

（1）2013年10月实际收到贴息资金30万元：

借：银行存款　　　　300 000

　　贷：递延收益　　　　300 000

（2）2013年10月起，在项目期内分配递延收益（假设按月分配）：

借：递延收益　　25 000

　　贷：营业外收入　　25 000

（3）2014 年 10 月实际收到贴息资金 40 万元：

借：银行存款　　400 000

　　贷：营业外收入　　400 000

7.4　利润的账务处理

7.4.1　利润的构成

利润的构成如图 7－15 所示：

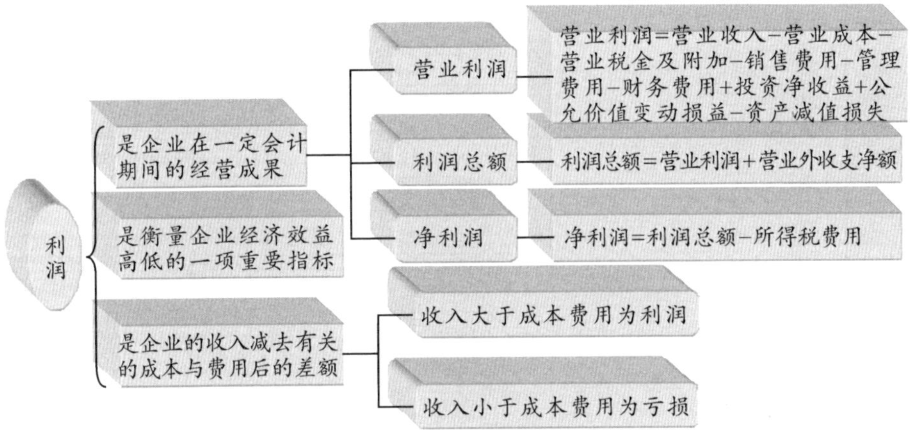

图 7－15　利润的构成

7.4.2　账户设置

如图 7－16 所示，为核算和监督企业经营成果的情况，应设置如下账户：

账户设置

“营业外收入”账户	核算企业发生的与生产经营无直接关系的各项收入。贷方登记已确认发生的营业外收入，借方登记期末结转“本年利润”的本期营业外收入，结转“本年利润”后，该账户无余额。
“营业外支出”账户	核算企业发生的与本企业生产经营无直接关系的各项支出。借方登记本期发生的营业外支出，贷方登记期末结转“本年利润”的本期营业外支出，结转“本年利润”后，该账户无余额。
“所得税费用”账户	核算企业按规定从当期损益中扣除的所得税费用。借方登记本期计算确认的所得税费用，贷方登记期末结转“本年利润”的本期所得税费用，结转“本年利润”后，该账户无余额。
“投资收益”账户	核算企业确认的投资收益或投资损失。
“资产减值损失”账户	确定资产发生减值的，按应减记的金额，借记“资产减值损失”账户，贷记“坏账准备”等账户。企业计提坏账准备、存货跌价准备、持有至到期投资减值准备等后，借记“坏账准备”等账户，贷记“资产减值损失”账户。期末，应将本账户余额转入“本年利润”账户，结转后本账户无余额。
“本年利润”账户	核算企业本年度实现的净利润。贷方登记期末各收益类账户的转入数额，借记登记期末成本费用或支出类账户的转入数额，结转后如有贷方余额，表示利润；如有借方余额，表示亏损。年度终了，企业应将“本年利润”账户的累计余额转入“利润分配——未分配利润”账户，结转后本账户无余额。
“利润分配”账户	核算企业利润分配的各个项目的具体数额、利润分配后的余额。年度终了，企业将全年实现的净利润，自“本年利润”账户转入本账户，即借记“本年利润”账户，贷记“未分配利润”账户，如为净亏损，作相反会计分录。同时，将“利润分配”账户下的其他明细账户的余额转入本账户的“未分配利润”明细账户。结转后，除“未分配利润”明细账户外，本账户的其他明细账户应无余额。年末余额，反映企业历年积存的未分配利润（或未弥补亏损）。

图7-16　账户的设置

7.4.3　营业外收入和营业外支出的账务处理

营业外收入和营业外支出是指与企业正常生产经营活动没有直接联系

的各项收支。

1. 营业外收入的账务处理

营业外收入是指企业发生的与其经营活动无直接关系的各项净收入，主要包括处置非流动资产利得、非货币性资产交换利得、债务重组利得、罚没利得、政府补助利得、确实无法支付而按规定程序经批准后转作营业外收入的应付款项等。

营业外收入发生时，应借记“待处理财产损溢”“银行存款”“库存现金”“固定资产清理”“无形资产”等账户，贷记“营业外收入”账户。期末应将“营业外收入”账户的金额转入“本年利润”账户，借记“营业外收入”账户，贷记“本年利润”账户。

例7-18　营业外收入的账务处理

雷顿公司取得罚款收入60 000元，存入银行。进行账务处理如下：

借：银行存款　　60 000

　　贷：营业外收入——罚没利得　　60 000

2. 营业外支出的账务处理

营业外支出是指核算企业发生的与其经营活动无直接关系的各项净支出，包括处置非流动资产损失、非货币性资产交换损失、债务重组损失、罚款支出、捐赠支出、非常损失等。

营业外支出发生时，借记“营业外支出”账户，贷记“待处理财产损溢”“固定资产清理”“库存现金”“银行存款”等账户。期末应将本账户余额转入“本年利润”账户，借记“本年利润”账户，贷记“营业外支出”账户。

例7-19　营业外支出的账务处理

企业未按合同约定时间交货，支付违约金8 000元。进行账务处理如下：

借：营业外支出　　　　　　　　　　　　　　8 000

　　贷：银行存款　　　　　　　　　　　　　　8 000

7.4.4　所得税费用的账务处理

根据《企业会计准则第 18 号——所得税》的规定，企业的所得税费用应采用资产负债表债务法进行核算。但小企业仍可采用应付税款法，即按照应纳税所得额直接计算应交所得税。企业应交纳的所得税是根据企业应纳税所得额的一定比例计算的。应纳税所得额是在企业会计利润基础上调整确定的。如图 7－17 所示，计算公式为：

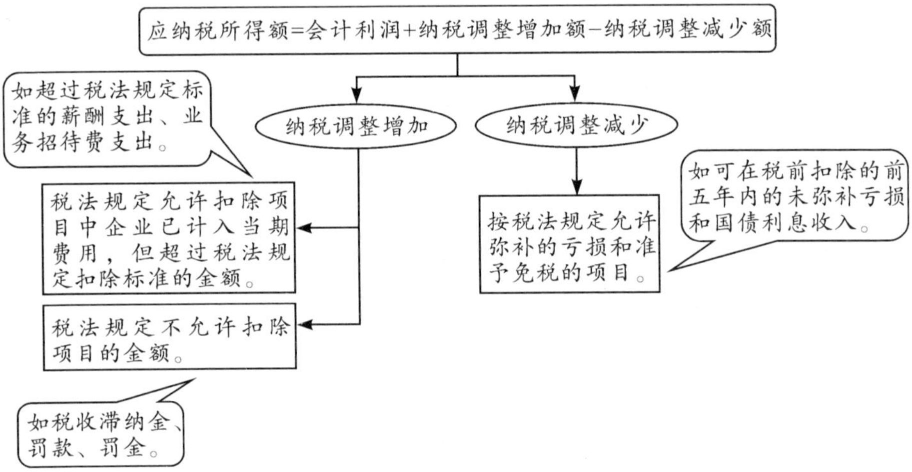

图 7－17　应纳税所得额的计算

如不存在暂时性差异的影响，企业计算出应交纳的所得税时，分录为：

借：所得税费用

　　贷：应交税费——应交所得税

企业实际上交税金时，借记“应交税费——应交所得税”账户，贷记“银行存款”账户。期末，应将“所得税费用”账户的借方，转入“本年利润”账户，贷记“所得税费用”账户，借记“本年利润”账户。

7.4.5　本年利润的账务处理

本年利润是企业本年度实现的最终经营成果。会计期末，企业应将各收益类账户的余额转入“本年利润”账户的贷方，借记有关收入类账户，贷记“本年利润”账户；并应将计入当期损益的成本费用或支出类账户的余额转入“本年利润”账户的借方，借记“本年利润”账户，贷记各有关费用或支出类账户。

例 7－20　本年利润的账务处理

企业 2018 年损益类账户的年末余额如表 7－1 所示（该企业年末一次结转损益类账户）：根据上述资料，进行账务处理如下：

表 7－1　损益类科目未结转前余额表

科目名称	借方	贷方	科目名称	借方	贷方
主营业务成本	3 500 000		主营业务收入		5 500 000
税金及附加	70 000		其他业务收入		600 000
其他业务支出	390 000		投资收益		800 000
销售费用	460 000		营业外收入		40 000
管理费用	830 000				
财务费用	180 000				
营业外支出	470 000				
所得税费用	330 000				

（1）结转各项收入与收益：

借：主营业务收入　　5 500 000

　　其他业务收入　　600 000

　　投资收益　　800 000

　　营业外收入　　40 000

　　贷：本年利润　　6 940 000

（2）结转各项成本、费用或支出：

借：本年利润　　6 230 000

　贷：主营业务成本　　3 500 000

　　税金及附加　　70 000

　　其他业务支出　　390 000

　　销售费用　　460 000

　　管理费用　　830 000

　　财务费用　　180 000

　　营业外支出　　470 000

　　所得税费用　　330 000

（3）将“本年利润”账户余额转入“利润分配——未分配利润”账户：

借：本年利润　　710 000

　贷：利润分配——未分配利润　　710 000

7.5 利润分配的账务处理

7.5.1 利润分配的内容

企业实现的净利润，应按国家规定的顺序分配，以保证所有者的合法权益和企业长期、稳定地发展。企业本年实现的净利润加上年初未分配利润为可供分配的利润。企业每年实现的净利润，首先弥补以前年度尚未弥补的亏损，然后应按下列顺序进行分配，如图 7－18 所示：

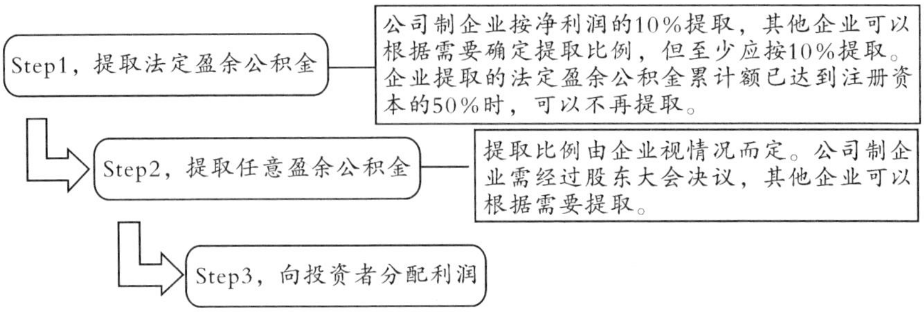

图 7－18　净利润的分配顺序

应注意的是，企业如果发生亏损，可以用以后年度实现的利润弥补，也可以用以前年度提取的盈余公积金弥补。企业以前年度亏损未弥补完，不能提取法定盈余公积金。在提取法定盈余公积金前，不得向投资者分配利润。

7.5.2 利润分配的账务处理方法

为了核算和监督利润的分配（或亏损的弥补）和历年分配（或亏损）后的积存余额，企业应设置“利润分配”账户。它属于所有者权益类账户。贷方登记全年实现的净利润或弥补的亏损额；借方登记利润分配金额或全年发生的亏损额；期末贷方余额反映历年滚存的未分配利润；如为借方余额，则反映未弥补的亏损额。本账户应按企业会计准则规定的利润分配顺序和内容设置下列明细账，进行明细核算。如图 7－19 所示：

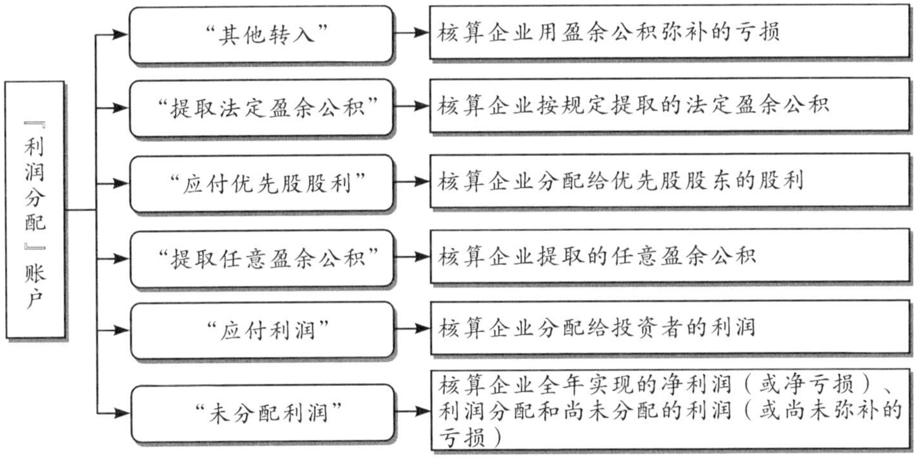

图 7－19 “利润分配”账户明细账的设置

例 7－21 利润分配的账务处理

某企业当年的税后利润为 710 000 元。该企业董事会决议，经股东大会批准，按税后利润的10%提取法定盈余公积，按可供投资者分配的利润的80%向投资者分配利润（假定该企业以前年度没有未分配利润）。进行账务处理如下：

（1）提取法定盈余公积：

借：利润分配——提取法定盈余公积　　71 000

　　贷：盈余公积　　71 000

（2）向投资者分配利润511 200元[（710 000－71 000）×80%]：

借：利润分配——应付利润　　511 200

　　贷：应付利润　　511 200

（3）将“利润分配”账户下的其他明细账户的余额转入本账户的“未分配利润”明细账户：

借：利润分配——未分配利润　　582 200

　　贷：利润分配——提取法定盈余公积　　71 000

　　　　　　　　——应付利润　　511 200

本章实操要点及易错点

重点掌握收入、本年利润、利润分配的账务处理。

第8章 会计变更和会计差错的更正

本章导读

会计作为企业的财务信息处理系统，必须有一套信息纠错机制，这就是会计变更和会计差错的更正方法。

在本章中，我们主要解决以下问题：

(1) 什么是会计政策？

(2) 什么是会计政策的变更？

(3) 会计政策变更在会计上如何处理？

(4) 什么是会计估计？

(5) 什么是会计估计的变更？

(6) 会计估计变更在会计上如何处理？

(7) 什么是会计差错？

(8) 什么是会计差错的更正？

(9) 会计差错更正在会计上如何处理？

8.1 会计政策及其变更

8.1.1 什么是会计政策

按照国际会计准则委员会的定义，会计政策是指“企业编报财务报表时所采用具体原则、基础、惯例、规则和实务”。

按照一般的说法，会计政策，指企业在账务处理时所遵循的具体原则以及企业所采纳的具体账务处理方法。具体原则是指企业按准则和制度规定的原则所制定的，适合于本企业会计制度中所采用的会计原则；具体账务处理方法是指企业在诸多可选择的账务处理方法中所选择的、适合于本企业的账务处理方法。

8.1.2 我国企业会计政策的特点

如图 8－1 所示，在我国，会计政策的采纳和运用有如下特点：

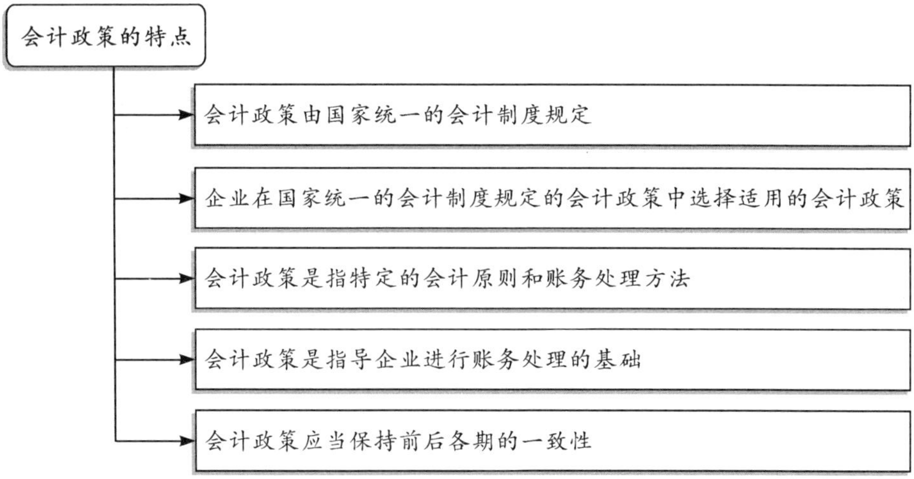

图 8－1

8.1.3　会计政策的主要类型

企业账务处理中所采纳的会计政策，通常应当在会计报表附注中加以披露。如图 8 –2 所示，需要披露的项目主要有：

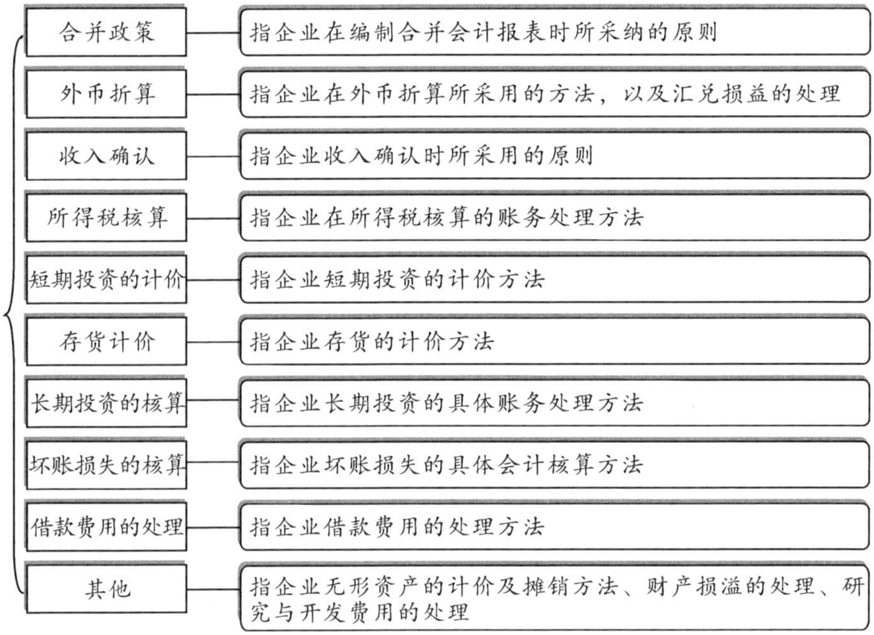

图 8 –2　会计政策在会计报表附注中应披露的信息

8.1.4　什么是会计政策的变更

会计政策变更，是指企业对相同的交易或事项由原来采用的会计政策，改用另一种会计政策的行为。为保证会计信息的可比性，使会计报表使用者在比较企业一个以上期间的会计报表时，能够正确判断企业的财务状况、经营成果和现金流量的趋势，一般情况下，企业应在每期采用相同的会计政策，不应也不能随意变更会计政策，否则势必会削弱信息的可比性，使会计报表使用者在比较企业的经营业绩时发生困难。当然，会计政策也不是不能变更，只要符合下列条件之一的，即可进行会计政策变更。其条件如图8－3所示：

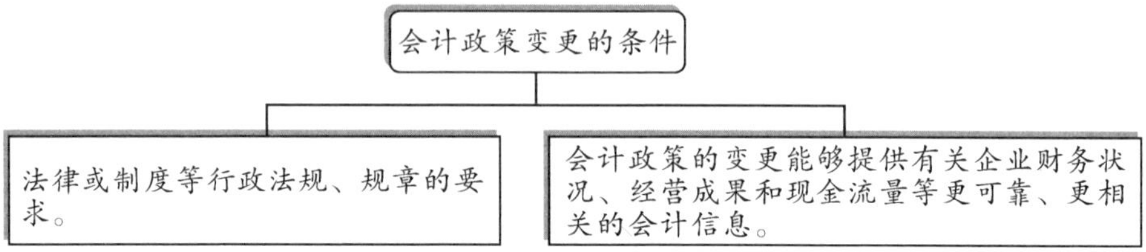

图8－3　会计政策变更的条件

8.1.5　哪些不属于会计政策变更的交易或事项

如图8－4所示，不属于会计政策变更的交易或事项，主要有以下几种情况：

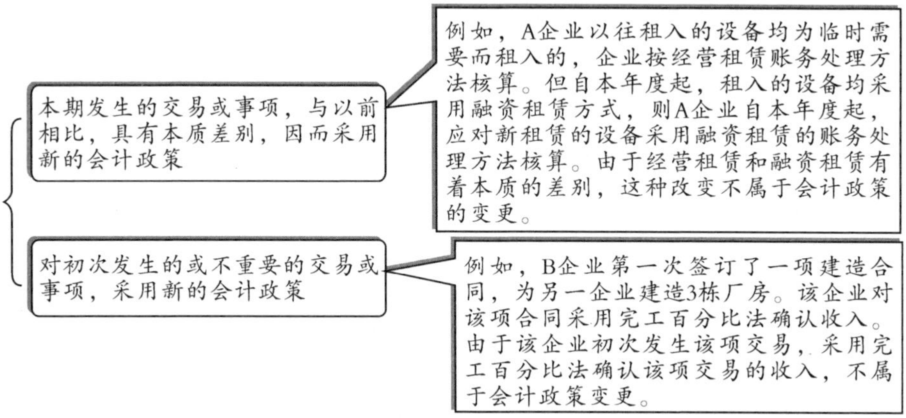

图8－4　不属于会计政策变更的交易或事项

8.1.6　什么是会计政策变更的累积影响数

会计政策变更的累积影响数，指按变更后的会计政策，对以前各期追溯计算的变更年度期初留存收益的应有金额，与现有金额之间的差额。它是假设与会计政策变更相关的交易或事项在初次发生时即采用新的会计政策，而得出的变更年度期初留存收益应有的金额与现有金额的差额。它是变更会计政策所导致的对净损益的影响金额，不包括分配的利润或股利。这里的留存收益，包括法定盈余公积、法定公益金、任意盈余公积和未分配利润各项目。

如图 8－5 所示，累积影响数可通过以下各步骤计算获得：

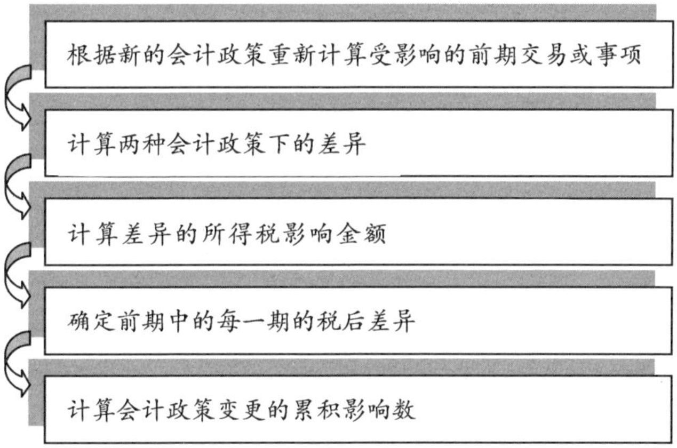

图 8－5　计算累积影响数的步骤

8.1.7　会计政策变更的账务处理方法

如图 8－6 所示，会计政策变更根据具体情况，分别按照以下规定处理：

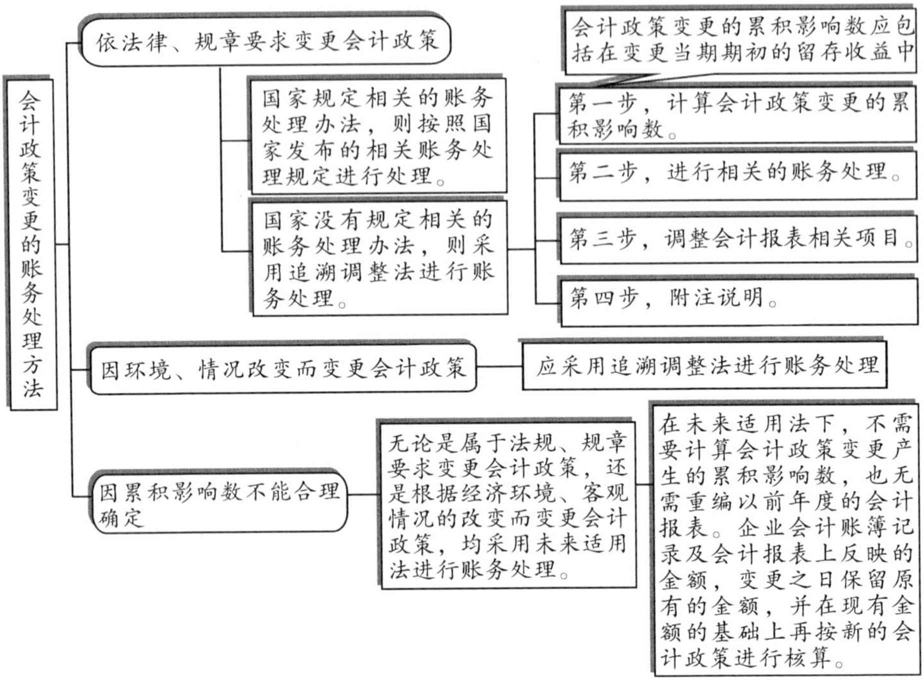

图8－6　会计政策变更的账务处理方法

8.1.8　会计政策变更在会计报表附注中如何披露

企业应在会计报表附注中披露如下会计政策变更的有关事项，见图8－7：

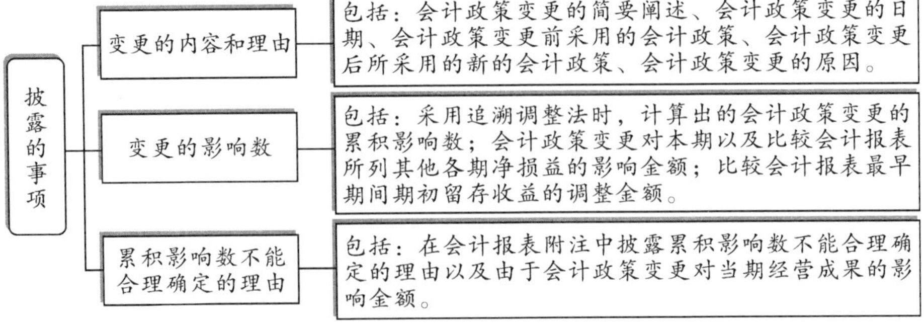

图8－7　企业应在会计报表附注中披露的会计政策变更事项

8.2　会计估计及其变更

8.2.1　什么是会计估计

会计估计是指企业对其结果不确定的交易或事项，以最近可利用的信息为基础所做的判断。在日常的生产经营活动中，企业为了定期、及时地提供有用的会计信息，将延续不断的营业活动人为地划分为各个阶段，如年度、季度、月度等，并在权责发生制基础上对企业的财务状况和经营成果进行定期确认和计量。在确认、计量过程中，当记入的交易或事项涉及未来事项的不确定时，必须予以估计入账。运用合理估计，是会计核算必不可少的部分，它不会削弱会计核算的可靠性。

8.2.2　会计估计的常见项目

如图 8－8 所示，常见的会计估计项目有以下几种：

- 估计坏账
- 无形资产的受益期
- 估计存货遭受毁损、全部或部分陈旧过时所产生的损失
- 固定资产的耐用年限与净残值
- 长期待摊费用的分摊期间
- 资产损失准备的估计
- 收入确认中的估计

图 8－8　会计估计的常见项目

8.2.3 会计估计的产生原因

由于企业经营活动中内在的不确定因素，某些会计报表项目不能准确地计量，而只能加以估计。估计过程就是以最近可以得到的信息为基础所做的判断。在进行账务处理时，估计是不可缺少的。例如，发生的坏账、存货报废、应计折旧固定资产的使用年限等，都需要进行估计。

但是，估计毕竟是就现有的资料对未来所做的判断。随着时间的推移，如果赖以进行估计的情况发生了变化，或者是由于取得了新的信息，积累了更多的经验或后来的发展，可能不得不对估计进行修订。对估计进行修订，并不表明原来的估计方法有问题或不是最适当的，只是表明会计估计已经不能适应目前的实际情况，已经失去了继续沿用的依据，因此，需要进行会计估计的变更。

8.2.4 会计估计的特点

如图 8 –9 所示，会计估计有如下的特点：

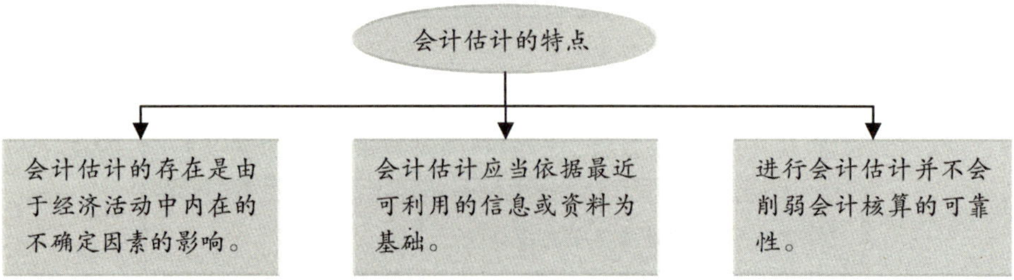

图 8 –9 会计估计的特点

8.2.5　会计估计应当考虑的因素

如图 8－10 所示，在进行会计估计时，应当考虑如下因素：

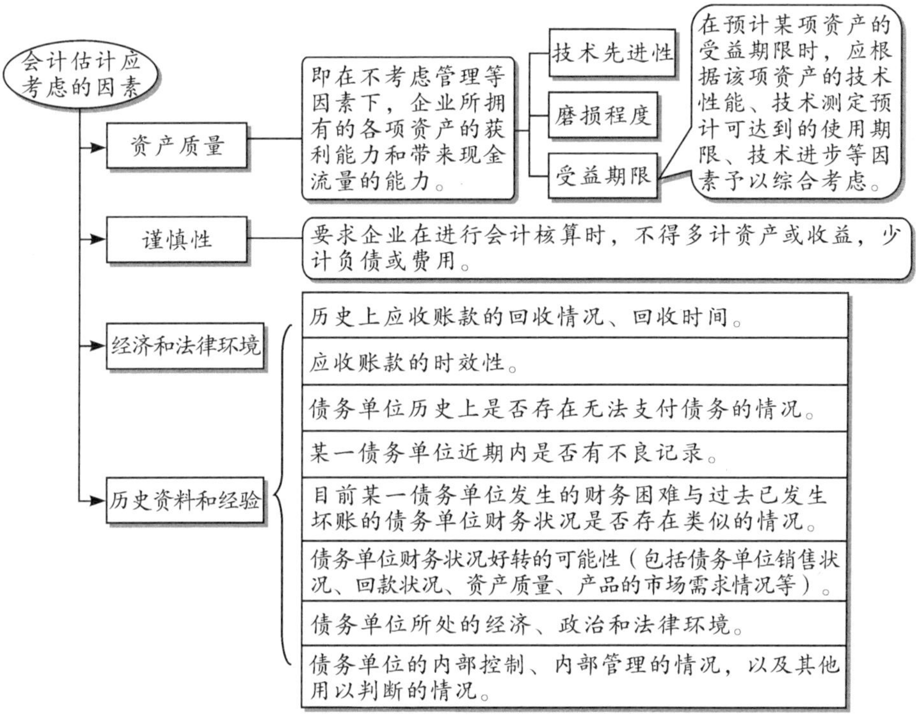

图 8－10　会计估计应当考虑的因素

8.2.6　会计估计变更在会计上如何处理

会计估计变更应采用未来适用法。不需要计算变更产生的累积影响数，也不需要重编以前年度会计报表，但应对变更当期和未来期间发生的交易或事项采用新的会计估计进行处理。方法如图 8－11 所示：

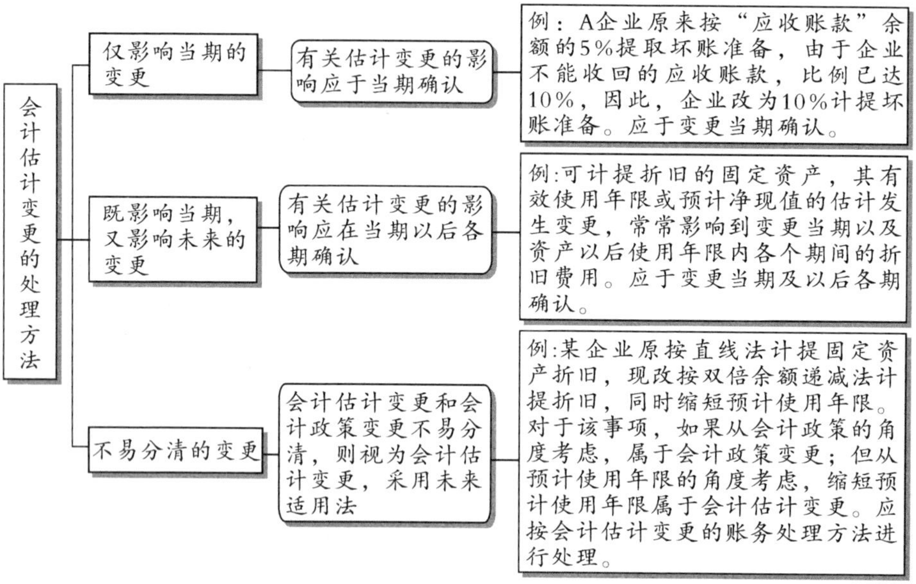

图 8－11　会计估计变更的处理方法

会计估计变更的影响数，应计入变更当期与前期相同的项目中。为了保证不同会计期间的会计报表具有可比性，会计估计变更的影响数如果以前包括在企业日常经营活动的损益中，则以后也包括在相应的损益类项目中。如果会计估计变更的影响数以前包括在特殊项目中，则以后也相应作为特殊项目反映。

至于会计估计变更在会计报表附注中的披露，应注意如图 8－12 所示的三个方面：

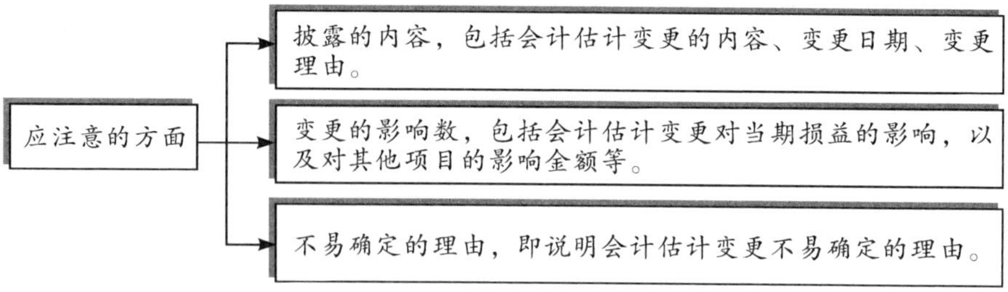

图 8－12　披露会计估计变更时应注意的事项

8.3　会计差错及其更正

8.3.1　会计差错及其产生原因

会计差错是指进行会计核算时，在计量、确认、记录等方面出现的错误。为了保证经营活动的正常进行，企业应当建立健全内部稽核制度，保证会计资料的真实、合法和完整。

经济事项或交易进入会计系统后，经过确认、计量、记录和报告，输出对信息使用者有用的会计信息。在确认、计量、记录过程中由于种种原因会产生差错。会计差错特别是重大差错若不及时、正确地更正，不仅影响会计信息的可靠性，而且可能误导投资者、债权人和其他信息使用者，使其做出错误的决策或判断。

会计差错产生的原因如图 8－13 所示：

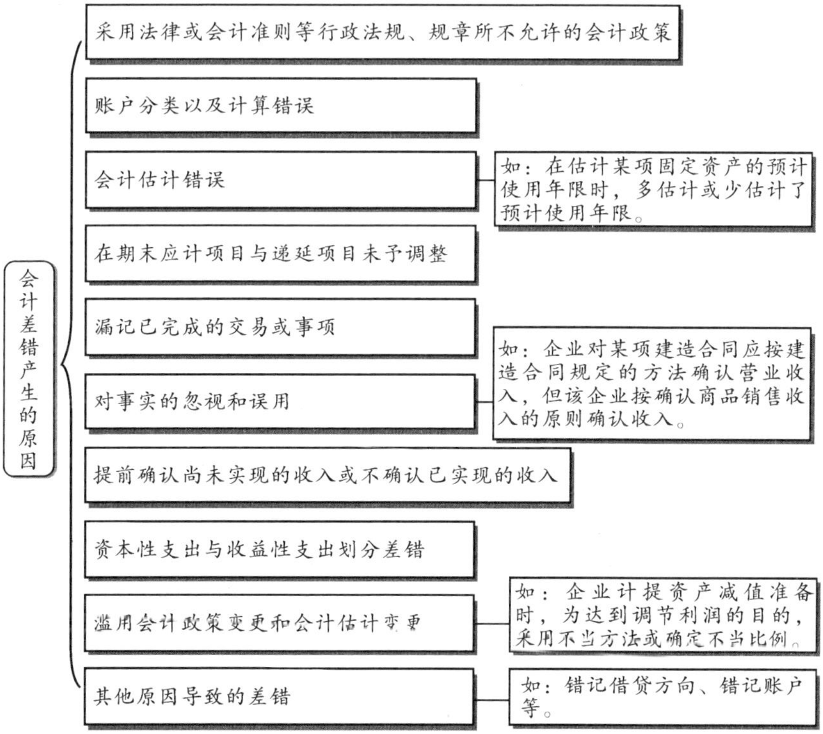

图 8－13　会计差错产生的原因

8.3.2 会计差错更正的处理原则

本期发现的会计差错，应按规定处理，如图 8－14 所示：

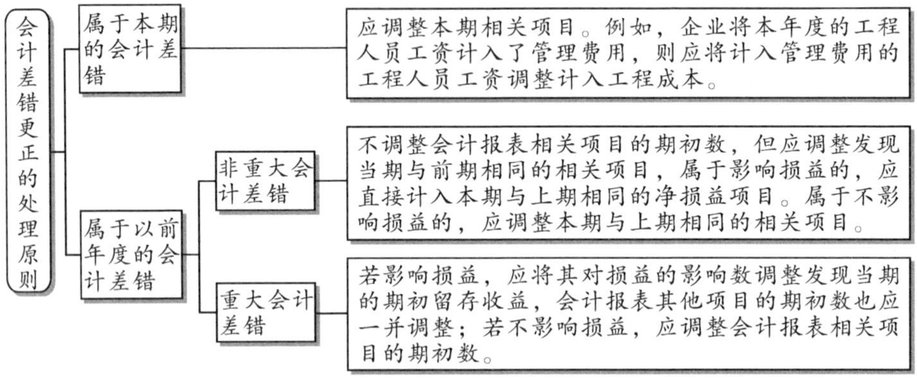

图 8－14　会计差错更正的处理原则

另外，在编制比较会计报表时，对于比较会计报表期间的重大会计差错，应调整各该期间的净损益和其他相关项目，视同该差错在产生的当期已经更正；对于比较会计报表期间以前的重大会计差错，应调整比较会计报表最早期间的期初留存收益，会计报表其他项目的数字也应一并调整。

8.3.3 会计差错在会计报表附注中的披露

会计差错在会计报表附注中应披露的事项包括以下内容，如图 8－15 所示：

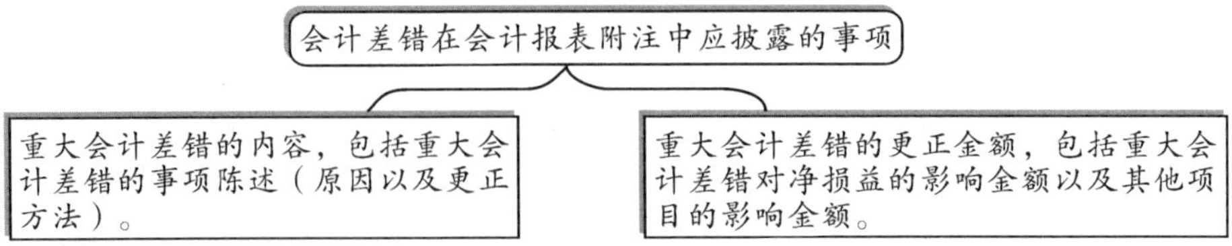

图 8－15　会计差错在会计报表附注中应披露的事项

例 8－1　会计政策变更的账务处理

雷顿公司 2015 年、2016 年分别以 4 500 000 元和 1 100 000 元的价格从股票市场购入 A、B 两只以交易为目的的股票（假设不考虑购入股票发生的交易费用），市价一直高于购入成本。公司采用成本与市价孰低法对购入股票进行计量。公司从 2017 年起对其以交易为目的购入的股票由成本与市价孰低改为公允价值计量，公司保存的会计资料比较齐备，可以通过会计资料追溯计算。假设所得税税率为 25%，公司按净利润的 10% 提取法定盈余公积，按净利润的 5% 提取任意盈余公积。公司发行普通股 4 500 万股，未发行任何稀释性潜在普通股。两种方法计量的交易性金融资产账面价值如表 8－1 所示。

表 8－1　两种方法计量的交易性金融资产账面价值　单位：元

	成本与市价孰低	2015 年末公允价值	2016 年末公允价值
A 股票	4 500 000	5 100 000	5 100 000
B 股票	1 100 000		1 300 000

根据上述资料，雷顿公司的会计处理如下：

1. 计算改变交易性金融资产计量方法后的累积影响数

表 8－2　改变交易性金融资产计量方法后的累积影响数　单位：元

时间	公允价值	成本与市价孰低	税前差异	所得税影响	税后差异
2015 年末	5 100 000	4 500 000	600 000	150 000	450 000
2016 年末	1 300 000	1 100 000	200 000	50 000	150 000
合计	6 400 000	5 600 000	800 000	200 000	600 000

雷顿公司 2017 年 12 月 31 日的比较财务报表列报前期最早期初为 2016 年 1 月 1 日。

雷顿公司在 2015 年末按公允价值计量的账面价值为 5 100 000 元，按成本与市价孰低计量的账面价值为 4 500 000 元，两者的所得税影响合计为 150 000 元，两者差异的税后净影响额为 450 000 元，即为该公司 2016 年期初由成本与市价孰低改为公允价值的累积影响数。

雷顿公司在 2016 年末按公允价值计量的账面价值为 6 400 000 元，按成本与市价孰低计量的账面价值为 5 600 000 元，两者的所得税影响合计为 200 000 元，两者差异的税后净影响额为 600 000 元，其中，450 000 元是调整 2016 年累积影响数，150 000 元是调整 2016 年当期金额。

雷顿公司按照公允价值重新计量 2016 年末 B 股票账面价值，其结果为公允价值变动收益少计了 200 000 元，所得税费用少计了 50 000 元，净利润少计了 150 000 元。

2. 编制有关项目的调整分录

（1）对 2015 年有关事项的调整分录：

①调整会计政策变更累积影响数：

借：交易性金融资产——公允价值变动　　600 000
　　贷：利润分配——未分配利润　　450 000
　　　　递延所得税负债　　150 000

②调整利润分配：

按照净利润的 10% 提取法定盈余公积，按照净利润的 5% 提取任意盈余公积，共计提取盈余公积 450 000 × 15% = 67 500（元）。

借：利润分配——未分配利润　　67 500
　　贷：盈余公积　　67 500

（2）对 2016 年有关事项的调整分录：

①调整交易性金融资产：

借：交易性金融资产——公允价值变动　　200 000
　　贷：利润分配——未分配利润　　150 000
　　　　递延所得税负债　　50 000

②调整利润分配：

按照净利润的 10% 提取法定盈余公积，按照净利润的 5% 提取任意盈余公积，共计提取盈余公积 150 000 × 15% = 22 500（元）。

借：利润分配——未分配利润　　22 500

　　贷：盈余公积　　22 500

3. 财务报表调整和重述（财务报表略）

雷顿公司在列报 2017 年财务报表时，应调整 2017 年资产负债表有关项目的年初余额、利润表有关项目的上年金额及所有者权益变动表有关项目的上年金额和本年金额。

（1）资产负债表项目的调整：

调增以公允价值计量且其变动计入当期损益的金融资产年初余额 800 000 元；调增递延所得税负债年初余额 200 000 元；调增盈余公积年初余额 90 000 元；调增未分配利润年初余额 510 000 元。

（2）利润表项目的调整：

调增公允价值变动收益上年金额 200 000 元；调增所得税费用上年金额 50 000 元；调增净利润上年金额 150 000 元；调增基本每股收益上年金额 0.003 3 元。

（3）所有者权益变动表项目的调整：

调增会计政策变更项目中盈余公积上年金额 67 500 元，未分配利润上年金额 382 500 元，所有者权益合计上年金额 450 000 元。

调增会计政策变更项目中盈余公积本年金额 22 500 元，未分配利润本年金额 127 500 元，所有者权益合计本年金额 150 000 元。

例 8－2　会计估计变更的账务处理

雷顿公司于 2009 年 1 月 1 日起对某管理用设备计提折旧，原价为 84 000 元，预计使用寿命为 8 年，预计净残值为 4 000 元，按年限平均法计提折旧。2013 年初，由于新技术发展等原因，需要对原估计的使用寿命和净残值做出修正，修改后该设备预计尚可使用年限为 2 年，预计净残值为 2 000 元。雷顿公司适用的企业所得税税率为 25%。

雷顿公司对该项会计估计变更的会计处理如下：

（1）不调整以前各期折旧，也不计算累积影响数。

（2）变更日以后改按新的估计计提折旧。

按原估计，每年折旧额为 10 000 元，已提折旧 4 年，共计 40 000 元，该项固定资产账面价值为 44 000 元，则第 5 年相关科目的期初余额如下：

固定资产	84 000
减：累计折旧	40 000
固定资产账面价值	44 000

改变预计使用年限后，从 2013 年起每年计提的折旧费用为 21 000 元［（44 000 − 2 000）÷ 2］。2013 年不必对以前年度已提折旧进行调整，只需按重新预计的尚可使用年限和净残值计算确定折旧费用，有关账务处理如下：

借：管理费用　　21 000

　　贷：累计折旧　　21 000

（3）财务报表附注说明。

本公司一台管理用设备成本为 84 000 元，原预计使用寿命为 8 年，预计净残值为 4 000 元，按年限平均法计提折旧。由于新技术发展，该设备已不能按原预计使用寿命计提折旧，本公司于 2013 年初将该设备的预计尚可使用寿命变更为 2 年，预计净残值变更为 2 000 元，以反映该设备在目前状况下的预计尚可使用寿命和净残值。此估计变更将减少本年度净利润 8 250 元［（21 000 − 10 000）×（1 − 25%）］。

例 8－3　会计差错更正的账务处理

雷顿公司于本年 5 月发现，当年 1 月购入的一项管理用低值易耗品价值 1 200 元，误记入固定资产，并已提取折旧 300 元。则应于发现时进行更正，会计分录如下：

借：低值易耗品　　1 200

　　贷：固定资产　　1 200

借：累计折旧　　300

　　贷：管理费用　　300

如果该低值易耗品已经领用，并按规定应摊销 600 元。

借：待摊费用　　1 200

　　贷：低值易耗品　　1 200

借：管理费用　　600

　　贷：待摊费用　　600

又如，雷顿公司本年发现上年漏记管理人员工资 3 000 元，则应于发现时处理如下：

借：管理费用　　3 000

　　贷：应付工资　　3 000

又如，雷顿公司在 12 月 31 日发现，上年 1 月 1 日开始计提折旧的一台管理用设备价值 8 000 元的固定资产，在上年误计入了当期费用。该企业固定资产折旧采用直线法，该项固定资产估计使用年限为 8 年，假设不考虑净现值因素，则在本年 12 月 31 日的更正会计分录如下：

借：固定资产　　8 000

　　贷：管理费用　　6 000

　　　　累计折旧　　2 000

由于该项设备已使用了两年，故应补提折旧 2 000 元（$8\ 000 \div 8 \times 2$）。相应地抵减管理费用 6 000 元。

又如，雷顿公司本年发现，上年从银行存款中支付的全年机器保险费 5 000 元，账上借记了“待摊费用”5 000 元，贷记了“银行存款”5 000

元，但在上年末摊销。则于本年发现时，更正此项差错的会计分录为：

借：制造费用　　5 000

　　贷：待摊费用　　5 000

又如，雷顿公司本年发现，企业将上年1月1日新投资者投入的、应作为资本的10 000元记入了资本公积。更正为：

借：资本公积　　10 000

　　贷：实收资本　　10 000

例如，雷顿公司在本年发现，上年企业漏记一项固定资产的折旧费用150 000元，但在所得税申报表中扣除了该项折旧。假设上年适用所得税税率为33%，该企业所得税会计采用递延法，无其他纳税调整事项。该企业按净利润的10%计提法定盈余公积，按5%计提法定公益金。

首先，分析错误的后果：

上年少计折旧费用150 000

少计累计折旧150 000

多计所得税费用（150 000×33%）49 500

多计净利润100 500

多计递延税款贷项（150 000×33%）49 500

多提法定盈余公积10 050

多提法定公益金5 025

第二，再作更正时的账务处理：

（1）补提折旧：

借：以前年度损益调整　　150 000

　　贷：累计折旧　　150 000

（2）调整递延税款：

借：递延税款　　49 500

　　贷：以前年度损益调整　　49 500

（3）将“以前年度损益调整”科目的余额转入“利润分配”：

借：利润分配——未分配利润　　100 500

　　贷：以前年度损益调整　　100 500

（4）调整利润分配的有关数字：

借：盈余公积　　15 075

　　贷：利润分配——未分配利润　　15 075

第三，附注说明。

本年度发现上年漏记固定资产折旧 150 000 元，在编制上年与本年可比的会计报表时，已对该项差错进行了更正。由于此项错误的影响，上年虚增净利润及留存收益 100 500 元，上年少计累计折旧 150 000 元。

本章实操要点及易错点

了解会计政策变更、会计估计变更和会计差错更正的内容与区别；掌握会计政策变更、会计估计变更和会计差错更正的账务处理。

第9章 会计报表的阅读与编制

本章导读

会计报表是会计部门和会计人员最终的工作成果，它是高度概括的说明企业财务状况、经营成果以及现金流量的文件。

在本章中，我们主要解决以下问题：

（1）什么是会计报表？

（2）会计报表具有什么作用？

（3）会计报表包括哪些类别？

（4）什么是资产负债表？

（5）资产负债表能提供哪些信息？

（6）如何编制资产负债表？

（7）什么是损益表？

（8）损益表能提供哪些信息？

（9）如何编制损益表？

（10）什么是现金流量表？

（11）现金流量表能提供哪些信息？

（12）如何编制现金流量表？

9.1 会计报表概述

9.1.1 什么是会计报表

在实际工作中，人们往往将财务报告和会计报表混为一谈，但两者并不是等同的。财务报告和会计报表的联系与区别如图 9－1 所示：

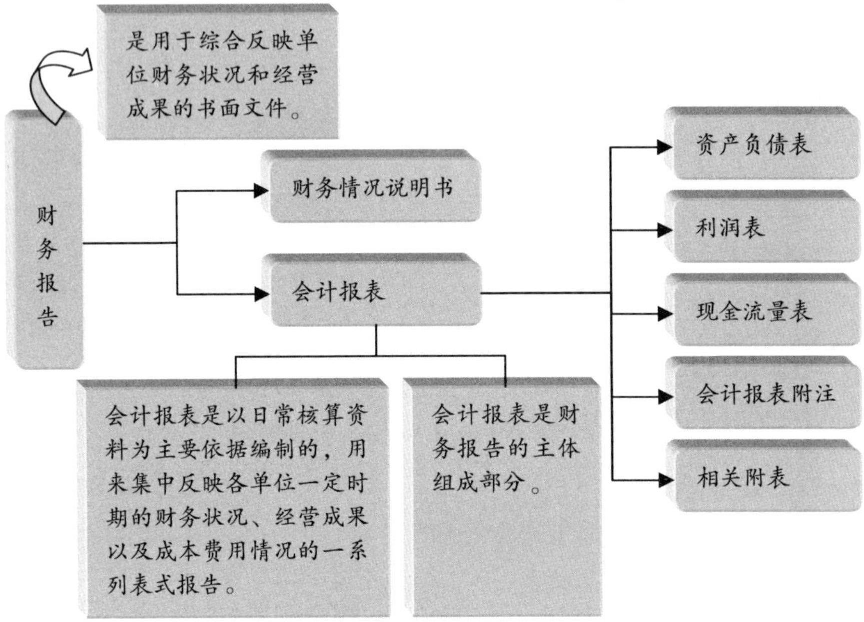

图 9－1　财务报告和会计报表的联系与区别

9.1.2 会计报表的作用

会计报表就像一面镜子，从中可以看到各单位的财务状况和经营全貌，为实施经营管理和进行相关决策提供丰富的会计信息。

具体说来，会计报表的作用主要体现在以下几个方面，如图 9－2 所示：

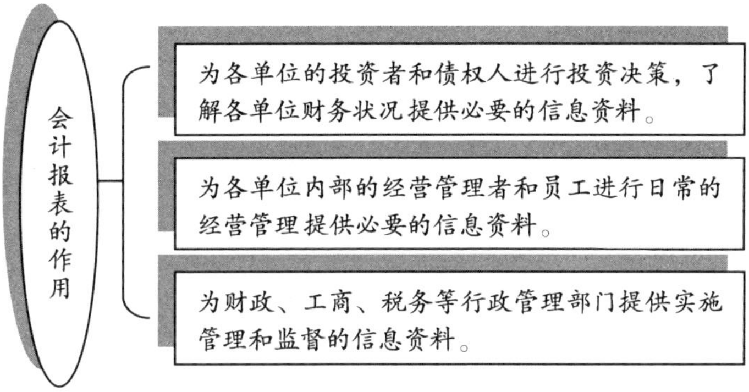

图 9－2　会计报表的作用

9.1.3　会计报表的分类

一般来说，会计报表可以按照编制单位和时间、服务对象进行分类。见表 9－1：

表 9－1　会计报表分类

分类的依据	会计报表的种类	具体内容、要求
按会计报表编制和报送的时间差异划分	月报	月报要求简明扼要，以便及时反映各单位的主要情况和主要问题。常用的月报有资产负债表、利润表、应交增值税明细表等。
	季报	它所包括的会计报表一般较少。
	年报	年报要求全面完整，能总结全年的经济活动。常见的年报有利润分配表、现金流量表和主营业务收支明细表等。
	半年报	股份有限公司要求编制半年报（即中期报告）。
按会计报表的编制单位分类	单位报表	是由独立核算的会计主体编制的，用以反映本会计主体的财务状况和经营成果的报表。
	汇总报表	是由上级主管部门将其所属单位报送的会计报表，连同本单位会计报表汇总编制的综合性会计报表。

（续表）

分类的依据	会计报表的种类	具体内容、要求
按会计报表的服务对象不同分类	内部报表	是适应单位内部经营管理的需要而编制的不对外公开的会计报表，一般没有规范的格式，不需统一的指标体系，各单位可根据自己的情况和需要自行制定。
	外部报表	为满足外部会计信息使用者的需要，按照国家财务、会计制度编制的会计报表，如资产负债表、利润表、现金流量表等。外部报表的种类、格式、内容及编制方法均有统一规定，任何单位不得随意增减变动。

9.1.4 会计报表的结构

会计报表作为一种商业语言，是通过各个会计要素和项目，用特定的排列顺序和组合，以特有的逻辑关系来披露财务信息。只有熟悉会计报表的基本框架，理解各个会计要素的内在联系，才能顺利地编出或读懂会计报表，掌握会计报表所提供的信息。

就一张会计报表而言，它的基本结构有三部分，如图9－3所示：

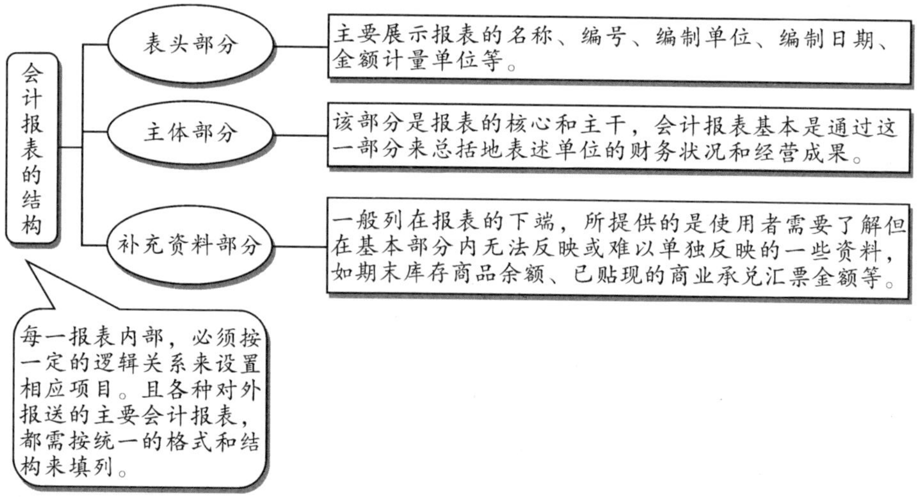

图9－3　会计报表的基本结构

9.1.5　会计报表的编制要求

为了保证会计报表的质量，充分发挥其作用，我国《企业会计准则》规定了编制会计报表的基本要求：“会计报表应按登记完整、核对无误的账簿记录和其他有关资料编制，做到数字真实、计算准确、内容完整、报送及时。”其具体要求如图9－4所示：

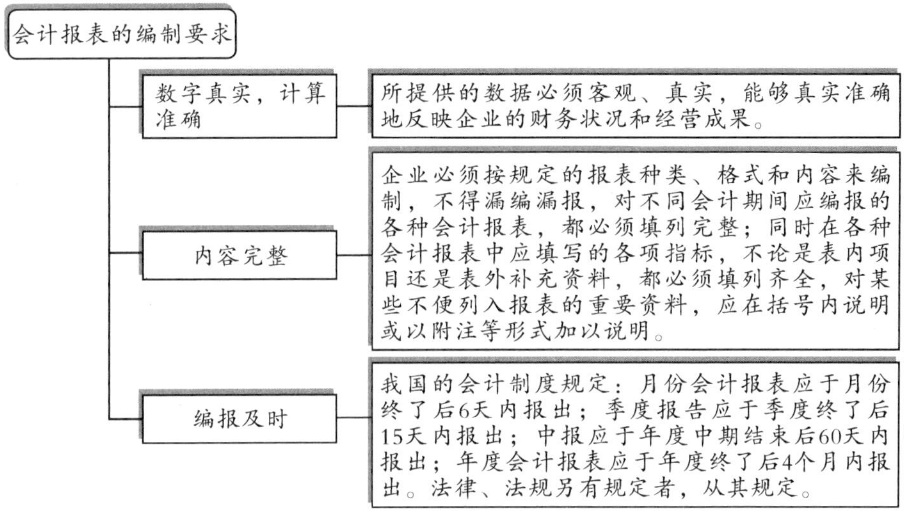

图9－4　会计报表的编制要求

9.2　资产负债表

9.2.1　什么是资产负债表

资产负债表能从整体上反映一个企业的实力及其财务状况，因而被誉为企业的“第一会计报表”。

企业的资产负债表是以会计的基本等式“资产＝负债＋所有者权益”为基础编制而成的，这一恒等式反映了企业在生产经营活动中持有的各项经济资源及其产权归属的对照关系。在财务实践中，资产负债表主要分为账户式资产负债表和报告式资产负债表两种格式。如图 9 – 5 所示：

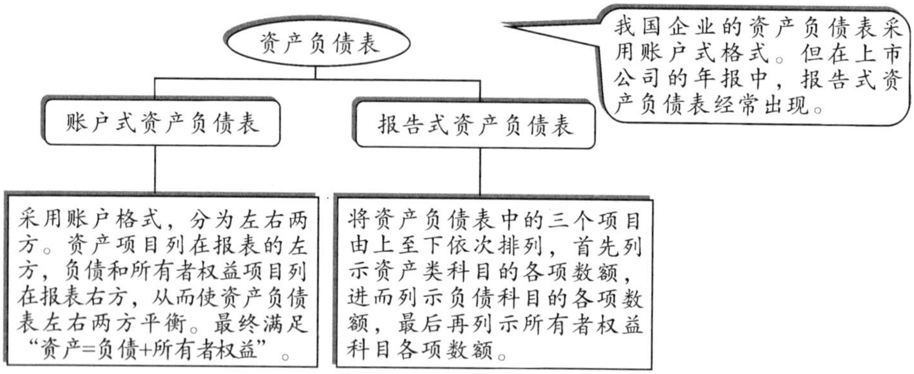

图 9 – 5　资产负债表的两种格式

9.2.2　资产负债表的结构

总体来看，资产负债表由三部分构成。如图 9 – 6 所示：

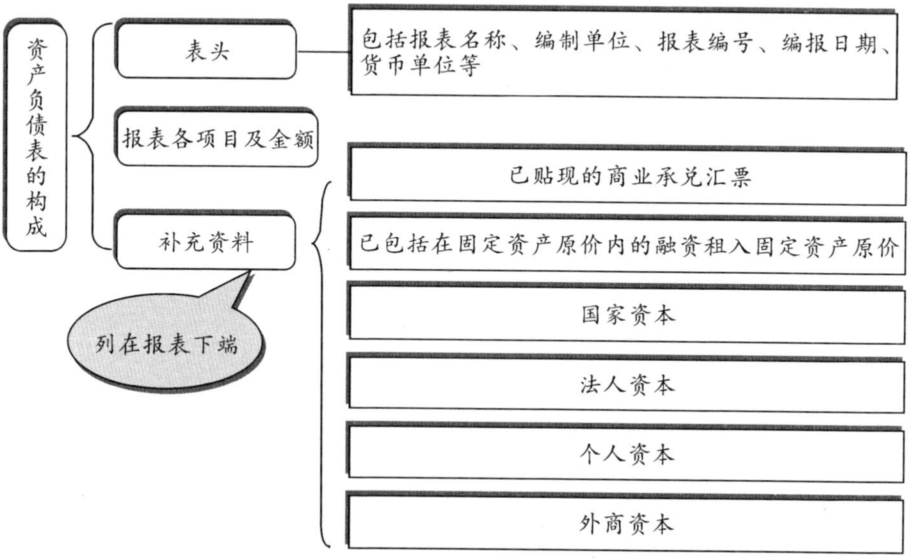

图 9 – 6　资产负债表的构成

仔细观察资产负债表，就会发现项目的排列是按流动性强弱的趋势排列的，如货币资金的流动性强于存货，流动资产的流动性强于固定资产。

9.2.3　资产负债表所提供的信息

资产负债表包括资产、负债和所有者权益这三大部分内容，其所能提供的信息如图 9－7 所示：

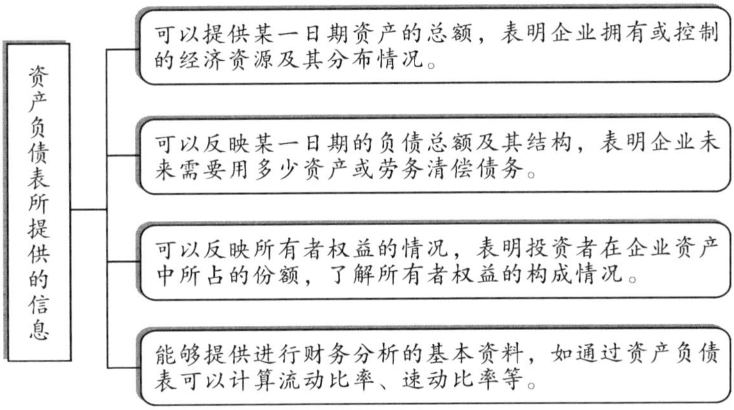

图 9－7　资产负债表所提供的信息

9.2.4　什么是或有事项

或有事项是指可能导致企业发生损失或收益的不确定状况或情形，其最终结果（即发生损失或收益）只有在未来发生或不发生某个（或某些）事件时，才能得到证实。

如图 9－8 所示，常见的或有事项有以下几种：

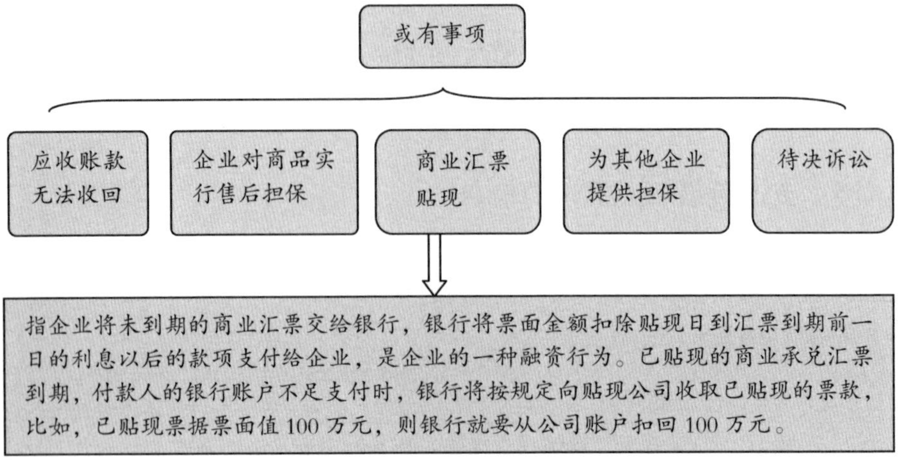

图9－8　常见的或有事项

9.2.5　如何披露或有事项

或有事项的披露，应区分如下具体情况，如图9－9所示：

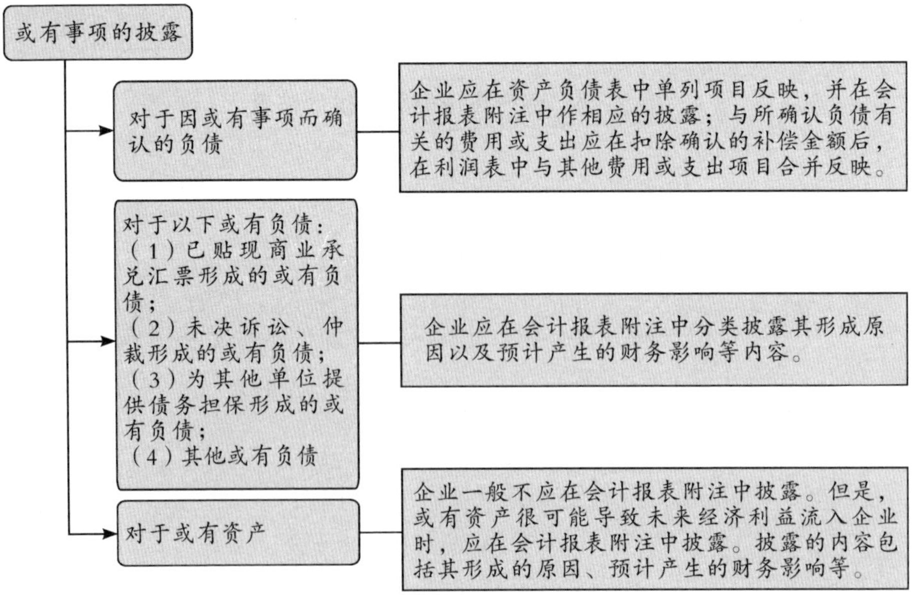

图9－9　或有事项的披露

9.2.6　什么是资产负债表日后事项

资产负债表日后事项，是指自年度资产负债表日至财务报告批准报出日之间发生的需要调整或说明的事项。如图 9 - 10 所示，它分为以下两大类：

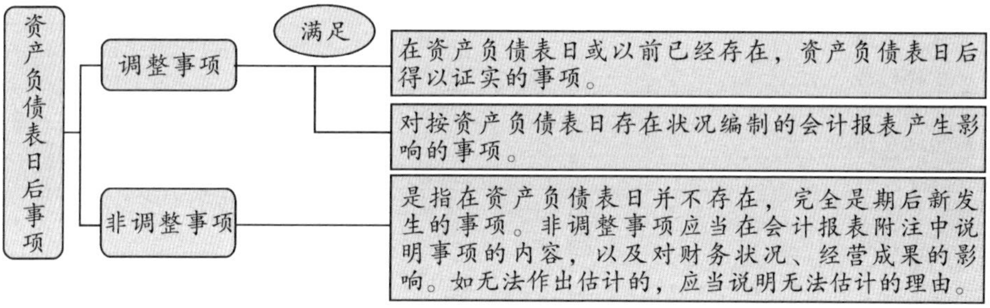

图 9 - 10　资产负债表日后事项

9.2.7　资产负债表的格式

我国企业的资产负债表采用账户式结构。账户式资产负债表分左右两方，左方为资产项目，大体按资产的流动性大小排列，流动性大的资产如“货币资金”“交易性金融资产”等排在前面，流动性小的资产如“长期股权投资”“固定资产”等排在后面。右方为负债及所有者权益项目，一般按要求清偿时间的先后顺序排列：“短期借款”“应付票据”“应付账款”等需要在一年以内或者长于一年的一个正常营业周期内偿还的流动负债排在前面，“长期借款”等在一年以上才需偿还的非流动负债排在中间，在企业清算之前不需要偿还的所有者权益项目排在后面。

账户式资产负债表中的资产各项目的合计等于负债和所有者权益各项目的合计，即资产负债表左方和右方平衡。因此，通过账户式资产负债表，可以反映资产、负债、所有者权益之间的内在关系，即“资产 = 负债 + 所有者权益”。我国企业资产负债表格式如表 9 - 2 所示。

表9－2　资产负债表格式

编制单位：　　　　____年____月____日　　　　单位：元

资产	期末余额	年初余额	负债和所有者权益(股东权益)	期末余额	年初余额
流动资产：			流动负债：		
货币资金			短期借款		
交易性金融资产			交易性金融负债		
衍生金融资产			衍生金融负债		
应收票据			应付票据		
应收账款			应付账款		
预付款项			预收款项		
应收利息			应付职工薪酬		
应收股利			应交税费		
其他应收款			应付利息		
存货			应付股利		
合同资产			其他应付款		
持有待售资产			持有待售负债		
一年内到期的非流动资产			一年内到期的非流动负债		
其他流动资产			其他流动负债		
流动资产合计			流动负债合计		
非流动资产：			非流动负债：		
债权投资			长期借款		
其他债权投资			应付债券		
长期应收款			其中：优先股		
长期股权投资			永续债		
投资性房地产			长期应付款		
固定资产			专项应付款		
在建工程			预计负债		
工程物资			递延收益		
固定资产清理			递延所得税负债		
生产性生物资产			其他非流动负债		
油气资产			非流动负债合计		
无形资产			负债合计		
开发支出			所有者权益（或股东权益）：		
商誉			实收资本（或股本）		
长期待摊费用			其他权益工具		
递延所得税资产			其中：优先股		
其他非流动资产			永续债		
非流动资产合计			资本公积		
			减：库存股		
			库存股		
			其他综合收益		
			盈余公积		
			未分配利润		
			所有者权益(或股东权益)合计		
资产总计			负债和所有者权益（或股东权益）总计		

9.2.8　资产负债表的编制方法

资产负债表中资产、负债和所有者权益主要项目的填列说明如下：

1. 资产项目的填列说明

资产项目的相关填列说明如表9－3所示：

表9－3　资产项目的填列说明

项目名称	说　明
“货币资金”项目	反映企业库存现金、银行结算户存款、外埠存款、银行汇票存款、银行本票存款、信用卡存款、信用证保证金存款等的合计数。本项目应根据“库存现金”“银行存款”“其他货币资金”科目期末余额的合计数填列。
“交易性金融资产”项目	反映企业持有的以公允价值计量且其变动计入当期损益的为交易目的所持有的债券投资、股票投资、基金投资、权证投资等金融资产。本项目应根据“交易性金融资产”科目的期末余额填列。
“应收票据”项目	反映企业因销售商品、提供劳务等而收到的商业汇票，包括银行承兑汇票和商业承兑汇票。本项目应根据“应收票据”科目的期末余额，减去“坏账准备”科目中有关应收票据计提的坏账准备期末余额后的金额填列。
“应收账款”项目	反映企业因销售商品、提供劳务等经营活动应收取的款项。本项目应根据“应收账款”和“预收账款”科目所属各明细科目的期末借方余额合计减去“坏账准备”科目中有关应收账款计提的坏账准备期末余额后的金额填列。
“预付款项”项目	反映企业按照购货合同规定预付给供应单位的款项等。本项目应根据“预付账款”和“应付账款”科目所属各明细科目的期末借方余额合计数，减去“坏账准备”科目中有关预付款项计提的坏账准备期末余额后的金额填列。
“应收利息”项目	反映企业应收取的债券投资等的利息。本项目应根据“应收利息”科目的期末余额，减去“坏账准备”科目中有关应收利息计提的坏账准备期末余额后的金额填列。

（续表）

项目名称	说　明
“应收股利”项目	反映企业应收取的现金股利和应收取其他单位分配的利润。本项目应根据“应收股利”科目的期末余额，减去“坏账准备”科目中有关应收股利计提的坏账准备期末余额后的金额填列。
“其他应收款”项目	反映企业除应收票据、应收账款、预付账款、应收股利、应收利息等经营活动外其他各种应收、暂付款项。本项目应根据“其他应收款”科目的期末余额，减去“坏账准备”科目中有关其他应收款计提的坏账准备期末余额后的金额填列。
“存货”项目	反映企业期末在库、在途和在加工中的各种存货的可变现净值。本项目应根据“材料采购”“原材料”“低值易耗品”“库存商品”“周转材料”“委托加工物资”“委托代销商品”“生产成本”等科目的期末余额合计，减去“受托代销商品款”“存货跌价准备”科目期末余额后的金额填列。材料采用计划成本核算，以及库存商品采用计划成本核算或售价核算的企业，还应按加或减材料成本差异、商品进销差价后的金额填列。
“一年内到期的非流动资产”项目	反映企业将于一年内到期的非流动资产项目金额。本项目应根据有关科目的期末余额填列。
“长期股权投资”项目	反映企业持有的对子公司、联营企业和合营企业的长期股权投资。本项目应根据“长期股权投资”科目的期末余额，减去“长期股权投资减值准备”科目的期末余额后的金额填列。
“固定资产”项目	反映企业各种固定资产原价减去累计折旧和累计减值准备后的净额。本项目应根据“固定资产”科目的期末余额，减去“累计折旧”和“固定资产减值准备”科目期末余额后的金额填列。
“在建工程”项目	反映企业期末各项未完工程的实际支出，包括交付安装的设备价值、未完建筑安装工程已经耗用的材料、工资和费用支出、预付出包工程的价款等的可收回金额。本项目应根据“在建工程”科目的期末余额，减去“在建工程减值准备”科目期末余额后的金额填列。

（续表）

项目名称	说　明
“工程物资”项目	反映企业尚未使用的各项工程物资的实际成本。本项目应根据“工程物资”科目的期末余额填列。
“固定资产清理”项目	反映企业因出售、毁损、报废等原因转入清理但尚未清理完毕的固定资产的净值，以及固定资产清理过程中所发生的清理费用和变价收入等各项金额的差额。本项目应根据“固定资产清理”科目的期末借方余额填列，如“固定资产清理”科目期末为贷方余额，以“－”号填列。
“无形资产”项目	反映企业持有的无形资产，包括专利权、非专利技术、商标权、著作权、土地使用权等。本项目应根据“无形资产”的期末余额，减去“累计摊销”和“无形资产减值准备”科目期末余额后的金额填列。
“开发支出”项目	反映企业开发无形资产过程中能够资本化形成无形资产成本的支出部分。本项目应当根据“研发支出”科目中所属的“资本化支出”明细科目期末余额填列。
“长期待摊费用”项目	反映企业已经发生但应由本期和以后各期负担的分摊期限在一年以上的各项费用。长期待摊费用中在一年内（含一年）摊销的部分，在资产负债表“一年内到期的非流动资产”项目填列。本项目应根据“长期待摊费用”科目的期末余额减去将于一年内（含一年）摊销的数额后的金额填列。
“其他非流动资产”项目	反映企业除长期股权投资、固定资产、在建工程、工程物资、无形资产等以外的其他非流动资产。本项目应根据有关科目的期末余额填列。

2. 负债项目的填列说明

负债项目的相关填列说明如表9－4所示：

表9－4 负债项目的填列说明

项目名称	说　明
“短期借款”项目	反映企业向银行或其他金融机构等借入的期限在一年以下（含一年）的各种借款。本项目应根据“短期借款”科目的期末余额填列。
“应付票据”项目	反映企业购买材料、商品和接受劳务供应等而开出、承兑的商业汇票，包括银行承兑汇票和商业承兑汇票。本项目应根据“应付票据”科目的期末余额填列。
“应付账款”项目	反映企业因购买材料、商品和接受劳务供应等经营活动应支付的款项。本项目应根据“应付账款”和“预付账款”科目所属各明细科目的期末贷方余额合计数填列；如“应付账款”科目所属明细科目期末有借方余额的，应在资产负债表“预付款项”项目内填列。
“预收款项”项目	反映企业按照购货合同规定预付给供应单位的款项。本项目应根据“预收账款”和“应收账款”科目所属各明细科目的期末贷方余额合计数填列。如“预收账款”科目所属各明细科目期末有借方余额，应在资产负债表“应收账款”项目内填列。
“应付职工薪酬”项目	反映企业根据有关规定应付给职工的工资、职工福利、社会保险费、住房公积金、工会经费、职工教育经费、非货币性福利、辞退福利等各种薪酬。外商投资企业按规定从净利润中提取的职工奖励及福利基金，也在本项目列示。
“应交税费”项目	反映企业按照税法规定计算应交纳的各种税费，包括增值税、消费税、所得税、资源税、土地增值税、城市维护建设税、房产税、土地使用税、车船使用税、教育费附加、矿产资源补偿费等。企业代扣代交的个人所得税，也通过本项目列示。企业所交纳的税金不需要预计应交数的，如印花税、耕地占用税等，不在本项目列示。本项目应根据“应交税费”科目的期末贷方余额填列；如“应交税费”科目期末为借方余额，应以“－”号填列。

（续表）

项目名称	说　明
“应付利息”项目	反映企业按照规定应当支付的利息，包括分期付息到期还本的长期借款应支付的利息、企业发行的企业债券应支付的利息等。本项目应当根据“应付利息”科目的期末余额填列。
“应付股利”项目	反映企业分配的现金股利或利润。企业分配的股票股利，不通过本项目列示。本项目应根据“应付股利”科目的期末余额填列。
“其他应付款”项目	反映企业除应付票据、应付账款、预收款项、应付职工薪酬、应付股利、应付利息、应交税费等经营活动以外的其他各项应付、暂收的款项。本项目应根据“其他应付款”科目的期末余额填列。
“一年内到期的非流动负债”项目	反映非流动负债中将于资产负债表日后一年内到期部分的金额，如将于一年内偿还长期借款。本项目应根据有关科目的期末余额填列。
“长期借款”项目	反映企业向银行或其他金融机构借入的期限在一年以上（不含一年）的各项借款。本项目应根据“长期借款”科目的期末余额填列。
“应付债券”项目	反映企业为筹集长期资金而发行的债券本金和利息。本项目应根据“应付债券”科目的期末余额填列。
“其他非流动负债”项目	反映企业除长期借款、应付债券等项目以外的其他非流动负债。本项目应根据有关科目的期末余额填列。其他非流动负债项目应根据有关科目期末余额减去将于一年内（含一年）到期偿还数后的余额填列。非流动负债各项目中将于一年内（含一年）到期的非流动负债，应在“一年内到期的非流动负债”项目内单独反映。

3. 所有者权益项目的填列说明

所有者权益项目的相关填列说明如表9－5所示：

表 9－5　所有者权益项目的填列说明

项目名称	说　明
“实收资本（或股本）”项目	反映企业各投资者实际投入的资本（或股本）总额，该项目应根据“实收资本”（或“股本”）科目的期末余额填列。
“资本公积”项目	反映企业资本公积的期末余额。据“资本公积”科目的期末余额填列。
“盈余公积”项目	反映企业盈余公积的期末余额。据“盈余公积”科目的期末余额填列。
“未分配利润”项目	反映企业尚未分配的利润。据“本年利润”科目和“利润分配”科目的余额计算填列。未弥补的亏损在本项目内以“－”号填列。

9.3 利润表

9.3.1 什么是利润表

利润表又称收益表和损益表。如果你想知道企业一年的经营情况，当然应该留心损益表。利润表还有三张附表，即利润分配表、经营业务收支明细表、商品销售利润明细表。

利润表的构成其实很简单，是按照会计恒等式中的“利润＝收入－费用”编制的。我国的利润表一般采用多步式利润表，即分步骤、分性质地将各项收入与费用进行配比，计算各类利润，然后将其汇总计算企业的利润总额。

9.3.2 利润表的结构

如图 9－11 所示，利润表由以下几个部分构成：

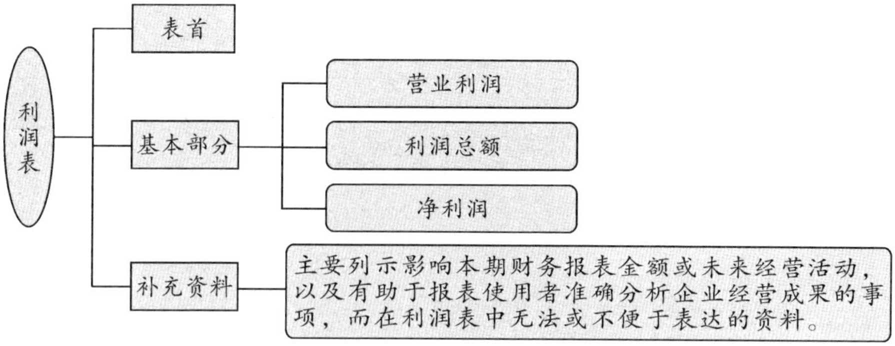

图 9－11　利润表的结构

9.3.3　编制利润表时的重点注意事项

在编制利润表时，应该重点注意以下事项，如图 9－12 所示：

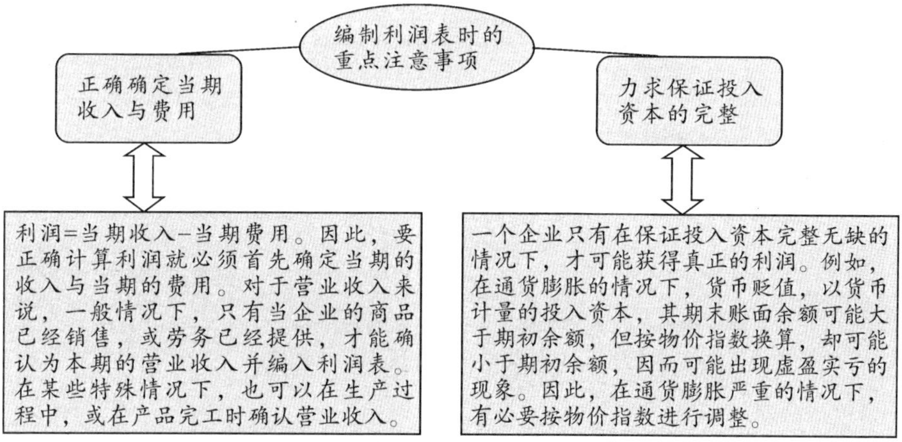

图 9－12　编制利润表时的重点注意事项

9.3.4　利润表的格式

我国企业利润表采用多步式格式，其格式与内容如表 9－6 所示：

表9－6　利润表格式

编制单位：　　　　　　　　　　＿＿年＿＿月　　　　　　　　　　单位：元

项　目	本期金额	上期金额
一、营业收入		
减：营业成本		
税金及附加		
销售费用		
管理费用		
财务费用		
资产减值损失		
加：公允价值变动收益（损失以"－"号填列）		
投资收益（损失以"－"号填列）		
其中：对联营企业和合营企业的投资收益		
资产处置收益（损失以"－"号填列）		
其他收益		
二、营业利润（亏损以"－"号填列）		
加：营业外收入		
减：营业外支出		
三、利润总额（亏损总额以"－"号填列）		
减：所得税费用		
四、净利润（净亏损以"－"号填列）		
（一）持续经营净利润（净亏损以"－"号填列）		
（二）终止经营净利润（净亏损以"－"号填列）		
五、其他综合收益的税后净额		
（一）以后不能重分类进损益的其他综合收益		
1. 重新计量设定受益计划净负债或净资产的变动		
2. 权益法下在被投资单位不能重分类进损益的其他综合收益中享有的份额		
……		
（二）以后将重分类进损益的其他综合收益		
1. 权益法下在被投资单位以后将重分类进损益的其他综合收益中享有的份额		
2. 可供出售金融资产公允价值变动损益		
3. 持有至到期投资重分类为可供出售金融资产损益		
4. 现金流量套期损益的有效部分		
5. 外币财务报表折算差额		
……		
六、综合收益总额		
七、每股收益		
（一）基本每股收益		
（二）稀释每股收益		

9.3.5　利润表的编制方法

1. 利润表的编制步骤

如图 9－13 所示，企业的利润表按以下三个步骤编制：

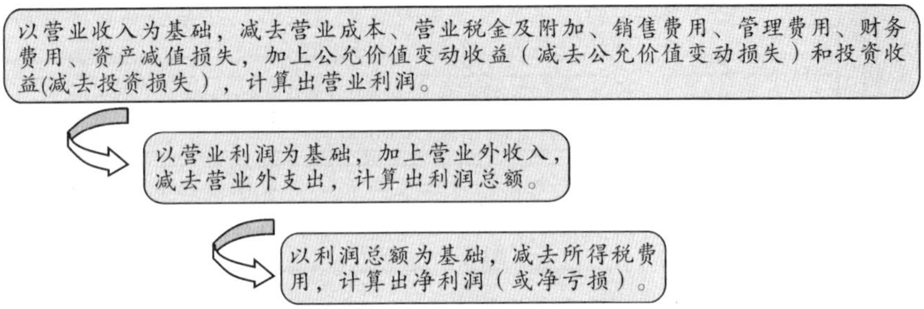

图 9－13　利润表的编制步骤

注：普通股或潜在普通股已公开交易的企业及正处于公开发行普通股或潜在普通股过程中的企业，还应当在利润表中列示每股收益信息。

2. 利润表项目的填列方法

利润表各项目均需填列“本期金额”和“上期金额”两栏。

在编制中期利润表时，“本期金额”栏应分为“本期金额”和“年初至本期末累计发生额”两栏，分别填列各项目本期（月、季或半年）各项目实际发生额，以及自年初起至本期（月、季或半年）末止的累计实际发生额。“上期金额”栏应分为“上年可比本期金额”和“上年初至可比本期末累计发生额”两栏，应根据上年可比中期利润表“本期金额”下对应的两栏数字分别填列。上年度利润表与本年度利润表的项目名称和内容不一致的，应对上年度利润表项目的名称和数字按本年度的规定进行调整。年终结账时，由于全年的收入和支出已全部转入“本年利润”科目，并且通过收支对比结出本年净利润的数额，因此，应将年度利润表中的“净利润”数字，与“本年利润”科目结转到“利润分配——未分配利润”科目的数字相核对，检查账簿记录和报表编制的正确性。

利润表“本期金额”“上期金额”栏内各项数字，除“每股收益”项目外，应当按照相关科目发生额分析填列。

3. 利润表项目的填列说明

利润表项目的相关填列说明如图9－14所示：

利润表项目

项目	填列说明
“营业收入”项目	反映企业经营主要业务和其他业务所确认的收入总额。根据“主营业务收入”和“其他业务收入”科目的发生额分析填列。
“营业成本”项目	反映企业经营主要业务和其他业务所发生的成本总额。根据“主营业务成本”和“其他业务成本”科目的发生额分析填列。
“税金及附加”项目	反映企业经营业务应负担的消费税、城市维护建设税、资源税、土地增值税和教育费附加等。根据“税金及附加”科目的发生额分析填列。
“销售费用”项目	反映企业在销售商品过程中发生的包装费、广告费等费用和为销售本企业商品而专设的销售机构的职工薪酬、业务费等经营费用。根据“销售费用”科目的发生额分析填列。
“管理费用”项目	反映企业为组织和管理生产经营发生的管理费用。根据“管理费用”的发生额分析填列。
“财务费用”项目	反映企业筹集生产经营所需资金等而发生的筹资费用。根据“财务费用”科目的发生额分析填列。
“资产减值损失”项目	反映企业各项资产发生的减值损失。根据“资产减值损失”科目的发生额分析填列。
“公允价值变动收益”项目	反映企业应当计入当期损益的资产或负债公允价值变动收益。根据“公允价值变动损益”科目的发生额分析填列，如为净损失，本项目以“－”号填列。
“投资收益”项目	反映企业以各种方式对外投资所取得的收益。根据“投资收益”科目的发生额分析填列。如为投资损失，本项目以“－”号填列。
“营业利润”项目	反映企业实现的营业利润。如为亏损，本项目以“－”号填列。
“营业外收入”项目	反映企业发生的与经营业务无直接关系的各项收入。根据“营业外收入”科目的发生额分析填列。
“营业外支出”项目	反映企业发生的与经营业务无直接关系的各项支出。根据“营业外支出”科目的发生额分析填列。
“利润总额”项目	反映企业实现的利润。如为亏损，本项目以“－”号填列。
“所得税费用”项目	反映企业应从当期利润总额中扣除的所得税费用。根据“所得税费用”科目的发生额分析填列。
“净利润”项目	反映企业实现的净利润。如为亏损，本项目以“－”号填列。

图9－14 利润表项目的填列说明

9.4 现金流量表

9.4.1 什么是现金流量表

现金流量表是用来提供企业有关现金收入、现金支出及投资与筹资活动方面信息的会计报表。现金流量表的构成如图9－15所示：

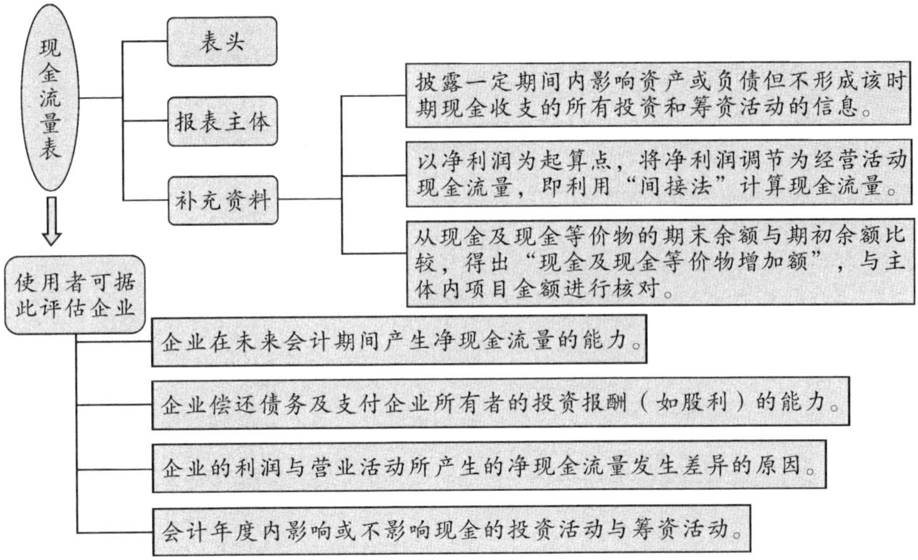

图9－15　现金流量表的构成与作用

9.4.2 现金流量表中“现金”的含义

编制现金流量表，首先应明确“现金”的含义。如图9－16所示：

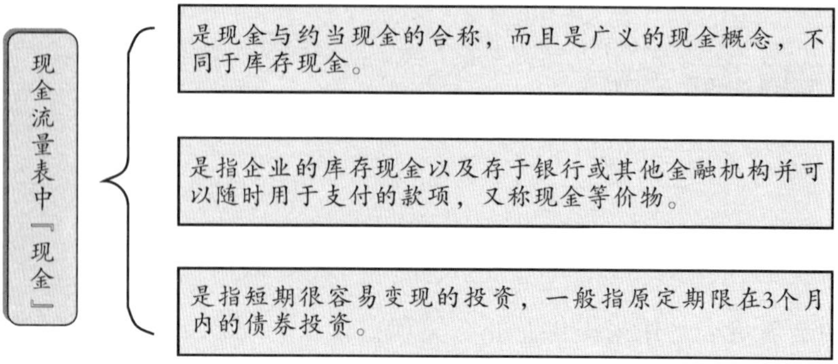

图9－16　现金流量表中“现金”的含义

现金流量表所反映的现金流量是企业在一定时期内现金及约当现金流入和流出的数量。现金与约当现金之间的转换，例如，用银行存款购买原定期限在 3 个月内的债券投资，或者出售这种债券投资，不属于现金流量。

9.4.3　现金流量的分类与性质

比较常见的分类方法如图 9－17 所示：

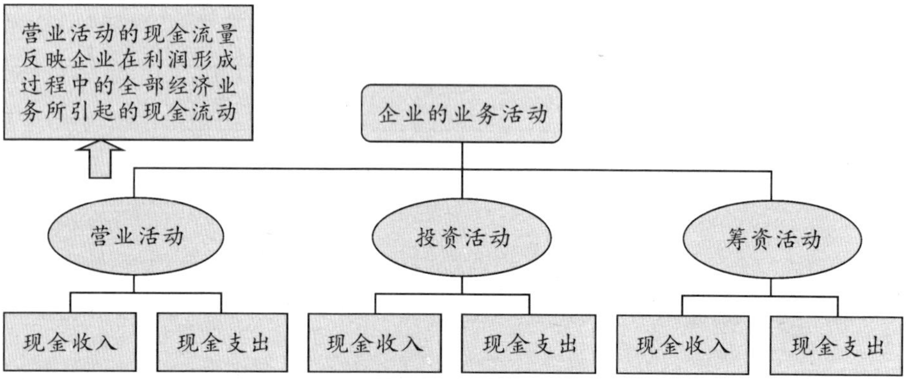

图9－17　现金流量的分类

9.4.4　营业活动所产生的现金收入

营业活动所产生的现金收入主要包括以下内容，如图 9 – 18 所示：

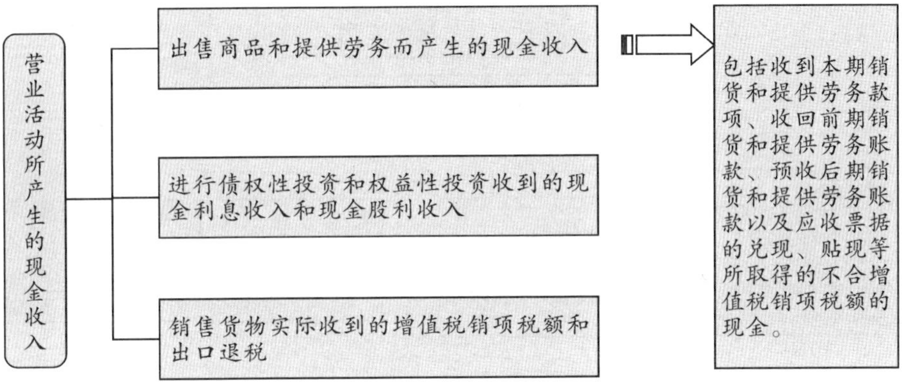

图 9 – 18　营业活动所产生的现金收入

9.4.5　营业活动所产生的现金支出

营业活动所产生的现金支出主要包括以下内容，如图 9 – 19 所示：

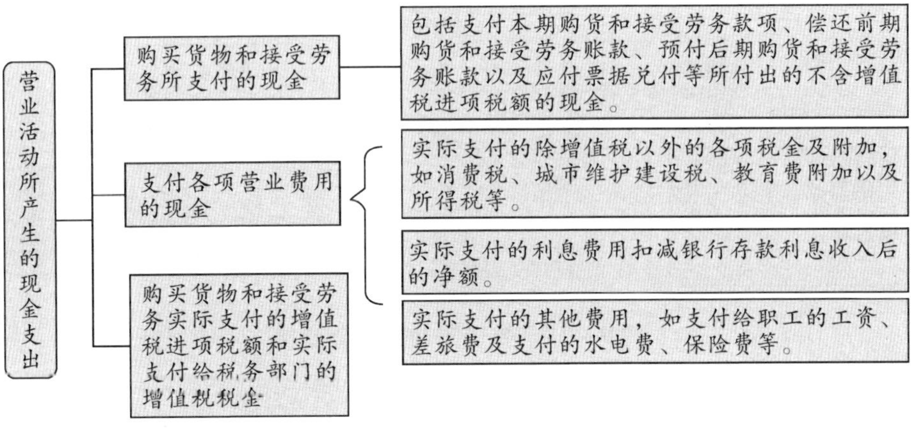

图 9 – 19　营业活动所产生的现金支出

9.4.6 投资活动的现金流量

投资活动的现金流量主要包括以下内容，如图9－20所示：

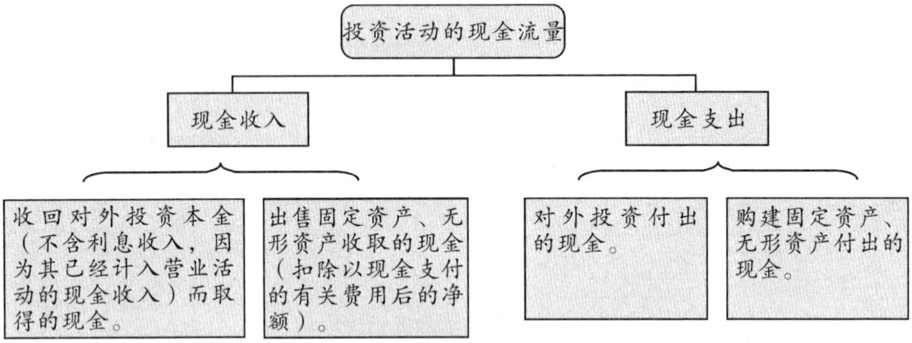

图9－20　投资活动的现金流量

9.4.7 筹资活动的现金流量

筹资活动的现金流量主要包括以下内容，如图9－21所示：

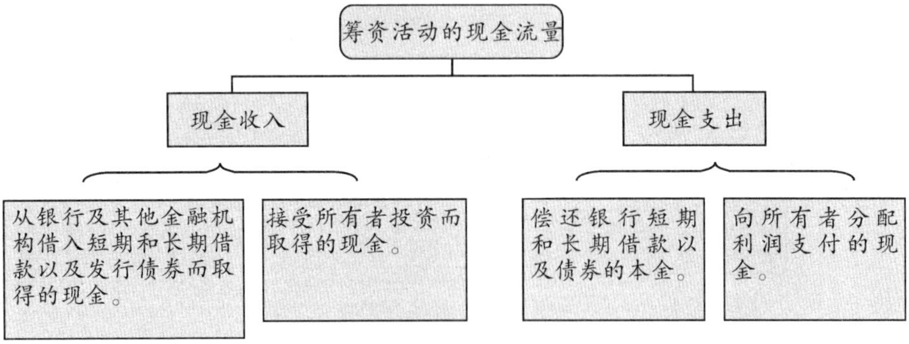

图9－21　筹资活动的现金流量

9.4.8　如何确定现金流量表上各项目的金额

如图 9－22 所示，在具体确定现金流量表上各项目的金额时，有以下两种方法：

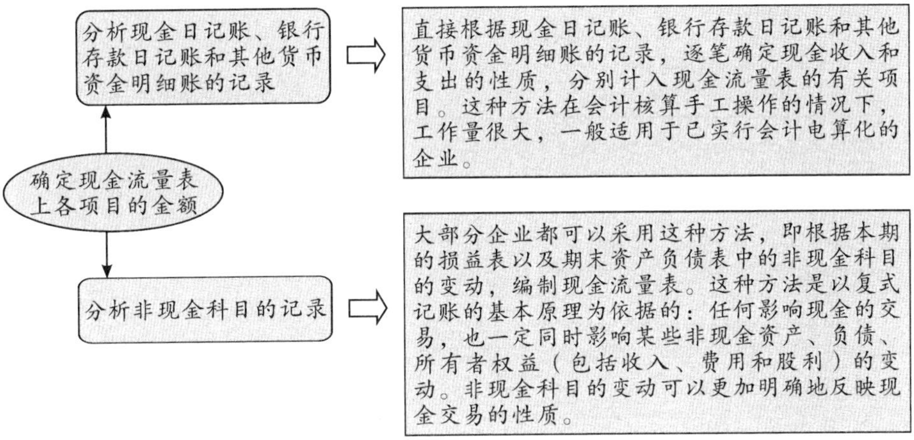

图 9－22　现金流量表上各项目金额的确定方法

9.4.9　现金流量表的格式

我国企业现金流量表采用报告式结构，分类反映经营活动产生的现金流量、投资活动产生的现金流量和筹资活动产生的现金流量，最后汇总反映企业某一期间现金及现金等价物的净增加额。我国企业现金流量表的格式如表 9－7 所示。

表9－7　现金流量表的格式

现金流量表

会企03表

编制单位：　　　　　　　　　　　　　　　　　　　　____年____月

单位：元

项　　目	本期金额	上期金额
一、经营活动产生的现金流量		
销售商品、提供劳务收到的现金		
收到的税费返还		
收到其他与经营活动有关的现金		
经营活动现金流入小计		
购买商品、接受劳务支付的现金		
支付给职工以及为职工支付的现金		
支付的各项税费		
支付其他与经营活动有关的现金		
经营活动现金流出小计		
经营活动产生的现金流量净额		
二、投资活动产生的现金流量		
收回投资收到的现金		
取得投资收益收到的现金		
处置固定资产、无形资产和其他长期资产收回的现金净额		
处置子公司及其他营业单位收到的现金净额		
收到其他与投资活动有关的现金		
投资活动现金流入小计		
购建固定资产、无形资产和其他长期资产支付的现金		

（续表）

项　目	本期金额	上期金额
投资支付的现金		
取得子公司及其他营业单位支付的现金净额		
支付其他与投资活动有关的现金		
投资活动现金流出小计		
投资活动产生的现金流量净额		
三、筹资活动产生的现金流量		
吸收投资收到的现金		
取得借款收到的现金		
收到其他与筹资活动有关的现金		
筹资活动现金流入小计		
偿还债务支付的现金		
分配股利、利润或偿付利息支付的现金		
支付其他与筹资活动有关的现金		
筹资活动现金流出小计		
筹资活动产生的现金流量净额		
四、汇率变动对现金及现金等价物的影响		
五、现金及现金等价物净增加额		
加：期初现金及现金等价物余额		
六、期末现金及现金等价物余额		

9.4.10 现金流量表的编制方法

企业应当采用直接法列示经营活动产生的现金流量。直接法，是指通过现金收入和现金支出的主要类别列示经营活动的现金流量。采用直接法编制经营活动的现金流量时，一般以利润表中的营业收入为起算点，调整与经营活动有关的项目的增减变动，然后计算出经营活动的现金流量。采用直接法具体编制现金流量表时，可以采用工作底稿法或T形账户法，也可以根据有关科目记录分析填列。

1. 经营活动产生的现金流量所涉及的相关科目如图9－23所示：

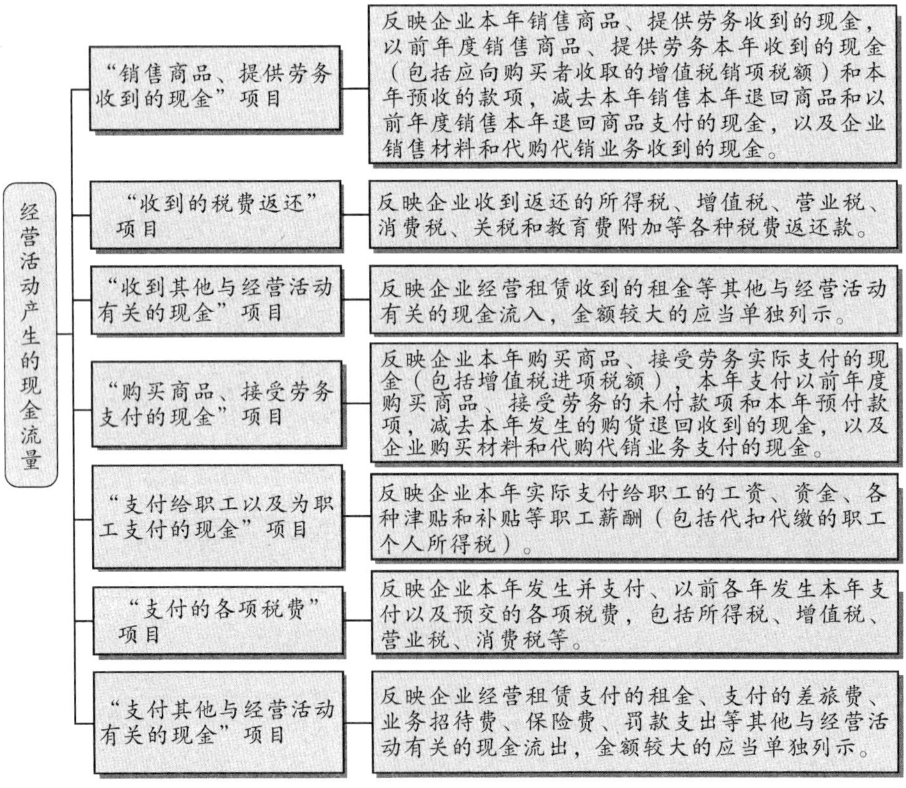

图9－23 经营活动产生的现金流量所涉及的相关科目

2. 投资活动产生的现金流量所涉及的相关科目如图 9－24 所示：

投资活动产生的现金流量

“收回投资收到的现金”项目	反映企业出售、转让或到期收回除现金等价物以外的对其他企业长期股权投资而收到的现金，但处置子公司及其他营业单位应收到的现金净额除外。
“取得投资收益收到的现金”项目	反映企业除现金等价物以外的对其他企业的长期股权投资等分回的现金股利和利息等。
“处置固定资产、无形资产和其他长期资产收回的现金净额”项目	反映企业出售、报废固定资产、无形资产和其他长期资产所取得的现金（包括因资产毁损而收到的保险赔偿收入），减去为处置这些资产而支付的有关费用后的净额。
“处置子公司及其他营业单位应收到的现金净额”项目	反映企业处置子公司及其他营业单位所取得的现金，减去相关处置费用以及子公司及其他营业单位持有的现金和现金等价物后的净额。
“购建固定资产、无形资产和其他长期资产支付的现金”项目	反映企业购买、建造固定资产、取得无形资产和其他长期资产所支付的现金（含增值税款等），以及用现金支付的应由在建工程和无形资产负担的职工薪酬。
“投资支付的现金”项目	反映企业取得除现金等价物以外的对其他企业的长期股权投资所支付的现金以及支付的佣金、手续费等附加费用，但取得子公司及其他营业单位支付的现金净额除外。
“取得子公司及其他营业单位支付的现金净额”项目	反映企业购买子公司及其他营业单位购买出价中以现金支付的部分，减去子公司及其他营业单位持有的现金和现金等价物后的净额。
“收到其他与投资活动有关的现金”与“支付其他与投资活动有关的现金”项目	金额较大的应当单独列示。

图 9－24　投资活动产生的现金流量所涉及的相关科目

3. 筹资活动产生的现金流量所涉及的相关科目如图 9－25 所示：

- 筹资活动产生的现金流量
  - “吸收投资收到的现金”项目：反映企业以发行股票、债券等方式筹集资金实际收到的款项，减去直接支付的佣金、手续费、宣传费、咨询费、印刷费等发行费用后的净额。
  - “取得借款收到的现金”项目：反映企业举借各种短期、长期借款而收到的现金。
  - “偿还债务支付的现金”项目：反映企业为偿还债务本金而支付的现金。
  - “分配股利、利润或偿付利息支付的现金”项目：反映企业实际支付的现金股利、支付给其他投资单位的利润或用现金支付的借款利息、债券利息。
  - “收到其他与筹资活动有关的现金”“支付其他与筹资活动有关的现金”项目：金额较大的应当单独列示。

图 9－25　筹资活动产生的现金流量所涉及的相关科目

4.“汇率变动对现金及现金等价物的影响”项目，反映下列项目之间的差额：

(1) 企业外币现金流量折算为记账本位币时，采用现金流量发生日的即期汇率近似的汇率折算的金额（编制合并现金流量表时折算境外子公司的现金流量，应当比照处理）。

(2) 企业外币现金及现金等价物净增加额按年末汇率折算的金额填列。

本章实操要点及易错点

重点了解资产负债表、损益表和现金流量表的内容和编制方法。